Die Ritter

Andreas Schlunk · Robert Giersch

Die Ritter

Geschichte – Kultur – Alltagsleben

THEISS

Inhalt

Historischer Überblick

Fränkische Panzerreiter aus dem „Goldenen Psalter", Stiftsbibliothek St. Gallen, Codex Sangallensis 22, 9. Jahrhundert. – Die teure Ausrüstung eines Panzerreiters konnten sich einfache Bauern nicht mehr leisten. So setzte schon seit dem 8. Jahrhundert ein Trennungsprozess der Gesellschaft in Großgrundbesitzer und Krieger auf der einen, unfreie Bauern auf der anderen Seite ein.

Wurzeln und Frühgeschichte des Rittertums

Fast alles, was wir über das frühe und hohe Mittelalter wissen, haben uns Geistliche und Mönche überliefert, die in Latein schrieben. Sie übersetzten „Ritter" mit *miles*, was nichts weiter als „Soldat, Kämpfer" bedeutet, womit sie die erste und wichtigste Aufgabe eines Ritters umschrieben, seinen Beruf. Ritter meint also zunächst einen Berufssoldaten, der so selbstverständlich zu Pferd kämpft, dass man Reiter mit *miles*, Soldat, gleichsetzen konnte.

Das war nicht immer so. Noch die germanischen Stämme kämpften zu Fuß und jeder Freie war zum Kriegsdienst berechtigt. Erst als die Stämme sesshaft wurden, entwickelten sich vor allem bei Ostgoten und Franken berittene Truppen, die gefürchtet waren und ihnen ein entschiedenes Übergewicht verliehen. Im Laufe des 7. und 8. Jahrhunderts dehnten die Franken ihre Grenzen von der Elbe bis nach Nordspanien aus und damit über Entfernungen, die sich mit Fußtruppen kaum mehr bewältigen ließen.

Reiter wurden also immer wichtiger, auch wenn ihre Ausrüstungskosten enorm anstiegen. Schon für das Pferd musste der Gegenwert von zwölf Kühen aufgewandt werden. Bewaffnung und Rüstung waren zwar wesentlich einfacher als die der hochmittelalterlichen Reiter, Erzeugung und Verarbeitung des Eisens aber so aufwendig, dass für die gesamte Ausrüstung nochmals der Gegenwert von 33 Kühen gezahlt werden musste. 45 Kühe – das konnte von einem einfachen Bauernsoldaten nicht mehr verlangt werden. Reiterdienste mussten daher nur Vermögende leisten, wobei unterschieden wurde zwischen dem leichten Reiter ohne Körperpanzerung (Bauern mit einem Ackerland ab 3-4 Hufen) und dem gepanzerten Reiter, dem Panzerreiter (Bauern mit mehr als 12 Hufen). Um die kleinen Bauern mit nur einer Hufe (das sind zwischen 7 und 10 ha) ebenfalls für den Militärdienst heranziehen zu können, mussten sich mehrere Bauern zusammenschließen, um gemeinsam die Kosten für einen Reiter aufzubringen.

Das kam den Bauern insoweit entgegen, als die beinahe jährlich wiederkehrenden Feldzüge die Bauern immer länger von ihren Feldern fernhielten, was sinkende Erträge zur Folge hatte. Die Felder waren ihr Eigentum, sie selbst unterstanden allein dem König, waren also frei. Als sie nun sehen mussten, wie ihre

Familien hungerten, zogen es immer mehr von ihnen vor, sich in den Schutz, die *munt*, eines großen Grundherrn zu begeben, der ihnen für die Übertragung ihrer Felder und für ihren Dienst Nahrung und Kleidung zusagte. In der Regel beschäftigte sie der Grundherr auf seinen Feldern, Krieg und Kampf wurden zunehmend Angelegenheit der berittenen Krieger.

Der Trennungsprozess der Gesellschaft in Großgrundbesitzer und Krieger auf der einen und unfreie, abhängige Bauern auf der anderen Seite verschärfte sich im 9. Jahrhundert, als das fränkische Reich auseinander brach. Wir verstehen die Entwicklung besser, wenn wir uns den frühmittelalterlichen Staat als eine große Grundherrschaft oder besser eine Ansammlung von Grundherrschaften vorstellen. Die Geldwirtschaft spielte nahezu keine Rolle, Macht beruhte auf dem Besitz von Land. Land an sich war jedoch „tot" und musste erst nutzbar gemacht werden. Die Fürsten, allen voran der König, verteilten daher das Land mit den darauf sitzenden unfreien Bauern an ihnen ergebene Personen (Vasallen), welche die großen Besitzkomplexe an ihre Gefolgsleute weiter aufteilten. Als Gegenleistung wurde anders als bei den Bauern kein Naturalzins erwartet, sondern Treue, Rat und Gefolgschaft, vor allem aber militärische Unterstützung. Die Lehen waren ursprünglich nur persönlich

vergeben und sollten den gepanzerten Reiterkrieger wirtschaftlich in die Lage setzen, die teure Rüstung und das Pferd zu unterhalten, um so jederzeit für seinen Herrn als Kämpfer bereit zu stehen.

Größter Grundeigentümer war der König, er war aber nur *princeps inter pares*, Erster unter Gleichen. Als auf Karl den Großen schwache Könige folgten, die sich schließlich noch untereinander bekriegten, profitierten die regionalen Machthaber, indem sie sich ihre vom König persönlich auf Lebenszeit erhaltenen Güter zunächst als vererbbaren Familienbesitz bestätigen ließen oder vielfach auch aneigneten. Anfang des 10. Jahrhunderts bestanden die Heere fast nur noch aus Vasallen, die von den Untertanen auf ihren Gütern ernährt wurden und deren vordringliche Aufgabe der Kampf war.

Steigbügelpaar, Eisen, 10./11. Jahrhundert, Kantonsmuseum Baselland Liestal. – Selten liegen Zusammenhänge von technischer und gesellschaftlicher Entwicklung so nahe beieinander wie bei der Einführung des Steigbügels: Er verhalf dem bewaffneten Reiter zu einem Übergewicht und führte damit zur Ablösung der bewaffneten Volksheere freier Bauern durch eine elitäre Reiterkriegerkaste – Vorläufer unserer Ritter.

Mit der Verbreitung der Reiterkrieger wurden die germanischen Kurzschwerter wirkungslos, wie sie die freien Bauern bis ins frühe Mittelalter benutzt hatten. An ihre Stelle traten das Langschwert, die so genannte „Spatha". Hier ein Exemplar mit damaszierter Eisenklinge aus der Zeit um 800. Historisches Museum der Pfalz Speyer.

Blütezeit

Vita passiva (Kleriker, links) und *vita activa* (Ritter, rechts). Miniatur aus einer Handschrift mit Schriften des Bernhard von Clairvaux, Anfang 13. Jahrhundert. Liber aureum, Stiftsbibliothek Heiligenkreuz.

Zu Beginn des 10. Jahrhunderts setzten in den beiden wichtigsten Nachfolgereichen des Frankenreichs, in Frankreich und im Deutschen Reich, Entwicklungen ein, die auf unterschiedlichen Wegen und zu unterschiedlichen Zeiten in die Ritterschaft mündeten. Die Ausgangssituation war ähnlich: In beiden Gebieten war das Königtum schwach und die Fürsten bestimmten weitgehend das Geschehen. Daneben existierte die breite Schicht des niederen Adels sowie eine zahlenmäßig stark zusammengeschmolzene Gruppe freier Bauern.

Die Masse der Bevölkerung lebte als unfreie Bauern auf den Gütern oder Höfen der hoch- und niederadligen Grundbesitzer. Mit dem Übergang des Königtums von den fränkischen Karolingern an die sächsischen Ottonen erschlossen sich für das „deutsche" Königtum neue Machtgrundlagen, die zu einer gewissen Stabilisierung der politischen und damit auch rechtlichen Verhältnisse in Deutschland führten. In Frankreich blieb die Königswürde dagegen in der Hand der Karolinger, deren Machtbereich über das Pariser Becken kaum hinausreichte, während sich die Fürsten um den Rest des Landes bekriegten. In dieser rechtlich instabilen Lage schlossen sich die französischen Niederadligen entweder einer der Parteien an oder schlugen sich auf eigene Faust durch. Die Klagen über zahlreiche Übergriffe von adligen Soldaten, die in den Quellen unverhüllt als *raptores*, als Räuber, bezeichnet werden, reißen seit dem 10. Jahrhundert nicht ab.

Aufgrund der Schwäche des französischen Königtums nahm sich die Kirche des Problems an und drohte seit dem 10. Jahrhundert auf immer neuen Synoden mit kirchlichen Strafen, um ihren „Gottesfrieden" durchzusetzen. Es gelang der Kirche, stärkeren Einfluss auf den höheren Adel zu nehmen, den sie mit der Verteidigung des Glaubens und dem Schutz der Schwachen – der Witwen, Waisen und der Kirche – betraute. In Zeremonien, die im Karolingerreich noch dem König vorbehalten waren, weihten Priester Schwerter und banden ihre Träger damit in die kirchlichen Ziele ein. Das Problem blieb jedoch ungelöst, solange der eigentliche Störenfried, der Niederadel, nicht für diese Idee gewonnen werden konnte. Die Gottesfriedensbewegung hatte wohl auch bei ihnen ihre Erfolge, den Durchbruch schaffte aber erst der Kreuzzugaufruf Papst Urbans II. von 1095. Mit der Kreuzzugsidee war der gemeinsame Nenner gefunden, der König, Fürsten und Adel zusammenführte – der Kampf als *milites Christi*, als christliche Ritter, gegen Heiden und Ketzer, für den Schutz der rechten Kirche und des Grabes Christi. Die Kreuzzugsbewegung setzte den unruhigen *milites* neue Ziele, sie kanalisierte ihre Energien nach außen. *„Wendet die Waffen, die ihr in gegenseitigem Morden auf sträfliche Weise blutig gemacht habt, gegen die Feinde des Glaubens und des Christentums!"* (Urban II.) Die neu entstandenen geistlichen Ritterorden dienten bewusst als Vorbilder der weltlichen Ritter.

In Deutschland entwickelte das neu erstarkte Königtum nach den Erfahrungen des 9. Jahrhunderts eine Reihe neuer Machtmechanismen, von denen uns in diesem Zusammenhang nur die Ministerialität interessieren soll. Ministeriale (oder Dienstmannen) waren zunächst unfreie Mitglieder an adligen Höfen, die aufgrund ihrer persönlichen Tüchtigkeit von ihren Herren mit den verschiedensten Aufgaben betraut wurden. Seit dem 11. Jahrhundert zog der König seine Ministerialen auch zum Militärdienst heran, der bislang dem Adel vorbehalten war.

Je weiter die Ministerialen aufstiegen, je häufiger sie in den gemeinsamen Kriegszügen Seite an Seite mit dem Adel kämpften, desto stärker bemühten sie sich um eine Angleichung ihrer Lebenssituation. Dies betraf zunächst die materielle Absicherung, es betraf aber auch die Übernahme adliger Lebensvorstellungen. Es fällt auf, dass es vor allem Dienstmannen waren, welche die französischen höfischen Romane in die deutsche Volkssprache übersetzten und eigenständig weiterentwickelten, die Lieder der Troubadours aufgriffen, den Kreuzzugsgedanken verbreiteten, aber auch kritisch hinterfragten. Hartmann von Aue, Wolfram von Eschenbach, Walther von der Vogelweide, Rudolf von Ems waren Dienstmannen. Im Codex Manesse dominieren die Ministerialen neben Vertretern der höchsten Adelskreise wie Kaiser Heinrich VI. und Kaiser Friedrich II., König Konrad IV., Konradin und dem Landgrafen von Thüringen, die als Auftraggeber der Minnesänger erscheinen. Die höchste Blüte der Ritterkultur war ministerial geprägt, aber sie war so verfeinert, dass selbst Könige sie übernahmen und ihr in den späteren Jahrhunderten nacheiferten.

Der geistigen Blüte der ministerialen Ritterkultur in den Jahrzehnten nach 1180 entsprach der politische Einfluss vor allem der Reichsministerialität. Reichsdienstmannen waren die engsten Berater der staufischen Könige seit Philipp von Schwaben (1198-1208). Sie stellten die Spitzen der Reichsgutverwaltung und machten geradezu märchenhafte Karrieren: Markward von Annweiler brachte es zum Herzog von Spoleto, Konrad von Scharfenberg zum Bischof von Speyer, zum Notar König Philipps und zum Kanzler der Kaiser Otto IV. und Friedrich II. Spätestens mit dem Tod Friedrichs II. 1250 traten jedoch dramatische Veränderungen ein, die die höfisch-ministeriale Ritterkultur beendeten.

Die Vasallen erhielten Lehen, die sie in die Lage versetzten, für ihre Lehnsherren militärische Dienste zu leisten. – Belehnungsszenen aus der Heidelberger Handschrift des Sachsenspiegels, Anfang 14. Jahrhundert". Universitätsbibliothek Heidelberg.

Wandel und Niedergang

Die dramatischen Veränderungen, die in Deutschland spätestens mit dem Interregnum einsetzten, trafen die Kultur des höfischen Rittertums unmittelbar. Ihre Zentren, Königs- und Fürstenhöfe, fielen aus, ihre wichtigsten Träger, die staufischen Reichsministerialen, verloren ihren Dienstherrn und waren auf sich selbst gestellt. Mit dem Wegfall der zentralen, friedenstiftenden Gewalt setzten

überall im Deutschen Reich erbitterte Kämpfe ein. Die Reichsministerialität trat als Herrschaftsinstrument immer mehr zurück und mit ihr die einzigartige Verbindung von König und ministerialem Ritter, welche die höfischritterliche Kultur in Deutschland so entscheidend geprägt hatte.

Wie sehr wir differenzieren müssen, belegt aber eine zweite Entwicklung, die ebenfalls mit dem Interregnum einsetzt und mit unserem Verständnis des Ritters in engster Verbin-

Trotz einzelner verheerender Niederlagen von Ritterheeren – wie hier in der Schlacht von Crécy, 1346, durch den massierten Einsatz von Langbogen – blieben schwer gepanzerte Reiter das Rückgrat mittelalterlicher Heere. – Miniatur aus Jean Froissart, „Chroniques", Ende 15. Jahrhundert. Bibliothèque nationale de France, Paris.

dung steht: Die Reichsministerialen errichteten auf Reichsgut und ehemaligem Königsgut eigene Burgen, ihnen folgten in der Regel mit deutlichem zeitlichen Abstand die übrigen Ministerialitäten nach. Die enge Verbindung von Ritter und eigener Burg, die uns so selbstverständlich ist, wurde für das Gros ministerialer Ritter erst nach der Mitte des 13. Jahrhunderts Realität.

Ritter und Freiheit – auch dies ist ein uns selbstverständliches Begriffspaar. Bis zum Interregnum aber war der ministeriale Ritter unfrei. Der Rechtsstatus wurde auch danach nicht „vergessen", aber er trat zurück, er verblasste. Die Münzenberger, die mächtigsten Reichsministerialen der Wetterau, konnten Ehen selbst mit Grafengeschlechter eingehen, obwohl sie selbst unfrei waren und blieben. Man korrigierte den Makel bei Gelegenheit, aber Unfreiheit und Adel waren keine Widersprüche mehr.

So ist das Bild des späten 13. und 14. Jahrhunderts durchaus widersprüchlich – die ritterlich-höfische Kultur verliert mit den Höfen ihre Basis, der Ritter selbst aber erhält mit eigener Burg, mit adliger Unfreiheit sowie Wappen und voller Rüstung erst die für uns charakteristischen Attribute.

In der gleichen Zeit veränderten sich die wirtschaftlichen Rahmenbedingungen. Die Ritter hatten für ihre Dienste Güter erhalten, die landwirtschaftliche Erträge abwarfen, die sich nicht beliebig steigern ließen und zunehmend in ein Missverhältnis zu den steigenden Ausgaben gerieten: Schon die Kosten für Rüstung und Pferde stiegen seit dem 12. Jahrhundert ständig an, dann die Ausgaben für Repräsentation, Kleider und Lebenshaltung. Mit dem eigenen Burgenbau entstanden zusätzliche Kosten für Errichtung, Verstärkung und laufenden Bauunterhalt, die teilweise durch Verpfändung von Ländereien gedeckt werden mussten. Die steigenden Ausgaben mussten zunehmend in Geld bezahlt werden. Der Ritter hatte zu lernen ökonomisch zu denken, wollte er seinen Besitz halten und überleben.

Nichts aber war unökonomischer als der Einsatz des eigenen Lebens, gleich für welches Ideal. Wer dennoch kämpfte, perfektionierte die Rüstung, verstärkte sie bis zum Übermaß. Andererseits fällt auf, dass gerade die Angehörigen wirtschaftlich erfolgreicher Familien auf den Ritterschlag verzichteten – sie ließen sich lieber die Räume ihrer Burg mit den Heldentaten der Ritter ausschmücken als selbst Leib und Gut zu wagen. Das Kämpfen überließ man gern dem Söldner, der dafür bezahlt wurde – oder dem kleinen Ritter, der nichts anders als seine Kampfkraft verkaufen konnte.

Untrennbar damit verbunden ist der militärische Niedergang des Rittertums. Tatsächlich spielten die Ritter eine immer geringere Rolle im Militärwesen – allerdings nicht, weil schwer gepanzerte Reiter militärisch überholt waren: Dramatischen Niederlagen von Ritterheeren stehen glänzende Siege über Fußtruppen gegenüber. Schwer gepanzerte Reiter bildeten daher bis ins 16. Jahrhundert hinein den Rückhalt der Heere, nur steckten in den Rüstungen immer weniger Ritter und immer mehr Söldner.

Der ritterbürtige Adel zog sich zurück und suchte andere, sinnvollere Aufgaben, die mehr soziales Prestige einbrachten: Er baute seine Besitzungen aus, trieb eine planvolle Heiratspolitik, nahm Führungsposten in Verwaltung, Rechtsprechung und Militärwesen der weltlichen und geistlichen Fürstentümer ein, saß in den Ratskollegien der Fürsten und in den Domkapiteln der Bistümer konkurrierte er erfolgreich mit dem Hochadel um Bischofsämter. Nachkommen ministerial-ritterlicher Familien spielten auch in Handel und Geldgeschäften wichtige Rollen, in Nürnberg etwa oder in den führenden niederländischen Städten.

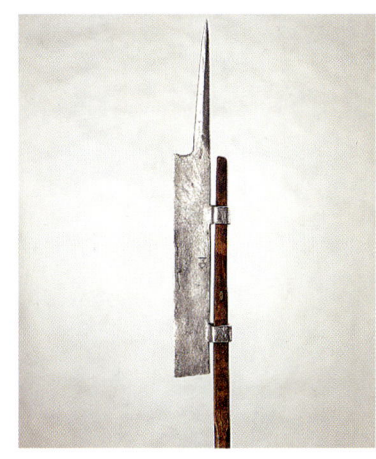

Helmbarte, 1350/1450. Deutsches Historisches Museum, Berlin. – Stärker noch als die anfangs wenig wirksamen Feuerwaffen haben die Langwaffen der Schweizer Eidgenossen zum Ende der gepanzerten Reiter beigetragen.

Zwischen kriegerischen und kirchlichen Idealen

Als der Begriff des Ritters erstmals in den deutschen Quellen des 11. Jahrhunderts auftaucht, meint er schon lange nicht mehr (wie seine lateinische Übersetzung *miles*) den einfachen Soldaten zu Fuß, sondern ausschließlich den berittenen und gepanzerten Kämpfer. Zu diesem beruflich ausgerichteten Bedeutungsaspekt kamen im Laufe des 10. und 11. Jahrhunderts weitere Inhaltskomponenten hinzu, zum einen die des Vasallen, zum anderen die des in Waffen stehenden Reiters adliger Abstammung. Der deutsche Begriff des Ritters (dessen Herkunft letztlich nicht geklärt ist) hat somit seine Hauptbedeutungen in Anlehnung an den lateinisch-römischen Ursprung des *miles* im Kriegsdienst einerseits und im allgemeinen Dienstgedanken andererseits.

Schon relativ früh entwickelte sich der „Ritter" begrifflich zu einem höfischen Adelsprädikat. Während sich im 12. Jahrhundert die Kreuzzugsidee mehr und mehr mit dem Begriff des Rittertums verband, wurde der Adlige als Ritter in erster Linie mit der Schwertleite assoziiert, mittels derer man nicht etwa einen sozialen Rang oder gar einen höheren Stand, sondern einen auszeichnenden Ehrentitel errungen hatte (vgl. Kap. „Wehrhaftmachung, Schwertleite und Ritterschlag"). Somit ist unter dem Ritter im Sprachgebrauch des 12. Jahrhunderts allgemein ein berittener Krieger oder ein Dienstmann oder auch ein Adliger zu sehen, der bereits die Schwertleite erhalten hat. Die ausgeprägte hierarchische Gesellschaftsstruktur der Zeit, in der man bald schon von „ritterlicher Herkunft" spricht, lässt im späteren Mittelalter den Ritter und den „edlen Knecht" (ohne Schwertleite oder Ritterschlag) dann zu einem Standesterminus werden, der sich hierarchisch unterhalb des „Herrenstandes" einordnen lässt und in der Abgrenzung nach „unten", gegen die von nicht vornehmer Geburt, nicht-ritterlicher Geburt, eine fließende Grenze hat.

Neben diesem Standesverständnis mit seinen militärischen Implikationen wird der mittelalterliche Ritter seit dem 12. Jahrhundert als religiöser Kämpfer, als *miles Christi* (Soldat Christi) oder *miles dei* (Soldat Gottes) in den Quellen genannt. Er war bereit, für die Wahrung von Frieden und Recht wie für die Verteidigung des Glaubens zu den Waffen zu greifen: Dienstbereitschaft im Sinne der gerechten Sache kennzeichnete ritterliches Denken und Tun. Grundlage waren Konventionen, die in Pflichtenkatalogen niedergelegt waren: Dem Herren ergeben zu dienen und sein Leben zu schützen, das Wohl der Gesellschaft im Auge zu haben, Ketzer und Ungläubige zu bekämpfen, Schwache zu verteidigen. Die Verschmelzung des weltlichen und des religiösen Ritterverständnisses brachte in der neuen Akzentuierung des Gottesstreitertums ein verändertes Bewusstsein zum Ausdruck: Der im Namen Gottes gewonnene Sieg brachte dem Ritter Ruhm und selbst der Tod brachte Gewinn. Der in beider Hinsicht — weltlich wie religiös — dominante Dienstgedanke geriet zu einem der bedeutendsten Aspekte des höfischen Rittertums. Man diente um zu herrschen und um Ruhm zu erlangen. Eine aus dem Kreuzzugsgedanken erwachsene Sonderform kann im Ordensrittertum benannt werden, dessen Grundverständnis die Verbindung der Pflichten des Ritters mit denen des Klerikers darstellt.

Diese Pflichten werden uns beispielsweise durch Étienne des Fougères überliefert, der im 12. Jahrhundert die Bindung an die Kirche in das Zentrum stellte. Auch in der höfischen Dichtung ist die religiöse Dominanz des Ritterbegriffs — insbesondere in der engen Verbindung zum Kreuzzugswesen — thematisiert

Gottfried von Straßburg war zwar vermutlich ritterlicher Herkunft, aber Geistlicher und diente als bischöflicher oder städtischer „Beamter". – Miniatur aus dem Codex Manesse, Anfang 14. Jahrhundert. Universitätsbibliothek Heidelberg.

worden. In der Konklusion kann der Tugend- und Pflichtenkatalog des mittelalterlichen Ritters aus seiner Entwicklung vom profanen Soldaten hin zum umfassend weltlich-religiös getragenen höfischen Streiter verstanden werden, wobei die regionalen und auch lan-

desspezifischen Unterschiede in den Entwicklungslinien (namentlich West- und Mitteleuropas) zu berücksichtigen sind.

Der Ritter als christlicher Kämpfer, als „Streiter Gottes", gegen Laster und Ketzerei in Gestalt von Teufeln. England 12./13. Jahrhundert.

Höfische Tugenden

Was die ritterlichen Tugenden angeht, so werden die höfischen Lehren nahezu ausschließlich in dichterischer Form überliefert. Die mittelalterlichen Dichter entwarfen ganze Tugendsysteme, Tugendkataloge, die Gedichten wie beispielsweise dem vom „Lehrer" aus dem 13. Jahrhundert exemplarisch entnommen werden können. Das ritterlich-höfische System forderte demnach die ergebene Liebe zu Gott und die Achtung seiner Lehre, Furcht vor der Hölle, Schutz der Armen, gutes Benehmen, braves und anständiges Handeln, Vater und Mutter zu ehren, auf den Rat weiser Menschen zu hören, Hass zu ertragen und vieles Ähnliche mehr. Unter den religiös bestimmten

Rittertugenden hatte der einzelne die Demut an die oberste Stelle seines Denkens und Handelns zu stellen. Demut war als Mitleid und Barmherzigkeit zu verstehen und beinhaltete außer dem bereits erwähnten Schutz von Hilfsbedürftigen die Milde gegenüber dem besiegten Feind. Die den Rittern auszeichnenden Prädikate umfassten des weiteren seine innere Güte, seine Vertragstreue, seine Aufrichtigkeit und insbesondere das strikte und konsequente Einhalten sittlicher Verpflichtungen. Persönliche Beständigkeit und Mäßigung (mâze) in allen Dingen galten als unabdingbare Komponenten der Vorbildlichkeit.

Aber der höfische Ritter hatte nicht nur fromm zu sein. Unter der Prämisse der Tugendhaftig-

König Ludwig IX., der „Fromme", bricht 1248 in Begleitung von Mönchen zu seinem ersten Kreuzzug auf. Der französische König galt schon den Zeitgenossen als Ideal eines christlichen Ritters. – „Chroniques de St. Denis", 1325/ 1350. British Library, London.

Comment li rois loÿs de france ala outre mer la premiere foiz.

pas que les poures perdissent rien en su miliation. quar ses robes estoient tout

keit präsentierte er seine Persönlichkeit auch unter den weltlichen Aspekten der adligen Herkunft, des Stolzes, der Schönheit und des Strebens nach Ruhm. Die Ursprünge der Legitimierung solcher Ideale liegen bereits in der Antike: Schon Cicero hatte die angeführten weltlichen Tugenden – unter dem Oberbegriff des „Nützlichen" – propagiert. In der höfischen Dichtung des Mittelalters verschmolzen nach und nach die unterschiedlichen Aspekte weltlicher Prägung mit der religiös geprägten Auffassung von Ritterlichkeit. Diese Verschmelzung der beiden Komponenten führte schließlich zu dem Idealtypus des Ritters, der beides in sich zu vereinigen suchte: Adel der Geburt und Adel der Gesinnung. Für die höfischen Dichter wurde dieser Gedanke geradezu vorbildhaft für den Harmoniegedanken von äußeren und inneren Werten in der höfisch-ritterlichen Gesellschaft. Gottfried von Straßburg hat diesen Ausgleich von religiösen und weltlichen Idealen zum zentralen Punkt der Adelserziehung erhoben, die zugleich den religiösen wie den weltlichen Anforderungen gerecht werden sollte. Gerade in diesem Anspruch haben sich Realität und Fiktion freilich oft genug widersprochen.

Zu den äußeren Aspekten zählten naturgemäß auch die Eigenschaften des Körpers: Die Ritter besaßen idealer Weise gewaltige Kräfte, die sie befähigten, auch schwerste Gefechte als Sieger zu bestehen. Daneben galten die *bona corporis* (Güter des Körpers) wie Behändigkeit, Gesundheit, Schönheit und Geschicklichkeit. Aber auch die feinen Umgangsformen, das Beherrschen der Etikette, des guten Tons, der Regeln des Anstands, waren in der Skala der Tugenden von höchster Bedeutung. Höfisches Wesen und ritterliche Tugenden hatten sich überdies deutlich zu manifestieren in der Art der Kleidung und der Fähigkeit zu sozialer Geselligkeit; insbesondere die so selten anzutreffenden Fähigkeiten wie Fremd-

Zu den Idealen eines Ritters zählte auch die Milde und die Fürsorge um Schwache und Kranke. – Herr Hesso von Reinach, Codex Manesse, Anfang 14. Jahrhundert. Universitätsbibliothek Heidelberg.

sprachenkenntnisse galten als vornehmster Ausweis von *hövescheit* (Höfischkeit). Wer all diesen hohen Anforderungen entsprechen konnte, genoss als Ritter höchstes gesellschaftliches Ansehen.

Der mittelalterliche Kanon der eingeforderten höfischen Tugenden stellt sich in der Rückschau indes größtenteils als ein bedeutungsreiches Konglomerat poetischer Idealvorstellungen dar. Idealtypisch formulierte Dichtung den Ausgleich zwischen traditionellen Werten religiöser Prägung und den neuen Werten der adligen Welt: man harmonisierte gewissermaßen höfische Lebensweisen und die Vorgaben der christlichen Kirche.

Ideal und Wirklichkeit

Das höfische Ritterideal stand vielfach in einem krassen Gegensatz zur Realität adligen Lebens. Diese Diskrepanz zwischen hohem moralischen Anspruch und der gelebten Wirklichkeit ist uns in mannigfachen Beispielen überliefert. So berichtet Petrus von Blois über die Zeit des ausgehenden 12. Jahrhunderts: *„Früher verpflichteten sich die Ritter durch das Band des Eides dazu, für die öffentliche Ordnung einzutreten... und ihr Leben für das allgemeine Wohl hinzugeben... Diese Sache hat sich ins Gegenteil verkehrt... Sobald sie mit dem Rittergürtel geschmückt sind, plündern und berauben sie die Diener Christi... und unterdrücken erbarmungslos die Armen... Sie geben sich dem Nichtstun und der Trunkenheit hin, sie schänden den Namen und die Pflichten des Rittertums. Wenn unsere Ritter einen Feldzug unternehmen, werden die Pferde nicht mit Waffen, sondern mit Wein beladen, nicht mit Lanzen, sondern mit Käse, nicht mit Speeren, sondern mit Bratspießen.*

Die Grundlage ritterlichen Verhaltens wurde in der Erziehung gelegt, über die wir allerdings nur rudimentär unterrichtet sind (vgl. Kap. „Der Knappe"). Junge adlige Männer wurden dabei vornehmlich in körperlichem Training und im Erlernen von Reit- und Waffentechniken geübt. Zur ritterlichen Lehre gehörten auch die Kontrolle der Pferde, das korrekte Führen von Schild und Lanze und die sonstigen ritterlichen Waffentechniken. Oft genug wurden die Jungen an fremde Höfe delegiert, um dort ihre Ausbildung zu erhalten bzw. fortzusetzen, zu der dann auch das Aneignen höfischer Umgangsformen und höfischer Tugenden, neben der Ritterlehre auch die höfische Lehre gehörte.

Die Ausbildung der intellektuellen Fähigkeiten und der literarischen Kenntnisse werden uns nur schemenhaft erkenntlich, zumal die Informationen seitens der Quellen hier nur spärlich fließen. Zumindest sollte der gebildete Ritter nach Möglichkeit über Fremdsprachenkenntnisse verfügen, die ihm zu gesellschaftlichem Ansehen verhalfen.

Tatsache ist allerdings, dass die gesellschaftliche Achtung innerhalb der Adelsgesellschaft in allererster Linie durch praktische Fertigkeiten und Tapferkeit errungen wurde. Höfisches Denken und tugendhaftes Handeln, die als Postulat und Maxime ständig präsent waren, offenbaren sich nicht selten als politisch motiviert und dem persönlichen Kalkül zur Wahrung und Verherrlichung des eigenen Namens unterstellt.

Offensichtlich konnten die in der Dichtung propagierten höfischen Normen die gesellschaftliche und ritterliche Praxis nur teilweise und in kleinen Schritten verändern. Dass die höfische Dichtung letztendlich den traditio-

Ideal und Wirklichkeit klafften im Leben eines Ritters zu allen Zeiten weit auseinander. – Betrunkene Ritter, Miniatur aus Konrad Kyeser, „Bellifortis", nach 1400. Tiroler Landesmuseum Ferdinandeum, Innsbruck.

nellen Lebensstil des Adels aber doch beein-flusst hat, ist unter anderem daran zu erken-nen, dass die Familien die Namen ihrer Kinder den Werken der Dichter entnahmen. Es ist ferner relativ deutlich zu sehen, dass viele Adlige sich die Romanhelden auch zu Vorbil-dern nahmen, sodass den höfischen Erzäh-lungen doch ein gewisser Bildungswert inne-zuwohnen schien.

Andererseits ist der Einfluss der Kleriker auf die Entstehung und Entwicklung der höfi-schen Kultur wie auch der Vorstellungen vom idealen Ritter nicht hoch genug anzusetzen. So sieht man vor allem Erscheinungsformen wie Anstand und Feinheit der Sitten, Rede-gewandtheit, umsichtige Klugheit oder die Beherrschung des gesellschaftlichen Um-gangs als Beitrag des Klerus, der in seinem

Einfluss damit gewissermaßen neben die Dichtung tritt. Das neue Ideal der *curialitas* (Höfischheit) sah außerdem die Ausbildung in den „Sieben Freien Künsten" vor. In dieser Hinsicht konnten die Kleriker als *litterati* und Träger der klösterlichen Schulen einen nicht unwesentlichen Einfluss auf die Gesellschafts-ideale des Adels ausüben.

Auch wenn große Teile der Ritterschaft Hö-fischheit in der Realität nicht umsetzen konn-ten oder wollten, vielmehr durch Grobschläch-tigkeit und Kampfbesessenheit auffielen, blieben die Ritter die eigentlichen Träger von *curialitas* und Rechtschaffenheit: „*Denn sie sind es, ... durch die die Gesetze der curialitas herrschen. Sie sind die Quelle und der Ursprung aller gesellschaftlichen Achtung*" (Tegernseer Briefsammlung aus dem 13. Jahrhundert).

Ritter schmoren in der Hölle. Minia-tur aus Herrad von Landsberg, „Hortus deliciarum", um 1180. – Trotz aller Kampfbesessenheit entwickelten sich die Ritter zu den eigentlichen Trägern von Recht-schaffenheit.

Die Kindersterblichkeit innerhalb der Ritterfamilien konnte auch im 16. Jahrhundert noch hoch sein. Von den Kindern Caspars von Guttenberg (gest. 1554) starben neun von siebzehn, von den Kindern seiner Söhne Hans Anthoni und Jakob erreichten nur fünf von neun bzw. zwei von neun das Erwachsenenalter. (Klaus Rupprecht, Herrschaftswahrung, S.159 A. 13)

„Die Königin nahm ohne Zögern
Die Punkte fahlen Rots, ich meine:
Die Schnabelspitzen ihrer Brüste
Und schob sie ihm ins Mäulchen rein.
Die ihn im Leib getragen hatte,
wurde selber seine Amme,
sie nährte ihn an ihren Brüsten,
vermied die Fehler anderer Frauen".

(Wolfram von Eschenbach, Parzival 113.5ff, übersetzt von Dieter Kühn).

„Item, als nun mein Bruder und meine Schwester nach Bern gebracht wurden, wurde ich, Ludwig, bei einem Schuhmacher in Köln einer Amme übergeben. ... Das war nicht gut, denn Mütter sind stets nützlicher bei ihren Kindern als getrennt von ihnen."

(Ludwig von Diesbach, Autobiographische Aufzeichnungen, Übers. von Urs Martin).

Kindheit

Bei der Geburt standen der Wöchnerin eine Amme, Dienerinnen oder auch Nachbarinnen zur Seite, während Männer von diesem Geschehen ausgeschlossen blieben. Wenn irgend möglich, fand die Geburt in einem abgeschlossenen und beheizbaren Raum statt. Die Geburt und die ersten Monate waren für Mutter und Kind gefährlich, jedes zehnte Kind starb während oder kurz nach der Geburt. Aber lassen wir das zunächst beiseite und freuen uns über das Neugeborene. Natürlich wird als erstes das Geschlecht festgestellt, dann badet man das Kind in warmem Wasser, wickelt es in Tücher und schnürt es (wie ein Paket) ein. Schon wegen der hohen Säuglingssterblichkeit wird man die Taufe so schnell wie möglich vollzogen haben, ein Dankgottes-

dienst oder eine Feierlichkeit konnten sich anschließen. Bei der Namenswahl war man in Frankreich – und wohl auch in Mitteleuropa – nicht so frei wie heute: In der Regel erhielt das Kind den Namen der Großeltern oder des Taufpaten, meist den des Lehnsherrn. Das erklärt die Häufung einzelner Namen („Leitnamen") in den Adelsfamilien bis in die Neuzeit.

In den Adelsfamilien wurde das Kind nicht von der Mutter, sondern von einer Amme gestillt, die auch für die Erziehung in den ersten Lebensjahren verantwortlich war. Um das zu verstehen, müssen wir kurz auf das Problem der Kindersterblichkeit eingehen. Je mehr Besitz eine Familie zu vererben hatte, desto wichtiger wurde es dafür zu sorgen, dass der Besitz in die Hände eigener Kinder überging. Gerade die ersten 18 Monate waren für die Kinder besonders gefährlich, ein Viertel der Kinder wurde nicht einmal fünf Jahre alt, ein weiteres Viertel starb vor dem 15. Lebensjahr, d.h. nur etwa jedes zweite Kind wurde erwachsen. Mit dem sozialen Rang stiegen zwar die Überlebenschancen, aber in der Regel konnte auch nur der männliche Nachfahre erben und das väterliche Lehen antreten. Eine Frau musste also möglichst viele Kinder zur Welt bringen, in möglichst kurzen Abständen. Offensichtlich wusste man im Mittelalter, dass eine Frau, solange sie stillt, gegen eine neue Schwangerschaft geschützt war.

Die ersten fünf, sechs Jahre dürften die glücklichsten und unbeschwertesten Jahre im Leben eines zukünftigen Ritters gewesen sein. Das wenige, was wir über diese ersten Jahre wissen, zeigt nur geringe Unterschiede zu den Kleinkinderjahren, wie sie die Älteren heute noch erlebt haben: Schaukeln, Blinde-Kuh- und Versteckspiele, Haschmich, auf dem Steckenpferd reiten, mit dem Blasrohr oder mit Pfeil und Bogen schießen, mit Murmeln oder Ball spielen. Auf die künftige Rolle wurde vorbereitet – Jungen erhielten kleine Ritterfiguren, Mädchen Puppen oder Spielzeuggeschirr aus Ton. Viel stärker als heute verschwimmen aber Kindheits- und Erwachsenensphäre – damals spielten auch Erwachsene Blindekuh und Haschmich, andererseits sah man in den Kindern schon kleine Erwachsene und kleidete sie auch so.

Schon mit Ablauf des 6. oder 7. Lebensjahres begann der Ernst des Lebens. Bei den Bauern wurden die Kinder jetzt zu leichteren Arbeiten herangezogen, mussten sie Gänse oder Kühe hüten. In der Ritterfamilie wechselten die Jungen in die Obhut von Männern: eines Onkels, eines älteren Bruders, manchmal eines Erziehers, seltener des Vaters. Oft musste der Junge schon mit sieben Jahren das Elternhaus verlassen und als Page zur Burg des Lehnsherrn ziehen; das Band zwischen Lehnsherrn und künftigem Lehnsnehmer sollte so von Anfang an vertieft werden. Hier lernte der Junge die künftigen Herren der Region kennen und es entstanden Freundschaften, die ein Leben lang hielten. Dies war wichtig, denn im Krieg kämpfte man in kleinen Einheiten unter Führung des Lehnsherrn, hatte diesen zu schützen und war auf den anderen angewiesen.

Die Ausbildung musste zunächst rein praktisch sein; sie sollte die Jungen abhärten und langsam in die Kampftechniken einführen. Auf dem Programm standen Reiten, Schwimmen, Bogenschießen, Faustkampf, Ringen, das Aufstellen von Vogelfallen und immer wieder Reiten. Die Reittechniken mussten perfekt beherrscht werden, denn im Kampf, beim Anreiten mit der Lanze, im Zweikampf mit dem Schwert musste der Ritter das Pferd ohne Zügelhilfen allein durch Gewichtsverlagerung oder Schenkeldruck lenken können. An echten Kämpfen nahm der Page noch nicht teil, übte aber vermutlich nicht nur mit Holzschwert, Holzschild und Latten statt Lanzen; er kämpfte gegen Puppen aus Stroh und lernte bei der Jagd die endlosen Wälder kennen.

Bei allem Gewicht, das auf die praktische Ausbildung gelegt werden musste, sind auch theoretische Inhalte vermittelt worden, zumindest die Grundlagen für höfische Umgangsformen, die im praktischen Dienst am Tisch von Ritter und Edelfrau vertieft werden konnten. Sprachen wurden gelernt, vor allem Französisch, wobei an den deutschen Fürstenhöfen des Mittelalters gern Franzosen als Erzieher verpflichtet wurden. Da in Deutschland die meisten Ritter aus der Ministerialität stammten und ihrem Herrn nicht nur als schwerbewaffnete Ritter, sondern auch als Verwalter dienten, liegt die Vermittlung von Schreib- und Lesekenntnissen nahe.

Spielerisch wurden die künftigen Ritter auf kommende Aufgaben vorbereitet. – Oben ein Reiterpuppenspiel; aus dem „Weisskunig", um 1515, österreichische Nationalbibliothek, Wien. Unten ein Ritter zu Pferd; Holz, 14. Jahrhundert, Bayerisches Armeemuseum, Ingolstadt.

Der Knappe

Zwischen dem 12. und dem 14./15. Lebensjahr wird aus dem Pagen der Knappe, ähnlich wie aus dem „Lehrling" der „Geselle" wird. Allerdings sollte man sich hüten, in den Kategorien moderner Handwerksordnungen zu denken mit ihrer Dreiteilung von Lehrling (Page) – Geselle (Knappe) – Meister (Ritter). Der Übergang vom Pagen zum Knappen konnte durchaus fließend sein, Altersangaben sind allenfalls Näherungswerte. Wir werden später noch sehen, dass ein Großteil der Ritter ein Leben lang Knappe blieb.

Der Knappe kämpfte nicht länger mit Übungswaffen, sondern erhielt Lanze, Schild und Kurzschwert, zum Kampf Eisenhut und Streitkolben, vielleicht sogar silberne oder versilberte Sporen.

Das Kämpfen wurde nun auch vom Knappen verlangt: Ein erfahrener Ritter kümmerte sich um seine weitere Ausbildung, mit ihm musste der Knappe in den Kampf ziehen und ihn auf seinen Fahrten begleiten – gegebenenfalls wie Oswald von Wolkenstein durch halb Europa, wenn er an einen fahrenden Ritter geraten war. Vor der Schlacht hatte er den Helm und den schweren Schild zu tragen, damit der Ritter nicht vorzeitig ermattete (daher die Bezeichnung „Schildknappe"). Wenn nötig hatte er seinen Herrn unter Einsatz seines Lebens aus gefährlichen Situationen herauszuhauen, für ihn Ersatzwaffen bereit zu halten oder den Ritter in Sicherheit zu bringen, wenn sein Pferd oder er selbst verwundet wurde. Hatte sein Herr einen feindlichen Ritter aus dem Sattel gehoben, war es seine Aufgabe, den Ritter gefangen zu nehmen und seine Rüstung sicherzustellen. Ziel des ritterlichen Kampfes war nicht die Tötung des Gegners, sondern seine Gefangennahme – um für ihn und seine wertvolle Rüstung Lösegelder eintreiben zu können. Das machte die Aufgabe für den Knappen nicht leichter, schließlich hatte auch der gegnerische Ritter seine Knappen.

Damit wird verständlich, weshalb größter Nachdruck auf die militärische Ausbildung des Knappen gelegt wurde. Leben wie finanzieller Erfolg des Ritters hingen entscheidend von der Tüchtigkeit seiner Knappen ab. Wer sich bislang als Page nicht bewährt hatte, fand allerdings kaum einen Ausbilder und wandte sich besser anderen Aufgaben zu. Die anderen werden spätestens jetzt mit scharfen Waffen geübt haben, und zwar den Kampf zu Pferd im Verband mit anderen Knappen (den Buhurt) und das Anrennen mit der Lanze (das Tjosten). Der körperlichen Ertüchtigung und Abhärtung dienten Reiten, Schwimmen, der Umgang mit Bogen und Armbrust (für die Jagd), Ringen, Springen und Klettern - Einzelkämpferausbildung, aber immer mit dem Ziel, den Kampf in kleinen Gruppen und Einheiten zu lernen. Im Turnier musste er dann zeigen, was er kann. Es gab eigene Knappenturniere, meist aber begleitete er seinen Herrn zu den Turnieren, half ihm in Rüstung und Helm, hielt

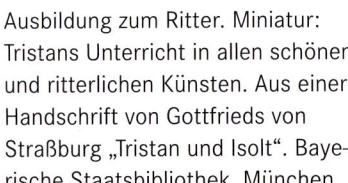

Ausbildung zum Ritter. Miniatur: Tristans Unterricht in allen schönen und ritterlichen Künsten. Aus einer Handschrift von Gottfrieds von Straßburg „Tristan und Isolt". Bayerische Staatsbibliothek, München.

Ersatzlanzen bereit. Auch die Jagdausbildung wurde fortgesetzt: Für seinen ritterlichen Lehrmeister zerlegte der Knappe fachgerecht das Wild, schlug die Zelte auf, machte am Abend Holz für das Lagerfeuer. Im Gegenzug ergänzte der Herr die Kenntnisse seines Knappen über die Beizjagd mit dem Falken, brachte ihm Pirsch-, Hetz- und Vogeljagd bei. Körperbeherrschung, Mut, Tapferkeit, Kenntnisse in der Jagd und in den Waffen – das alles machte noch keinen Ritter. Die Ansprüche wurden im hohen Mittelalter immer höher geschraubt: Man sollte den Gegner schonen – und das ließ sich leicht nachvollziehen, denn von einem Toten erhielt man kein Lösegeld. Man brauchte gute Tischsitten, Kenntnisse in den Fremdsprachen, im Lesen und Schreiben, in Gesellschafts- und Brettspielen, in Musik und Tanz – das alles war trainierbar. Nun aber sollte der Ritter auch noch vornehm gehen, „schreiten", sich in artiger „höfischer" Konversation mit Damen üben, die höfischen Damen verehren – nicht begehren! – und züchtig, bescheiden, selbstbeherrscht, gesittet sein. Darüber hinaus stellte die Kirche ihre Forderungen: Kämpfen – ja, aber zur Verteidigung des Glaubens, der Kirche, der Schwachen, als „Soldat Christi". Und auch hier gehörten Erbarmen, Milde, Güte, Demut und maßvolles Handeln zu den Tugenden eines Ritters. Sicherlich handelt es sich hierbei um ein Ideal, das angestrebt wurde und nicht um die Realität. Dennoch sollten wir die Forderungen ernst nehmen: Noch im 15. Jahrhundert schickten etwa die „ritterbürtigen" Familien der Berner Oberschicht ihre Söhne bevorzugt an französische oder italienische Höfe, damit sie dort höfische Umgangsformen und adlige Lebensweise lernten. Ihre Väter waren seit Generationen Kaufleute, „Städter", dennoch durchliefen sie die militärische Ausbildung und kämpften – wie Ludwig von Diesbach – in der Leibwache des französischen Königs. Erfolgte

die Ausbildung am fürstlichen Hof und machte der Knappe durch besondere Tapferkeit oder Gewandtheit auf sich aufmerksam, konnte er als Bote zu heiklen Missionen herangezogen oder in die engere Umgebung des Fürsten aufgenommen werden und ihn auf seinen Reisen begleiten.

Die Ausbildung endete im idealen Fall nach rund sechs bis sieben Jahren mit der Schwertleite, ab dem 14. Jahrhundert mit dem Ritterschlag. Oben wurde der Knappe mit dem Gesellen verglichen. Fachlich unterschied sich der Geselle wenig vom Meister und ähnlich ist es mit dem Knappen: Er trug im Kampf die gleiche Rüstung wie der Ritter, nur sein Schwert durfte er nicht am Gürtel tragen; er befestigte es am Sattelknauf. *„Sind die Schwerter erst einmal gezückt, ist dieser Unterschied aufgehoben"* (Dieter Kühn). Viele Knappen ließen sich daher erst im fortgeschrittenen Alter zum Ritter promovieren oder verzichteten ganz auf die Ritterwürde und blieben ein Leben lang Edelknechte.

Zwei Knaben beim Ritterpuppenspiel, dem wohl raffiniertesten Spielzeug. – Darstellung aus Herrad von Landsberg, „Hortus deliciarum", um 1180.

Rennewarts Schwertleite. Aus einer Handschrift des „Willehalm" von Wolfram von Eschenbach, Anfang 13. Jahrhundert. Österreichische Nationalbibliothek, Wien.

Wehrhaftmachung, Schwertleite und Ritterschlag

Die wichtigste Wurzel ritterlicher Schwertleite führt zurück in die germanische Sitte der Wehrhaftmachung, über die schon Tacitus berichtet. Der junge Mann erhielt in öffentlicher Versammlung vom Vater, einem Verwandten oder Fürsten Schild und Speer (Frame); er wurde damit aufgenommen in die Welt der Krieger und dadurch erst erwachsen und geschäftsfähig. Der Jugendliche verließ – auch rechtlich – das elterliche Haus und wurde Mitglied der „Gemeinde". Über den Zeitpunkt der Wehrhaftmachung entschied allein die Gemeinde und nicht das Erreichen eines bestimmten Alters.

Als mit fortschreitendem Mittelalter das Volksheer zurücktrat, wurde die Wehrhaftmachung zu einem exklusiven Ritus der Krieger (nicht der Adligen). Wie schon zu germanischer Zeit markierte sie den Übergang vom Kind zum Mann, vom Pagen zum Knappen. Sichtbarer Ausdruck blieb die Übergabe der Waffen, jetzt von Kurzschwert und Schild. In

den ersten Jahrhunderten des Mittelalters blieb die Wehrhaftmachung das wichtigste Ereignis im Leben eines Kämpfers und wurde entsprechend gefeiert.

Spätestens im 12. Jahrhundert trat zur Wehrhaftmachung die Schwertleite, die uns in den Quellen als *„ritterschaft geben", „ritter werden", „ritters namen gewinnen"* begegnet. Die Schwertleite löste die Wehrhaftmachung nicht einfach ab, die auch weiterhin den Übergang vom Kind zum Mann, zum Knappen markierte. Die Schwertleite übernahm aber Elemente der Wehrhaftmachung und verband sie mit kirchlichen Inhalten der fränkischen Königskrönung, etwa dem Schutz der Schwachen.

Von Anfang an hatte die Kirche versucht, darauf Einfluss zu nehmen. Sichtbarster Ausdruck war die Durchführung der Schwertleite an hohen christlichen Feiertagen, allen voran dem Pfingstfest. Wie die Apostel den Heiligen Geist empfingen, so sollte der christliche Ritter durchdrungen werden von den christlichen Idealen: Schutz der Schwachen, der Witwen und Waisen, nicht zuletzt der Kirche.

Die Kosten für die Schwertleite waren enorm und das hat dazu geführt, dass lange Zeit nur hohe und vermögende Adlige ihren Söhnen eine entsprechende Feier ausrichten konnten. Gern haben Fürsten und Könige daher die Gelegenheit genutzt, den Söhnen ihrer Lehnsleute eine Promotion zum Ritter zu ermöglichen – um diese umso stärker an sich zu binden und ihren Reichtum und ihre Generosität unter Beweis zu stellen.

Im Laufe des 12. und 13. Jahrhunderts entwickelte sich ein Zeremoniell mit einigen festen Bestandteilen: Aus Frankreich wissen wir, dass der künftige Ritter schon am Vortag ein rituelles Bad nahm, um sich symbolisch von den Sünden rein zu waschen, anschließend verbrachte er die Nacht, wie ein Mönch gekleidet,

betend in der Kirche. Im Zentrum stand dann die feierliche Übergabe der Waffen, vor allem

die Umgürtung mit dem Schwert und das Anlegen der goldenen Sporen. Auch die Kleidung des Ritters hatte hohen Symbolcharakter: Ein rotes Hemd (Pflicht, sein Blut zur Verteidigung des Glaubens zu opfern), schwarze Strümpfe (Mahnung an den Tod) und weißer Gürtel (Keuschheit). Dem weltlichen Zeremoniell folgte eine kirchliche Feier mit der Weihe des Schwertes. Anschließend wurde gebührend gefeiert und Vater, Freunde oder der Lehnsherr überreichten Geschenke. Auf dem Turnier stellten die frischgekürten Ritter ihr Können unter Beweis, Festessen, Musik und Tanz schlossen sich an. Die Schwertleite der Söhne Kaiser Friedrich Barbarossas am Pfingsttag des Jahres 1184 war eines der größten Feste des Mittelalters.

In Deutschland verschwindet die Schwertleite im Laufe des 14. Jahrhunderts und wird nach und nach vom Ritterschlag abgelöst.

Der Ritterschlag stammt vermutlich aus dem französischen Bereich und war dort seit dem 13. Jahrhundert der feierliche Höhepunkt der Schwertleite. Ein Adliger, selten ein Geistlicher, schlug mit der flachen Hand auf den Hals bzw. den Nacken des Knappen – eine Geste, die an den Wangenschlag während der Firmung erinnern sollte. Der Halsschlag wurde später abgelöst durch die Berührung der linken Schulter mit der flachen Schwertklinge. Massenpromotionen, die häufig zu Beginn oder am Ende einer Schlacht, am Rande von Königskrönungen oder auf Italienzügen stattfanden, eröffneten einer Vielzahl von Knappen den Zugang zum Rittertum.

Ritterschlag und mehr noch die Schwertleite waren in erster Linie große, kostspielige gesellschaftliche Ereignisse, die sicherlich das persönliche Ansehen erhöhten, zur Durchführung des Kriegsdienstes aber nicht notwendig waren und auch keine Standesverbesserung einbrachten – der Adlige blieb adlig, der Dienstmann unfrei.

„Darauf gab der König von Böhmen dem Knappen einen Schlag auf den Hals und sprach: „Zur Ehre des allmächtigen Gottes mach ich dich zum Ritter und nehme dich mit Freuden in unsere Gesellschaft auf ... Nachdem diese Feierlichkeiten vorüber waren, turnierte der junge Ritter unter dem Schall der Posaunen, dem Klange der Glocken, dem Lärm der Pauken dreimal gegen den Sohn des Königs von Böhmen und beendete darauf durch ein Gefecht mit blanken Schwertern seine Laufbahn als Knappe. Dann feierte er ein dreitägiges Hoffest und bewies allen den Grossen durch freigebige Spenden seine noblen Gesinnungen.“

(Johannes von Beka, Chronographia, 1430).

Drei Knappen erhalten den Ritterschlag. Französische Darstellung aus dem 13. Jahrhundert. – Massenpromotionen öffneten auch weniger vermögenden Knappen den Zugang zum Ritter.

Die Ritterfahrt

Hatte sich der Knappe als besonders tüchtig erwiesen, war er dem Burgherrn aufgefallen, dann konnte er womöglich im persönlichen Gefolge des Burgherrn bleiben, wurde von ihm unterhalten und bildete nun vielleicht selbst Knappen aus.

Für die meisten Knappen und jungen Ritter begann aber eine lange Wartezeit. Ihre Ausbildung war abgeschlossen, das Lehen, die elterliche Burg oder der Hof, befanden sich in der Hand des Vaters – und der hatte in der Regel wenig Interesse, den Sohn, gar mit eigenem Hausstand, auf Hof oder Burg zu ernähren. Lieber stattete er den Sohn mit Pferden, vielleicht auch einem Knecht aus und schickte ihn auf „Ritterfahrt". Günstig war es, wenn zur gleichen Zeit auch der Sohn des Lehnsherrn auf Reisen ging und die Ritter sei-

nes Jahrgangs – seine Schildgenossen – mitnahm, zumal der reiche Vater oft einen erfahrenen Ritter als Begleiter, Berater und Aufpasser mitgab. Sinn machte das für beide Seiten – der Lehnsherr übernahm einen Großteil der Kosten und kam für Verlust auf, dafür entwickelte sich aus den Teilnehmern der Fahrt eine verschworene Kampfgemeinschaft mit tiefen Bindungen an ihren künftigen Herrn.

Man kann sich leicht vorstellen, was in den Köpfen der jungen Recken vor sich ging: Im Turnier wollte man glänzen, die Gegner scharenweise aus den Sätteln heben, ihre kostbaren Pferde und Rüstungen erbeuten. An allen Höfen des Abendlandes würde man von ihrer Tapferkeit, ihrer Ehre und ihrem Reichtum erzählen. Mit ihren Taten wie mit ihrer Redekunst würden sie die Fürsten beeindrucken und ein eigenes Lehen erhalten oder besser: die Herzen der höfischen Damen erobern, am

Die Ritterfahrt führte die jungen Knappen und Ritter durch halb Europa und vertiefte bzw. ergänzte ihre Ausbildung. – Kastell Kaiser Friedrichs II. in Melfi.

besten einer reichen Witwe, sie heiraten und so noch mächtiger als der Vater werden ... Einigen ist es geglückt. Tatsächlich wurden die Turniere von den jugendlichen Rittern und Knappen dominiert, den hungrigen *iuvenes* (Jungen), die oft keine andere Chance hatten aufzusteigen. Die Risiken zeigten sich bald: Schnell konnten sie auf den Turnieren alles verlieren, was sie bei der Schwertleite erhalten hatten oder der Vater ihnen mitgegeben hatte – das teure Pferd, die Rüstung, das Schwert, die kostbare Kleidung, oft genug auch ihre Gesundheit oder ihr Leben. Klüger war es, nicht alles aufs Spiel zu setzen und um Pfänder zu kämpfen statt um ihren Besitz oder sich einer der zahlreichen Gruppen anzuschließen, die Gewinn und Verlust untereinander teilten.

Die Turniere mit ihren bis ins 13. Jahrhundert hinein sehr realistischen Kampfbedingungen stellten so eine willkommene Fortsetzung und Vertiefung der militärischen Ausbildung dar, eine „Schule der Ehre". Sie waren bevorzugtes, aber nicht alleiniges Ziel der Ritterfahrten. Als Soldritter war man auch bei den zahllosen Auseinandersetzungen stets willkommen. An fremden Kriegen oder Fehden teilzunehmen, auch Beute zu machen, galt durchaus als ehrenhaft. So manche Burg, so manches Landgut wurde mit Lösegeld und Beutegewinn errichtet. Generell galt: je höher gestellt der Auftraggeber, je exotischer das Land, desto höher der Ruhm. So reisten die jungen Ritter und Knappen bis nach Portugal, Frankreich, England, häufig nach Italien, dessen lombardische Kriege im 14. Jahrhundert als „Schule der Waffen" galten. So wertvoll die Erfahrungen der Ritter im Kampf waren, so begehrt sie den Fürsten als Kämpfer waren, so verhasst waren sie der Bevölkerung wegen ihrer ständigen Übergriffe – eine der Schattenseiten des fahrenden Rittertums.

Im späteren Mittelalter ist die Ritterfahrt

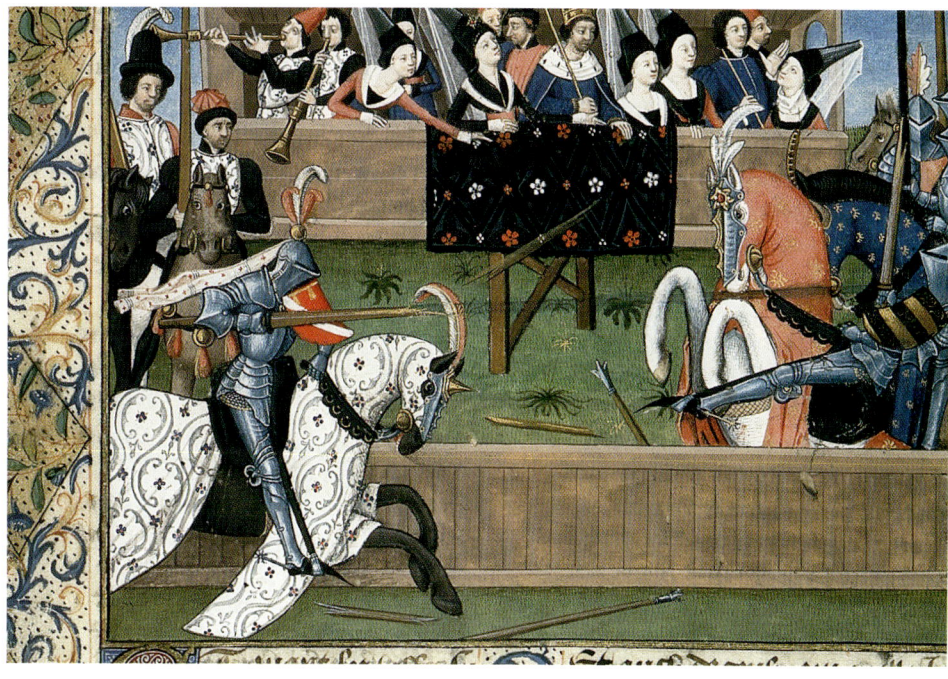

selbstverständlicher Teil der Ausbildung gerade bei den reichen Familien, die den Sohn aber nicht ungeplant auf Abenteuer schickten. Die Eltern setzten ihre Kontakte ein, um ihre Söhne an den Höfen Europas unterzubringen, besonders Italiens oder Frankreichs. Die militärische Weiterbildung und die aktive Teilnahme an Kämpfen spielte dabei nach wie vor eine große Rolle und zwar selbst dann, wenn sie, wie bei stadtsässigen Ritterfamilien, in der zukünftigen Lebensplanung keine Bedeutung haben sollten. Der Stadtadel fühlte und dachte in ritterlichen Kategorien und wollte *„bei andern Rittern und Edeln bestehen können, wenn man nach Ehre fragen sollte"* (Ludwig von Diesbach). Großen Wert legte man aber auch auf das Erlernen adliger Lebensart, auf höfische Konversation, Vertiefung der Sprachkenntnisse – nach wie vor galt französisch als Sprache der Kultur – und zumindest auf die Grundzüge der Diplomatie. Beinahe nahtlos gehen so die Ritterfahrten des Mittelalters in die Kavalierstouren der Neuzeit über.

Turniere an allen Höfen Europas waren ein bevorzugtes Ziel der Ritterfahrten und wurden dominiert von den jungen Knappen und Rittern. Illustration zum Ritterroman „Le Petit Jean de Saintre", um 1470. British Library, London.

Der Besitz einer eigenen Burg und einer eigenen kleinen Herrschaft war eines der größten Ziele im Leben eines Ritters. – Burg Ramsberg.

Die besten Jahre

In der Regel war der Ritter weit über 20 Jahre, zählte nicht selten 30 und mehr, ehe er heiraten und eine eigene Familie gründen konnte. Mit der Heirat übernahm er oft auch den elterlichen Besitz, nicht anders als bei vielen Bauernfamilien noch des 19. Jahrhunderts. Vater oder Mutter zogen sich dann zurück und verbrachten oft ihre letzten Jahre im Kloster. Seine erste Pflicht war es, sich die väterlichen Lehen vom Lehnsherrn bestätigen zu lassen. Eigentlich sollten die Lehen mit dem Tod des Inhabers wieder an den Lehnsherrn zurückfallen, doch die adligen, später auch die ministerialen Ritter haben es schnell verstanden, bei ihren Herren die Erblichkeit ihrer Lehen durchzusetzen. Nur wenn handfeste Gründe vorlagen, konnte der Herr dem Erben das Lehen entziehen. Die Fahrt zum Lehnsherrn wurde übrigens recht schnell zu einer Rundreise, denn die Ritter hatten sich ebenso erfolgreich bemüht, gleich von mehreren Herren

für die unterschiedlichsten Dienste Lehen zu erhalten, etwa für den Dienst als Burgmann. Teilweise bestanden die Lehen, gerade die Burglehen, schon in Geldleistungen – in Zeiten aufkommender Geldwirtschaft die angenehmste Form, wenn die Zahlungen denn pünktlich eintrafen. Die meisten Lehen waren freilich Landzuweisungen. Da sich der Kämpfer nicht um ihre Bestellung kümmern konnte, wurden ihm die Bauern auf den Ländereien gleich mit übertragen. Die Bauern mussten einen Teil der von ihnen erwirtschafteten Erträge an ihn abzuführen, ihm außerdem an festgelegten Tagen mit „Hand- und Spanndiensten" zur Hand gehen, d.h. ihm etwa bei der Ernte helfen. Diese Leistungen sind im Laufe des Mittelalters nach und nach in Geldleistungen umgewandelt worden.

Der ritterliche Grundherr musste für die Bauern aber auch Verantwortung übernehmen, da sie in seine *munt*, in seinen Schutz, gestellt waren. So war er dann auch zuständig für Streitigkeiten zwischen den Bauern, die er als Gerichtsherr entscheiden musste: eine eher lästige Arbeit, die mit den geringen Einnahmen aus der Gerichtstätigkeit nur miserabel vergütet war. Da kaum ein Dorf nur einem Herrn allein gehörte, sondern vielfach zwischen drei, vier Grund- und Gerichtsherren aufgeteilt war, gab es ständig Reibereien, die er mit den benachbarten Lehnsherrn schlichtete. Schon die Heirat zweier Personen aus dem gleichen Ort, aber mit unterschiedlichen Herren, war schwierig zu regeln. Wem gehörten die Kinder? Wem die gemeinsam erwirtschafteten Güter?

Seine erste Pflicht gegenüber dem Lehnsherrn war der Kriegsdienst. Für eine bestimmte Zeit (nach dem Sachsenspiegel sechs Wochen), musste er dem Herrn kostenlos dienen, mit seiner Person, mit Knappen, Knecht und Pferden. Dauerte der Krieg oder die Fehde länger, wurde er wie ein Soldritter, ein Söldner bezahlt. Als Burgmann hatte er nur in Zeiten der Gefahr Anwesenheitspflicht.

Das ließ ihm Zeit. Für die meisten Ritter blieb der Krieg bis ins 13. Jahrhundert hinein der eigentliche Lebensinhalt – Gelegenheiten zu Krieg, Fehde und Turnier gab es genug. Auch in den folgenden Jahrhunderten beteiligte man sich gern gegen Bares oder gegen die Aussicht auf Beute oder Lösegeld an einer Fehde, an der Belagerung einer Burg oder auch einmal am Überfall auf einen Kaufmannszug. Das geschah ganz legal, denn die Städte standen immer in Fehde mit irgendeinem Ritter oder Fürsten, dem man sich anschließen konnte. Das Verhältnis zu den Städten war gespalten: Oft genug gewährte er ihren Kaufleuten auch Geleit zur Frankfurter Messe, besaß manchmal sogar ein eigenes Stadthaus oder war mit einer Familie aus dem Stadtpatriziat verwandt.

Mit fortschreitendem Mittelalter trat der Militärdienst zurück, Tätigkeiten in der Verwaltung der aufstrebenden Fürstentümer waren nun gesucht, auch wurde der Ausbau der eigenen Landwirtschaft salonfähig, was für viele Ritterfamilien überlebenswichtig war. Die Abgaben der Bauern konnten kaum erhöht werden und die lukrativen Zölle hatten die Fürsten unter sich aufgeteilt. Ohne Beziehungen kam man weder an Verwaltungsposten, noch an die Pfründe der Domkapitel, Stifte oder Klöster. Besaß der Ritter größere Ländereien, rechnete er mit seinen Verwaltern ab, ließ Sonderkulturen anlegen, brachte den Ertrag seiner Ernten auf den städtischen Markt und kaufte dort für sich, seinen Haushalt und sein Hofgesinde das ein, was ihm der fahrende Krämer nicht auf die Burg brachte. Tagsüber muss auf den Burgen ein buntes Treiben, ein Kommen und Gehen geherrscht haben. Gastfreundschaft gehörte zur ersten Pflicht des Burgherrn; je mehr Gäste und Freunde er empfing, umso höher sein An-

sehen. Festliche Tafeln mit Dutzenden von Gästen, weißem Brot, edlem Wein und teuren Gewürzen konnten sich aber nur die wenigsten Burgherrn leisten.

Zu den vornehmsten Pflichten eines Ritters zählte die Teilnahme am Feldzug seines Lehnsherrn. – Sachsenspiegel, Anfang 14. Jahrhundert.

Sorgen des Alters

Im „Nibelungenlied" und im „Wolfdietrich"-Epos begegnen uns hünenhafte Helden wie der Waffenmeister Hildebrand oder König Gunter, die trotz ihres hohen Alters in der Schlacht mitkämpfen, als könne ihnen die Zeit nichts anhaben. Tatsächlich finden sich achtzigjährige Greise, die mit Erfolg Turniere ritten; Eberhard von Schlüsselberg war weit

Im Alter plagte viele Ritter ihr Gewissen, sodass sie sich in ein Kloster zurückzogen und ihr Leben als Mönch beendeten. – Mönch, aus einer Handschrift der „Legenda aurea" des Jocobus de Voragine. Universitätsbibliothek, Graz.

über 70 Jahre alt, als er Burg Neideck verteidigte.

Die Regel dürfte dies freilich nicht gewesen sein. Das ständige körperliche Training mochte den Körper zwar abhärten, aber das entbehrungsreiche Leben ließ die Ritter früh altern. Wenig günstig wirkte sich sicher der häufige Genuss von Alkohol aus, dazu das oft fette, viel zu stark gewürzte und unmäßige Essen, immer im Wechsel mit entbehrungsreichen Abschnitten. Hinzu kamen die unhygienischen und gerade im Winter unwirtlichen Behausungen, gleich ob im Tal auf befestigtem Hof oder oben auf der Höhenburg.

Entsprechend niedrig war die Lebenserwartung. Lassen wir die hohe Säuglings- und Kindersterblichkeit beiseite, konnte ein Mann mit durchschnittlich 47 Lebensjahren rechnen. Das durchschnittliche Lebensalter der deutschen Könige betrug 50 Jahre, das der englischen 58 Jahre, über 70 wurden nur Rudolf von Habsburg und Eduard I. Hatte der Ritter mit etwa 25 Jahren geheiratet, war er 40, 45 Jahre, bis seine Kinder erwachsen waren. Um den ältesten Sohn brauchte er sich vorerst nicht zu kümmern, der sollte sein Erbe antreten. Um ihm dies Erbe aber ungeteilt übergeben zu können, mussten zunächst die jüngeren Brüder und die Schwestern versorgt werden. Ganz allgemein kann man feststellen, dass im Spätmittelalter mit dem Vordringen des Geldwesens und einer geregelten Verwaltung die Chancen des Ritters stiegen, dank seiner Beziehungen auch für die nachgeborenen Söhne die wirtschaftlichen Grundlagen für einen eigenen Hausstand zu legen oder sie in einem Kloster unterzubringen. Bei entsprechenden Einkünften konnte man auch daran denken, für Sohn oder Tochter auf dem Burggelände ein eigenes Haus zu errichten. Wesentlich schwieriger war es, für die Kinder eine neue Burg anzulegen oder sie beim Bau zu unterstützen.

Wurden die Anstrengungen für Turnier und Kampf, für Feldzüge und Fehden zu groß, übertrug man Besitz und Lehen dem ältesten Sohn, übte aber als Senior, als Familienältester, im Familienrat weiter eine aktive und verantwortungsvolle Tätigkeit aus. Man verwaltete die Urkunden des gemeinsamen Familienarchivs, kontrollierte die Familienlehen sowie die allen Familienzweigen gemeinsam gehörenden Besitzungen, war zudem Schiedsinstanz bei Familienzwistigkeiten oder berief den Familienrat ein.

Bemerkenswert viele Ritter zogen sich ins Kloster zurück. Die Klöster wurden einerseits als Versorgungsanstalten betrachtet, in die man sich als Pfründner einkaufen konnte um dort, meist in einem eigenen Wohnhaus und abgegrenzt, aber versorgt von den Mönchen, seinen Lebensabend zu verbringen. Andere aber plagte ihr Gewissen, zumal die Furcht vor dem Höllenschlund viel gegenwärtiger war als heute: Auch Wolfdietrich zog es im Alter ins Kloster. Um seine Sünden zu büßen, verbrachte er eine Nacht im Münster, wo ihm alle erschienen, die er in seinem Leben erschlagen hatte, und nochmals musste er den Kampf mit ihnen durchfechten. Am Morgen fanden ihn die Mönche mit schneeweißem Haar ...

Auch wenn die Ritter von frühester Jugend zum Kämpfen und Töten erzogen wurden, im Alter belastete sie Ihr Tun. Viele literarische Figuren (Lancelot, Hestor und Behor) gehen ins Kloster (Parzival wird Priester) und Bertran de Born, Dichter, Ritter und Kampfgefährte von Richard Löwenherz, beschließt seine Tage als Zisterzienser. Gerade er hatte sich wie kein Zweiter am Schlachtenlärm berauscht:

„Ich schätze die Osterzeit, wenn Blattwerk und Blumen zurückkehren, doch nicht minder schätze ich den Anblick der auf den Wiesen aufgeschlagenen Zelte. Mir hüpft das Herz im Leibe, wenn ich auf den Feldern gewappnete Ritter und Pferde zur Schlacht aufgereiht erblicke.

Welche Augenweide sind doch belagerte Burgen, wenn die Palisaden zerborsten und niedergerissen sind. Ich sage euch, weder Speis noch Trank noch Schlummer können sich mit dem Vergnügen messen, den in beiden Lagern erschallenden Schlachtruf „Zu mir!" zu vernehmen, das Wiehern der reiterlosen Pferde und die Hilferufe zu hören, die Streiter zu sehen, die auf beiden Seiten ins Gras sinken, und die Gefallenen, die eine zerborstene Lanze mit ihren kleinen Wimpeln in die Seite bekommen haben."

In Klöstern konnte man sich eine Pfründe kaufen, um hier seine letzten Tage zu verbringen, gepflegt und versorgt vom Klosterpersonal: das Kloster als „Altersheim" des Adels. – Kloster Lorch im Remstal.

Tod und Gedächtnis

Die Grabdenkmäler wurden lange vor dem Tod bei Steinmetzen in Auftrag gegeben. Farbig bemalt, bedeckten sie die Gräber der Ritter. Erst in der Neuzeit wurden die Grabplatten „dekorativ" an den Wänden platziert. Grabmahl des Philipp von Ingelheim (gest. 1431) in der Burgkirche von Ober-Ingelheim.

„Das ich erkenne und angesehen han das in der Welt uf der erde niht gewisser ist dan der Tod" – früher oder später konnte sich der Erkenntnis der Agnes von Brauneck niemand verschließen. Wie sie, ordnete man in einer letzten Willensverordnung seine Vermögensverhältnisse und spendete einem Kloster eine Geldsumme oder ein Stück Land, aus dessen Ertrag Messen für das Seelenheil gelesen werden sollten. Die Geldbeträge und Besitzübertragungen an die Klöster waren erheblich und haben die Besitzgrundlagen vieler Familien auf Dauer zerrüttet. Wenn wir bedenken, wie zielstrebig die Adelsfamilien am Ausbau ihres Familienbesitzes gearbeitet haben, wird deutlich, wie groß die Seelenpein, die Angst vor dem göttlichen Gericht, gewesen sein muss.

Diese Angst war allgegenwärtig. Über 20 Jahre vor seinem Tod dichtet Oswald von Wolkenstein: *„Zum letzten Tag bin ich jetzt vorgeladen, und alle meine Sünden, zu einem Kranz geflochten, die werden mir nun präsentiert – ich muss die Rechnung dafür zahlen."* Da war es gut, wenn Messen gehalten wurden, besser noch, wenn man im Kloster oder in einer Kirche die letzte Ruhestätte fand, möglichst vor dem Altar, manchmal als Zeichen besonderer Demut vor der Kirche unter der Dachtraufe. Verfügte man nicht – wie der Hochadel – über ein eigenes Hauskloster, kaufte man sich in Klöster ein und beeilte sich damit besonders vor Feldzügen oder vor Pilgerfahrten.

In einer Zeit, in welcher der Tod zum Alltag gehörte, galt es als besonderes Privileg, wenn man sich auf den Tod vorbereiten und sein Kommen spüren durfte. Dann wurde nach den Verwandten, Freunden, Dienern geschickt, die sich um den Sterbenden versammelten und ihm in den letzten schweren Tagen und Stunden Beistand leisteten. Was der Sterbende an fahrender Habe, an persönlichen Gegenstän-

den besaß, teilte er unter ihnen auf oder verschenkte es an die Armen. Ein Geistlicher nahm die Beichte ab, erteilte Absolution und letzte Ölung. *„So starb er völlig frei von Sünden"* (Parzival).

Alles andere als ruhig reagierte die Umgebung auf den Tod: Man raufte sich die Haare, zerriss sich die Kleider, fiel in Ohnmacht – auch Männer reagierten höchst emotional. Karl der Große zerfloss in Tränen auf die Nachricht vom Tod seines Neffen Roland, angeblich 20 000 seiner Ritter sanken ohnmächtig zu Boden.

Der Tote wurde aufgebahrt, als König oder Fürst im vollen Ornat mit den Insignien der Macht, in der Regel aber in einem einfachen Totenhemd. Ein, zwei Nächte hielt man Totenwache, Freunde und Verwandte, aber auch

Fremde und Arme wurden großzügig bewirtet. Im feierlichen Trauerzug brachte man die Leiche zur Kirche, drehte den Wappenschild zum Zeichen der Trauer und des Todes nach oben: *Ich sah, wie man den Schild des Bruders umgekehrt getragen hat"* (Parzival). Dann wurde die Messe gelesen, wieder füllten Klagen und Jammern den Kirchenraum.

Grabdenkmäler

Die Särge konnten im frühen und hohen Mittelalter sehr einfach sein, Bischof Ulrich von Augsburg begnügte sich sogar mit einem einfachen Holzdeckel, der über seine Leiche gelegt werden sollte. Die Steinsärge waren einfach gearbeitet, hatten für den Kopf eine Aussparung, im Boden war zuweilen ein Loch zum Abfluss der Körperflüssigkeiten eingelassen. Steinsärge wurden vor der Trauerfeier bereits in den Boden eingelassen; in sie legte man die Leiche, schloss den steinernen Deckel, bedeckte das Grab und markierte die Stelle.

Die Grabplatten waren anfangs schmucklos, allenfalls mit einem Ornament, einem Kreuz oder Schwert verziert, bei Frauen mit Schlüsseln oder Scheren. Später folgte eine Grabumschrift mit Namen und Lebensdaten des Verstorbenen, bald schon eine Darstellung der Wappen, vielfach bemalt. Da sie im Kirchenboden eingelassen waren, mussten sie flach bleiben.

Wesentlich repräsentativer ließen sich die sogenannten Tumben gestalten, Grabdenkmäler, die nicht im Boden eingelassen, sondern aufgestellt waren. Die Grabplatte konnte so halbplastisch gestaltet werden und zeigte den Toten schon im 13. Jahrhundert in porträthaften Zügen. *„Ein Bild schön und rein aus einem Marmorstein geschlagen ... einem*

Manne so gleich", beschreibt Ottokar von Steier das Denkmal König Rudolfs von Habsburg im Speyerer Dom. Im Kreuzgang des Klosters Schöntal finden sich in Stein gehauen die männlichen Vertreter der Berlichingen vom 14. bis zum 17. Jahrhundert versammelt, alle in ihren zeittypischen Rüstungen. Die Grabdenkmäler wurden, nicht anders als die Stiftungen, meist lange schon vor dem Tod in Auftrag gegeben, oft bei den besten Steinmetzen.

Ritter starben aber nicht nur im hohen Alter friedlich im Bett. Fiel einer in der Schlacht, so musste er hoffen, dass sein Knappe oder seine Kampfgenossen seine Leiche in Sicherheit bringen konnte, bevor skrupellose feindliche Knechte seine Rüstung raubten und ihn nackt auf dem Schlachtfeld zurückließen – ein Schicksal, gegen das selbst Könige nicht gefeit waren. Starb einer auf dem Kreuzzug, blieb ihm nur die Gewissheit, als Kreuzfahrer sofort in den Himmel aufzufahren, während sein Körper irgendwo im Sand verscharrt wurde. Diese Sicherheit hatten die Ritter nicht, die bis ins 13. Jahrhundert die deutschen Könige nach Italien begleiteten und dort von Seuchen hinweggerafft wurden oder in Kämpfen, oft genug gegen die Verbündeten des Papstes, fielen. Kaum ein Denkmal erinnert an sie.

Nicht alle Ritter starben friedlich im hohen Alter. In den Schlachten gefallen, wurden sie meist in Massengräbern verscharrt oder verbrannt. - Darstellung auf dem Bildteppich von Bayeux, Ende 11. Jahrhundert. Musée de la Tapisserie, Bayeux.

des Sohnes – während es den Sohn zur Ritterfahrt zog, teilte der Vater nur ungern den Besitz auf. Die Ehe war zudem alles andere als eine private Angelegenheit der beiden Partner, denn eine glückliche Partnerwahl und eine erfolgreiche, d.h. kinderreiche Ehe berührte auch das weitere Schicksal des Familienguts wie des Familienverbandes, dem klugerweise ein Mitspracherecht eingeräumt werden musste. Glückliche Partnerwahl hatte mit Liebe wenig zu tun, sondern vielmehr mit Standesgleichheit, Heiratspolitik und Mitgift. Gerade im ritterlich-ministerialen Bereich an der Grenze zwischen Freiheit und Unfreiheit, zwischen Adel und Bauern/Bürgertum, durfte man sich keine Missheirat erlauben. Eine Verbindung mit einem Edelfreien, gar einem Grafen kam dem gesamten Familienverband zugute und konnte im günstigsten Fall langfristig zu einer Standeserhebung führen. Umgekehrt diskreditierten Heiratsverbindungen zu Bauern oder Bürgern alle Angehörigen einer Familie und ließen den sozialen Status des gesamten Familienverbandes sinken – kein Edelfreier mochte in die Verwandtschaft von Bauern einheiraten.

Größte Bedeutung für das wirtschaftliche Fortkommen des Einzelnen wie der Familie kamen im Mittelalter den Verbindungen und Beziehungen zu, über die eine Familie verfügte und die sogar wichtiger werden konnten als ihr Besitz an Liegenschaften. Als Anna von Fleckenstein vor 1384 mit dem Kämmerer Heinrich von Worms einen der wichtigsten Berater des Pfalzgrafen ehelichte, eröffnete sie der ganzen Fleckensteiner Familie den Zugang zu lukrativen Posten innerhalb des größten Territoriums an Mittel- und Oberrhein wie zu den gut dotierten Pfründen des Speyerer Domkapitels. Eine Generation später standen alle männlichen Mitglieder der Fleckensteiner in Diensten der Pfalzgrafen und konnten ihre Position durch eine Reihe ehelicher Verbin-

Partnerwahl und Heirat

Die Ehe in Adelskreisen war nie eine private Angelegenheit der Brautleute, sondern des Familienverbandes, dem ein Mitspracherecht eingeräumt werden sollte. – Rennewarts Vermählung mit Alyse, aus einer Handschrift des „Willehalm" von Wolfram von Eschenbach, Anfang 13. Jahrhundert. Österreichische Nationalbibliothek, Wien.

Wie jeder andere junge Mann hatte der angehende Ritter mit Erreichen der Volljährigkeit im Alter von etwa 14 Jahren das heiratsfähige Alter erreicht und konnte rein rechtlich auch gegen den Willen des Vaters eine Ehe eingehen; er musste dann allerdings damit rechnen, enterbt zu werden. Frühe Eheschließungen sind fast ausschließlich aus dem hochadligen Milieu überliefert und immer dynastisch oder politisch begründet – etwa durch den Tod des Vaters oder wenn durch verwandtschaftliche Beziehungen Spannungen zwischen zwei Herrschaften behoben oder Bindungen geschlossen oder vertieft werden sollten.

Eine frühe Heirat war im ritterlichen Milieu allerdings weder im Interesse des Vaters noch

dungen zu finanzkräftigen Familien des Pfälzer Lehenhofes festigen. Umgekehrt ist es den Pfalzgrafen gelungen, durch Anbindung der Fleckensteiner ihren Einflussbereich weit ins Elsass hinein auszudehnen, sodass die Frage, inwieweit von ihrer Seite Einfluss auf die Partnerwahl genommen wurde, durchaus berechtigt ist.

Das Beispiel macht verständlich, weshalb bei der Partnerwahl stets Rat und Zustimmung der Eltern, der Verwandtschaft oder gar des Lehnsherrn eingeholt wurde. Das bedeutet aber nicht, dass gegenseitige Zuneigung keine Rolle gespielt hat oder nicht wenigstens im Laufe der Ehe entstehen konnte. Die wenigen Nachrichten, die uns zu diesem sehr persönlichen Bereich vorliegen, lassen vermuten, dass der Heiratswillige sich eine Braut aussuchte und Vor- und Nachteile seiner Wahl im Verwandtenkreis und gegebenenfalls mit dem Lehnsherrn besprach.

Die Hochzeitsfeier

War die Entscheidung getroffen, verhandelten die Brauteltern die Bedingungen der Ehe, insbesondere Art und Höhe der Aussteuer und den Termin der Hochzeit. Die Vereinbarungen wurden rechtlich bindend mit der Verlobung, die durch die Übergabe der Brautgeschenke, den Austausch von Verlobungsringen oder eines Verlobungskusses auch nach außen dokumentiert wurde. Ein Rücktritt – etwa weil ein vorteilhafter Partner auftauchte – war nun nur unter Zahlung eines Bußgeldes möglich oder er endete unweigerlich in einer Fehde.

Aus dem hochadligen Milieu sind uns einige Hochzeitsfeiern überliefert, aus denen sich in etwa folgender Ablauf rekonstruieren lässt:

Da die Braut bis zur Hochzeit in der *munt*, d.h. der Vormundschaft, des Vaters stand, musste sie zunächst aus ihr entlassen und in die *munt* des Bräutigams übergeben werden. Im Kreis der Verwandten – sie beurkundeten den Rechtsakt – fragte der Brautvater seine Tochter, ob sie mit der Hochzeit einverstanden sei, anschließend küssten und umarmten sich die Brautleute, „wie es die Sitte erfordert". Die Trauungszeremonie selbst fand ursprünglich im Haus des Bräutigams statt. Im Lauf des Mittelalters verlagerte sie sich zunehmend in die Kirche. Dem Kirchgang schlossen sich, je nach Vermögen der Brautleute, die Hochzeitsfeierlichkeiten an, die so prächtig wie eben möglich gestaltet wurden. Den Höhepunkt brachten erst Abend und Nacht: Das Beilager war noch bis ins späte Mittelalter der eigentlich rechtsverbindliche, ehestiftende Akt, so dass man selbst bei Kinderehen nicht auf ihn verzichten wollte: Die Kinder erzählten sich dann vom Aussehen ihrer Puppen und von der Beute ihres Falken ... Am Morgen danach erfolgte die Übergabe der Morgengabe an die Braut, die damit als rechtmäßige Ehefrau anerkannt wurde.

Bis ins späte Mittelalter wurde die Ehe erst durch das Beilager auch rechtlich gültig. – Hochzeitsnacht, aus einer Handschrift des „Willehalm" von Wolfram von Eschenbach, Anfang 13. Jahrhundert. Österreichische Nationalbibliothek, Wien.

Die Ehefrau:
Partnerin oder Magd?

Zum Zeitpunkt der Hochzeit war die junge Frau in der Regel zwischen 14 und 16 Jahren, der ihr angetraute Mann nicht selten doppelt so alt und vielfach schon zum zweiten oder dritten Mal verheiratet. Ebenso ungleich

waren die rechtlichen Verhältnisse. Als Kind hatte die Frau in der Munt, der Schutzherrschaft, ihres Vaters gestanden, die mit der Eheschließung an ihren Mann übergegangen war. Sie war damit nicht geschäftsfähig und konnte nicht einmal über das Schicksal ihrer Kinder bestimmen, das wie ihr eigenes in der Hand ihres Mannes lag. Ein Mann *„ist des wibes vogt ... und ir maister"* forderte der Schwabenspiegel (um 1280). In den Quellen lassen sich beliebig viele Beispiele dafür finden, wie Männer ihre starke Position ausgenutzt und ihre Frau unterdrückt haben. Aber treffen wir damit den Normalfall? Noch heute ist eine Ehe immer auch eine Schicksalsgemeinschaft, eine Überlebensgemeinschaft – um wie vieles mehr war sie es im Mittelalter. Gerade der Ritter war wochen-, oft monatelang unterwegs und musste sich darauf verlassen können, dass Haus- und Landwirtschaft ohne ihn reibungslos weiterliefen. War ihm in dieser Situation mit einer „unterdrückten" Frau gedient, die vom Gesinde kaum ernst genommen wurde? Oder eher mit einer Partnerin, die auch in seiner Abwesenheit die Dinge regeln konnte, ihm den Rücken freihielt? Die ihn bei seiner Rückkehr mit Freude empfing?

Als im 14. oder 15. Jahrhundert die Quellenlage für den privaten Bereich besser wird, sehen wir die adlige Frau als Partnerin, die sich auch um die Korrespondenz ihres Mannes kümmerte oder Schulden beglich, mit ihm gemeinsam Gelder verlieh oder Kredite aufnahm, Güter erwarb oder veräußerte, ja eigenständig Lehen vergab. War ihr Mann abwesend, richteten Städte ihre Korrespondenz an sie und

Durch die lange Abwesenheit des Ritters fanden Mann und Frau selten genug Zeit füreinander. – Markgraf Otto von Brandenburg, Codex Manesse, Anfang 14. Jahrhundert. Universitätsbibliothek Heidelberg.

luden Landgerichte sie vor. Mochten die rechtlichen Rahmenbedingungen noch so unvorteilhaft sein, am Ende entschieden Persönlichkeit und das tägliche Miteinander.

Die junge Frau war trotz ihrer Erziehung mit 15, 16 Jahren kaum ausreichend vorbereitet, Haushalt und Landwirtschaft zu leiten. Am Anfang wird die Schwiegermutter sie unter-

stützt haben; früher oder später aber musste sie in ihre neue Rolle als Hausherrin hineinwachsen und ihren eigenen Verantwortungsbereich übernehmen. Im Haus hatte sie die Schlüsselgewalt, beaufsichtigte sie die Mägde und den Koch, kümmerte sich um Essens- und Holzvorräte, kontrollierte die Versorgung der Tiere. Ihrem Mann war sie Gesellschafterin und Beraterin. Zusammen mit den Damen des Hauses, Schwiegermutter, Schwägerin, ihren

Töchtern, erledigte sie die feinen Handarbeiten, nähte und schneiderte, webte, stickte – so typisch weibliche Tätigkeiten, dass die Schere selbst auf Grabplatten eingraviert wurde. War kein Hauslehrer im Hause, übernahm sie die Erziehung der Töchter, vielleicht auch einer Nichte. War ihr Mann unterwegs, musste sie sich auch um die Instandhaltung der Burg (es gab immer etwas auszubessern), vor allem um die eigene Landwirtschaft kümmern; sie achtete auf die Abrechnung der Verwalter und die pünktliche und vollständige Einlieferung der bäuerlichen Abgaben. Wenn nötig, reiste sie allein mit Knecht oder Magd in die benachbarten Städte, um dort in eigener Sache oder im Auftrag ihres Mannes Erledigungen zu tätigen. Im Spätmittelalter begegnen wir ihr in Begleitung ihres Mannes auf den Tagen des Reiches oder der Landfrieden in den großen Städten.

Und die Minne? Am Hofe ja, aber zu Hause, auf der einsamen Höhenburg oder dem befestigten Hof? Wolfram von Eschenbach wusste, warum er seine Frau zu Hause ließ. *„Ich brächte nicht gern mein Eheweib zu einem derart großen Treffen …“.* Aber auch zu Hause war sie den Blicken und Wünschen ihrer Knechte und fahrender Ritter mit nicht immer ehrenhaften Motiven ausgesetzt, während ihr Mann oft monatelang unterwegs war. Ach ja: Der Keuschheitsgürtel ist eine Erfindung der Neuzeit …

Natürlich war es ihre Hauptaufgabe, Kinder zu gebären, vor allem Söhne. Diese Aufgabe war so wichtig, dass man das Stillen der Säuglinge gern einer Amme übertrug, die sie auch in der Erziehung der Kleinkinder unterstützte. Auch wenn man auf ihre Jugend oder ihre körperliche Konstitution Rücksicht nahm: Im Kindbett starben mehr Frauen als tapfere Recken in der Schlacht.

„wann wir … eine Frauwe und weibe sin das wir sollichen Hofgericht von unser eygen person nicht … gevolgen und unsere sache daran nicht nach notdurfft nicht gehandeln mogen und das auch nit zymlich noch gepurlich ist.“

(Vollmacht Elisabeths von Weinsberg 1441 für Stellvertreter am königlichen Hofgericht, weil sie als Frau ihre Sache vor dem Hofgericht nicht vertreten darf; HZA Neuenstein, Bestand Weinsberg, H 34.17)

Epitaph der Anna von Weinsberg. Es dürfte sich um das älteste in Bronze gegossene Grabdenkmal einer Frau handeln.

Die Töchter

Natürlich war die Freude groß, wenn eine Tochter geboren wurde, sie mischte sich aber mit Sorge, wenn statt des ersehnten Stammhalters die zweite oder dritte Tochter zur Welt kam. Wurden keine Söhne geboren, gingen die Lehen verloren oder mussten vom Lehnsherrn für den Schwiegersohn teuer zurückgekauft werden. Mit jeder neuen Tochter wurde es außerdem schwieriger, sie standesgemäß zu verheiraten oder in einem Kloster unterzubringen, denn immer musste ihr eine Mitgift, ein Wittum mitgegeben oder dem Kloster ein

Puppen aus Ton (Tocken), spätmittelalterlich. Historisches Museum der Pfalz Speyer.

Gut übereignet werden – Besitz und Einkünfte, die der Familie dauernd verloren gingen. Nach der gleichen Logik fiel der Marktwert einer Braut mit der Zahl ihrer Schwestern, da mit der Zahl der Eheschließungen das künftige elterliche Erbe unter immer mehr Parteien aufgeteilt werden musste – übrigens eine Quelle ständiger Fehden.

In den ersten Jahren wurden die Töchter nicht anders erzogen als ihre Brüder; sie trugen die gleichen Kleider und wuchsen gemeinsam mit ihren Brüdern auf, immer unter der Obhut der Mutter, einer unverheirateten Tante, wenn möglich einer Amme. Natürlich hatte das Mädchen eine eigene „Tocke", eine Puppe mit einem Kopf aus Holz oder Keramik, vielleicht sogar eine Puppenwiege und eigenes kleines Kochgeschirr. So manches Mädchen wird aber viel lieber mit Pfeil und Bogen ihrer Brüder, mit dem Blasrohr oder dem Ball gespielt haben. Murmeln spielten die Kinder gemeinsam, natürlich auch Fangen und Verstecken oder sie sammelten im Wald Beeren, Kräuter und Früchte. Besondere Anziehungspunkte waren die Tierställe, vor allem der Pferdestall. Die Reitkunst beherrschen musste auch die Dame, schicklicherweise im Damensitz.

Wie schnell gingen die ersten sechs, sieben Jahre vorüber. Den Bruder sahen die Mädchen nun immer seltener, wenn er nicht sogar schon zu einem Onkel oder an einen großen Hof geschickt wurde, um dort als Page seine Ritterausbildung zu beginnen. Mädchen verließen dagegen den ihnen vertrauten häuslichen Bereich nur dann, wenn sie schon frühzeitig für das Kloster bestimmt waren oder bereits im kindlichen Alter verlobt wurden und im Kloster oder im Haushalt der späteren Schwiegermutter ihre Ausbildung aufnahmen.

Allmählich wuchsen die jungen Mädchen in ihre spätere Aufgabe als Hausfrau hinein. Von der Mutter oder der Tante lernten sie, wie man Flachs und Seide spinnt, Stoffe zuschneidet und Kleider näht. Bis in die Neuzeit war es auf den Burgen üblich, dass die Stoffe entweder selbst hergestellt wurden oder aber als Ballenwaren von den fahrenden Händlern in den Städten oder auf Messen gekauft wurden. Aus den Stoffen stellten die Frauen dann die Kleider und Kissenbezüge für die eigene Familie wie für das Gesinde her. Früh lernten die Mädchen so den Umgang mit Nadel und Schere, mit Spindel und Rocken, nur das anstrengende Flachsbrechen und Spinnen der Wolle überließ man nach Möglichkeit den Mägden. Schon wesentlich mehr Aufwand und Geduld erforderte das Weben von Borten, Gürteltaschen oder ganzen Wandteppichen, das Besticken von Messgewändern, Tischdecken oder Teppichen.

Der Verantwortungsbereich der künftigen Burgherrin ging über das rein Handwerkliche weit hinaus. Bis ins 13. und 14. Jahrhundert war ihr Mann vom Frühjahr bis zum Herbst unterwegs, sodass sie in dieser Zeit die häusliche Wirtschaft und die Landwirtschaft leitete. Auch auf diese Aufgaben mussten die Töchter vorbereitet werden.

Das Erlernen dieser praktischen Fähigkeiten war unentbehrlich, machte aus dem Mädchen aber noch keine Dame. Für die religiöse Erziehung mochte man einen Pfarrer verpflichten, alle anderen Kenntnisse vermittelten bei den einfachen Adelsfamilien Mutter oder Tante: die Grundlagen guten Benehmens, Gesellschaftsspiele, Brettspiele wie das Schach, die ersten Tanzschritte, vielleicht auch Lesen und Schreiben. Eine eigene Erzieherin konnten sich nicht alle Familien leisten, manchmal gelang es Vater oder Mutter dank ihrer Beziehungen, der Tochter wenigstens für ein, zwei Jahre einen Aufenthalt an einem Fürstenhof zu ermöglichen. Hier hielt sie sich im Umkreis der Hausfrau auf und diente der Fürstin oder ihren Töchtern, lernte dafür höfisches Benehmen, vielleicht sogar eine Sprache, ein wenig Poesie, ein paar Kenntnisse in der Heilkunst.

All diese Fertigkeiten nützten wenig, wenn das junge Mädchen seine Jungfräulichkeit verlor; mit deren Verlust sank ihr Wert auf dem Heiratsmarkt drastisch. Demzufolge stand sie stets unter Bewachung, durfte sich nur innerhalb eines begrenzten Raumes der Burg frei bewegen und nur in Begleitung älterer

Die Mädchen wurden vor allem für ihre künftige Aufgabe als Burgherrin ausgebildet. Vielfach erwarben sie daneben Kenntnisse in Lesen und Schreiben, Musik und Tanz. - Reinmar von Zweter, Codex Manesse, Anfang 14. Jahrhundert. Universitätsbibliothek Heidelberg.

Frauen ausgehen. Bei den Festmählern saßen die Töchter des Burgherrn an einem eigenen, abgetrennten Tisch.

Die jungen Frauen heirateten viel früher als ihre Brüder, zuweilen wurden sie schon mit zwölf Jahren verlobt, meist waren sie zwischen 14 und 16, wenn sie die Ringe wechselten und in den Haushalt ihres Gatten zogen. Auch wenn ihre wichtigste Aufgabe jetzt im Gebären von Kindern lag, wurden sie vielfach von ihren jüngeren Schwestern beneidet, die oft genug unverheiratet zu Hause alt wurden und früher oder später unter die Herrschaft ihrer Schwägerin gerieten. Andere wechselten in eines der Klöster, die sich im späteren Mittelalter zu Versorgungsanstalten des Adels für ihre Witwen und jüngeren Töchter entwickelten oder eigens dazu angelegt wurden.

Liebe und Minne

Ehe und Liebe

„Ich machte mich sogleich heimlich auf und ritt voll Freude dahin, wo ich meine herzensgeliebte Ehefrau antraf. Sie war mir die Liebste". Diese Zeilen schrieb Ulrich von Liechtenstein („Frauendienst"), der wie kaum ein anderer sein Leben in den Minnedienst gestellt hatte. Und so wie er war auch Wolfram von Eschenbach glücklich verheiratet. Auch wenn wir davon ausgehen, dass hinter den Schilderungen gerade des Liechtensteiners nicht persönlich Erlebtes, sondern lediglich literarische Topoi standen, bleibt uns das Nebeneinander von Frauendienst und glücklichem Eheleben zunächst unbegreiflich.

Eine erste Antwort finden wir bei Richard de Fournival, der zwischen einer „weltlichen Liebe

Konrad von Altstetten. Codex Manesse, Anfang 14. Jahrhundert. Universitätsbibliothek Heidelberg.

... aus dem Willen des Herzens" und einer „Liebe der Pflicht ... wie man seinen Vater liebt und seine Mutter, seine Brüder, seine Eltern, seine Verwandten und seine Ehefrau" unterscheidet. Die „Liebe zu Ehefrau" fiel also unter die Verwandtenliebe, was mit der Praxis feudaler Eheschließungen übereinstimmte. Ehen wurden in der Regel zwischen Familien geschlossen und dienten neben der selbstverständlichen Zeugung von Nachwuchs der Absicherung, Abrundung und Erweiterung des eigenen Herrschaftsbereichs oder sie sollten neue verwandtschaftliche Beziehungen eröffnen (vgl. Kap. „Partnerwahl und Heirat").

Unter diesen Bedingungen konnten durch den täglichen Umgang an Tisch und Bett sicherlich Zuneigung und gegenseitige Achtung entstehen – Richards oben zitierte Verwandtenliebe – kaum aber eine Liebe aus freiem Herzen. Die Liebe zwischen Eheleuten und die Liebe aus freiem Herzen, die höfische Liebe, lagen damit auf unterschiedlichen Beziehungsebenen und berührten sich nicht. Nur so ließe sich nachvollziehen, wieso Ulrich von Liechtenstein zugleich glücklicher Ehemann und vorbildlicher Minnesänger sein konnte.

Aussagen in der Literatur stützen diese Differenzierung. Nach Andreas Capellanus sei „doch klar, dass zwischen Ehemann und Ehefrau die Liebe keinen Platz beanspruchen kann", da Heimlichkeit und Eifersucht fehlten. Ähnlich urteilte das „Liebesgericht" der Gräfin Marie der Champagne: „Wir verkünden und setzen unverrückbar fest, dass die Liebe zwischen zwei Eheleuten ihre Macht nicht entfalten kann". Und als Heloisa, die Geliebte des berühmten französischen Philosophen und Theologen Petrus Abaelardus, von ihm schwanger wurde, wollte sie lieber seine Konkubine oder Dirne sein als eine Ehe eingehen, um nur durch Liebe und nicht durch den Zwang des Ehebandes mit ihm verbunden zu sein.

Unter den normalen Bedingungen feudaler Ehe blieben so wenig Alternativen für eine Liebesbeziehung. Wiederum war der Mann im Vorteil, der sich in Form der „Friedelehe" mit einer (oder mit mehreren) Geliebten, Friedeln, verbinden konnte. Die ursprünglich auch rechtlich anerkannte Eheform geriet unter dem Druck der Kirche zunehmend ins Abseits, konnte sich aber in Form der „Ehe zur linken Hand" mit Frauen geringeren Standes bis ins 18. Jahrhundert halten.

Ehebruch der Männer wurde rechtlich zwar ebenso scharf sanktioniert wie der Ehebruch der Frau, faktisch jedoch gerade bei Personen höheren Stands geduldet. Geistliche verurteilten den Ehebruch der Männer scharf, selbst von den höfischen Dichtern wurde der Ehebruch negativ bewertet:
„Der Mann, der eine gute Frau hat und zu einer anderen geht, der ist ein Sinnbild des Schweins. Was könnte es Böseres geben? Er verlässt den lauteren Brunnen und legt sich in den trüben Pfuhl. So verhalten sich sehr viele Männer" (Spervogel). Nur Gottfried von Straßburg propagierte die ehebrecherische Liebe zwischen Tristan und Isolde, aber im Sinne einer tiefen zwischenmenschlichen Beziehung, nicht im Sinne eines flüchtigen oberflächlichen Abenteuers – auch als Gegenmodell zur feudalen Ehe, in der sich beide Partner den Interessen der Politik oder des Familienverbands unterzuordnen hatten.

Frauen dagegen setzten sich selbst einem so hohen Risiko aus, dass sie zur Treue gezwungen waren (vgl. Kap. „Hohe Minne"). Wie sehr hier mit zweierlei Maß gemessen wurde, zeigt mit aller Deutlichkeit der Vergewaltigungsbericht des Chronisten Matthäus Parisius. Als 1248 der Ritter Godfrey de Millers einer Tochter des Hausherrn Gewalt antun wollte, schritten die Verwandten ein und entmannten den auf frischer Tat Ertappten. Der Chronist nennt dies ein „unmenschliches Verbrechen" – aber er meint damit nicht die Vergewaltigung der – in seinen Worten – „kleinen Hure" und auch nicht den Missbrauch des Gastrechts, sondern die Bestrafung des Ritters.

Dennoch kennen wir unzählige Fälle von Liebesheiraten und von echter Liebe in der Ehe, oft genug gegen den entschiedenen Widerstand der Familie und so ungewöhnlich, dass sie Gegenstand schriftlicher Aufzeichnungen wurden.

Die feudale Ehe ließ nur wenig Spielraum für Liebesbeziehungen und bestrafte gerade die Frau hart. – Liebespaar, aus einer Handschrift der „Carmina Burana". Bayerische Staatsbibliothek, München.

Hohe Minne

Wie bei der niederen Minne stand auch bei der hohen Minne die körperliche Liebe im Mittelpunkt. Selbst in ihrer reinsten Form, dem *amor purus*, blieb sie das Ziel aller Sehn-

Konrad von Rotenburg. Codex Manesse, Anfang 14. Jahrhundert. Universitätsbibliothek Heidelberg.

süchte, nur wurde auf das *„letzte Vergnügen"* freiwillig verzichtet, *„denn denen, die rein lieben wollen, ist dies nicht erlaubt"*. Diese „keusche" Liebe wurde allerdings von Andreas Capellanus (um 1200) selbst in Zweifel gezogen, wurde sie doch – und er lässt dies eine Dame sprechen – *„von allen Menschen für widernatürlich gehalten"*. Nicht anders verhält es sich bei der unerfüllten Liebe: Auch hier war die Sehnsucht nach körperlicher Liebe selbstverständlich bestimmend, ja bei aller Aussichtslosigkeit bat der Dichter die Dame seines Herzens, doch wenigstens *„einmal so zu tun, als ob es Wirklichkeit wäre, und mich bei ihr liegen zu lassen und mir eine Zeitlang die Zärtlichkeiten zu erweisen, als ob es ernst wäre"* (Reinmar der Alte).

Hohe und niedere Minne unterscheiden sich so nicht im Ziel, wohl aber im Weg: Bei der niederen Minne geht es um nichts anderes als um die Befriedigung der körperlichen Lust; gleich ob das Ziel nun erreicht wurde oder nicht, hinterließ die Affäre in der Regel keine Spuren bei den Beteiligten. Bei der hohen Minne stand die „edle Frau", die „Herrin" im Zentrum der Phantasie. Je edler und unerreichbarer sie war, umso mehr mussten sich Page, Knappe oder Ritter bemühen, ihr gleich zu werden, denn nur als Gleicher konnten sie ihrer Liebe würdig sein. Der Schwerpunkt verlagerte sich so vom Ziel auf den langwierigen und mühsamen Weg der geistigen, körperlichen und sittlichen Vervollkommnung. Die hohe Minne in ihrer sublimierten Form hatte damit eine erzieherische Funktion, denn der Ritter hatte nur dann „Erfolg bei den Frauen", wenn er sich wie ein vollkommener Ritter benahm, das heißt die gesellschaftlichen und kirchlichen Ideale erfüllte.

In der Forschung ging man früher selbstverständlich davon aus, dass die „hohe Minne" auf den Erfahrungen der gesellschaftlichen Wirklichkeit aufbaute und sie – mehr oder weniger stark gebrochen – widerspiegelte. Ganz anders sieht die jüngere Forschung in der hohen Minne vor allem ein Ideal, ja einen Gegenentwurf zur realen Welt.

Dabei hat die hohe Minne auch als Ideal durchaus ihre Bezugspunkte zur Realität. An wen sollten sich die sexuellen Phantasien der heranwachsenden Pagen, der Knappen und der fahrenden Ritter richten, wenn nicht an die Herrin des Hofes? Leicht ist nachvollziehbar, was Ulrich von Liechtenstein schildert: Als Page oder Knappe kann er seiner Dame Blumen pflücken, ihr bei Tisch aufwarten oder (heimlich) das Wasser trinken, mit dem sie ihre Hände gewaschen hat. Aber wie sollte er es wagen, auf die Herrin zuzugehen, ihr seine Liebe zu gestehen? So konnte er nur versuchen, ihre Aufmerksamkeit, ihre Gunst zu erringen, indem er sich besonders „ritterlich" benahm und ihr dadurch „diente".

Ulrich von Lichtenstein diente seiner Dame, indem er ihr seine Turniererfolge und seine Gedichte widmete. Andere versuchten mit besonders höfischer Art zu brillieren – höfischer Kleidung, höfischem, nicht bäuerlich-tölpelhaftem Benehmen, höfischer Konversation. Ein anderes als ein „dienendes" Verhältnis ist zwischen einem jugendlichen Knappen oder fahrenden Ritter und einer „edlen Frau" auch kaum vorstellbar. *„Wer die hohe Minne wünscht, muss vorher, nachher um sie dienen"* (Wolfram von Eschenbach, Parzival).

Es versteht sich von selbst, dass solche Sehnsüchte unerfüllt bleiben mussten, und so sind die Lieder der Troubadours und Minnesänger voll von ihren Klagen über unerfüllte Liebe. Auch dies hat sehr konkrete Hintergründe in der realen Welt, denn stärker noch als heute galten für Mann und Frau unterschiedliche Maßstäbe: Ein Ritter konnte mit seinen Erfolgen prahlen (und wehe er hatte in der Männerrunde nicht vorzuweisen), eine Frau wurde

Einem Ritter wird von seiner Dame die Rüstung angelegt; Auszug des Ritters zum Turnier. – Miniatur aus einer Handschrift des „Roman de la poire", 1275. Bibliothèque Nationale de France, Paris.

mit dem Liebesverhältnis schnell zur Hure und konnte nicht nur ihre Ehre, sondern auch ihr Erbrecht verlieren.

Und doch hat die hohe Minne prägend und erziehend auf die Ritter gewirkt. Das ändert sich auch dadurch nicht, dass vielfach das Gerede um Rittertum und hohe Minne nur vorgeschoben war: *„Warum sind sie gute Ritter? … Warum sind sie edelmütig und gütig? Warum hüten sie sich, Böses zu tun? Warum lieben sie es, zu hofieren, zu herzen und zu umarmen?* Die Damen am französischen Hof wussten die Antwort: *„Nur wegen einer einzigen Sache"* (Lai du lecheor).

Niedere Minne

Die Liebe, die „Minne", war das beherrschende Thema an den europäischen Höfen des 12. und 13. Jahrhunderts, so beherrschend, dass sie zu einem der wesentlichen Charakteristika der höfisch-ritterlichen Kultur wurde. Nun ist die Liebe zu allen Zeiten eines der wichtigsten Themen. An den Höfen gab es jedoch Gründe, die es verständlicher machen, weshalb das Liebesthema gerade den Minnesängern und ihren Zuhörern so auf den Nägeln brannte. An allen Höfen – vom Königshof bis hinunter zur Burg des Grafen und Edlen – wurden Knappen ausgebildet, lebten unverheiratete Ritter und fanden sich immer wieder fahrende Ritter ein, während oft nur der Burgherr selbst verheiratet war. Andererseits lebten, wenn möglich in eigenen Frauengemächern und getrennt von den Männern, neben der Burgherrin eine Reihe ebenfalls unverheirateter Damen: etwa die jüngeren Schwestern des Burgherrn sowie einige adlige Mädchen, die hier ihre Ausbildung

So genannte Minnetasche aus Paris, um 1340. Museum für Kunst und Gewerbe, Hamburg.

erhielten. Allzu oft befand sich der Hausherr gerade in den schönsten Monaten des Jahres auf Kriegszug oder Fehde.

Wer jemals in einem Internat gelebt hat, weiß, welche erotischen Potenziale sich in einer solchen Situation aufbauen. Aber rufen wir als Kronzeugen Wolfram von Eschenbach auf, der über ein Pfingstfest König Artus' und seiner Tafelrunde schreibt:

„(So mancher junge Spund war dort!):
Ich brächte nicht gern mein Eheweib
zu einem derart großen Treffen –
ich fürchte: Fremde drücken sich
dabei herum, und mancher sagt,
ihr Liebreiz steche ihn ins Auge,
blende seine Lebensfreude,
doch wenn sie ihn erhören würde,
diene er ihr immerdar.
Da wär ich vorher mit ihr weg!"
(Parzival 216.27-217.6, übersetzt von Dieter Kühn).

Die permanente erotische Hochspannung an den Höfen entlud sich in einer Vielzahl von

Minnekästchen aus Konstanz, 14. Jahrhundert. Schweizerisches Landesmuseum, Zürich.

Antworten, die so unterschiedlich waren wie die Charaktere der Menschen und die sich in ihrer ganzen Vielfalt auch in der Dichtung widerspiegelten. Hier nach einer gemeinsamen, alles verbindenden Idee oder Konzeption zu suchen, dürfte so vergebens sein wie die Suche nach dem Heiligen Gral.

Eine erste Lösung zum Abbau sexueller Spannungen war ihre simple Befriedigung in der körperlichen Liebe, der „niederen Minne". Am einfachsten war der Umgang mit einer Magd oder Bäuerin, die dem Liebeswerben der adligen Herren offener gegenüber stand als höfische Damen oder sich nur schwer widersetzen konnte, jedenfalls „williger" war. „Ich will meine Preislieder an Frauen richten, die zu danken verstehen", formuliert niemand Geringerer als Walter von der Vogelweide, und auch Hartmann von Auer kann sich seine „Zeit besser mit einfachen Frauen vertreiben". Freilich kann man diese Form der Liebe kaum als höfische Liebe bezeichnen – zur Liebespraxis am Hof aber gehörte sie in jedem Fall.

Die „niedere Minne" ist natürlich nicht sozial zu verstehen, sondern richtete sich auch auf Damen des adligen Hofes, war dann aber um vieles gefährlicher und musste sorgfältig inszeniert werden, um die auserkorene Dame nicht zu bloßzustellen. Eine Ausnahme bildeten allenfalls unverheiratete Frauen, etwa die jüngeren Schwestern des Burgherrn, für die eine Heirat vielleicht ohnehin nicht vorgesehen war. Niemand fand offensichtlich etwas dabei, als sich der sonst so vorbildliche Ritter Gawan schon bei der ersten Begegnung mit der Schwester des Burgherrn nicht mit einem Begrüßungskuss begnügte: „Dann sprachen sie so viel von Liebe, von fröhlicher Unterhaltung und höfischer Art ... bis sie den Namen einer Jungfrau verloren hatte" (Conte du Graal).

So einfach hätten es die Ritter gern gehabt und Meinloh von Sevelingen legte ihnen die

schnelle Liebe auch ausdrücklich ans Herz: „Es kann nicht Liebe genannt werden, wenn einer lange um eine Frau wirbt ... Man soll zur Liebe eilen, das ist gut gegen die Aufpasser. Damit niemand es merkt, bevor sie ihren Willen gehabt haben, soll man es geheim halten". Viele Minnegedichte lesen sich in dieser Hinsicht wie ein praktischer Leitfaden. „Das ist schon vielen gelungen, die es so gemacht haben" (Meinloh von Sevelingen).

Tristan und Isolde werden von König Marke entdeckt. – Miniatur aus einer Handschrift von Gottfrieds von Straßburg „Tristan und Isolt". Bayerische Staatsbibliothek, München.

Die Rüstung

Entwicklung der Rüstung bis zum Ende des Hochmittelalters

Der in der ersten Hälfte des 13. Jahrhunderts entwickelte Spangenharnisch stand am Anfang der Entwicklung zum Vollharnisch. Die Skulptur des Hl. Mauritius aus dem Dom zu Magdeburg entstand um 1250 vermutlich als älteste Darstellung dieses Harnisches.

Die Rüstung als Sinnbild für Schutz und Stärke – sie ist auch heute noch allgegenwärtig: als Firmen- und Verbandslogo, als Ausstattungsdetail der Unterhaltungsindustrie, in Sinnsprüchen. Noch immer bringt uns Ärger „in Harnisch" und wir wissen nicht, was so mancher Zeitgenosse, den wir „im Visier haben", „im Schilde führt". Natürlich erscheint uns heute der vollkommen in Eisen gehüllte Ritter am eindrucksvollsten. Dabei wird häufig übersehen, dass der Voll- oder Plattenharnisch am Ende einer langen Entwicklung steht und wenig mit der Rüstung zu tun hat, die der Ritter des Hochmittelalters trug.

Am Anfang steht das Panzerhemd, die Brünne, die sich vom keltischen *bruin* ableitet und bis in die Spätlatènezeit zurückgeht. Nach einer verbreiteten Hypothese soll die Brünne von den Wikingern im 8. Jahrhundert in Osteuropa wieder entdeckt und im Westen verbreitet worden sein. Die Brünne konnte nicht nur als Kettenhemd erscheinen, sondern auch als ledernes, mit metallenen Plättchen oder Scheibchen besetztes Hemd. Eine große Anzahl von Kriegern, die ausnahmslos mit knielangen Panzerhemden gerüstet sind, überliefern beispielsweise die Darstellungen des berühmten Teppichs von Bayeux von der Schlacht bei Hastings im Jahr 1066.

Das Panzerhemd des 11. Jahrhunderts war noch relativ lang und besaß eine Kapuze, den Hersenier. Das Hemd war vorn und hinten geschlitzt, was das einigermaßen bequeme Reiten erlaubte. Die Ärmel reichten nur bis zum Ellbogen. Die Ringe des Kettenhemdes waren aus Draht geformt, wobei jeder Ring in jeweils vier andere eingehängt und vernietet wurde. Rundungen wurden durch Zugabe oder Wegnahme von Ringen bewerkstelligt. Im 12. Jahrhundert gehörte das Kettenhemd,

Kämpfende Ritter in hochmittelalterlichen Rüstung; unter dem Kampfrock werden Panzerhemd, Beinlinge und Hersenier getragen. - Miniatur aus dem „Spectaculum virginum", Ende 12. Jahrhundert. Kestner-Museum, Hannover.

Ringpanzerhemd aus dem 15. Jahrhundert. Deutsches Historisches Museum Berlin.

nun in Frankreich *haubert*, im Deutschen Halsberc genannt, zur Standardausrüstung der Ritter. In der zweiten Hälfte des 12. Jahrhunderts wurden die Ärmel länger und erhielten Fäustlinge. Der bisher getrennt oder abtrennbar getragene Hersenier wurde fest mit dem Panzerhemd verbunden, wobei der Gesichtsausschnitt bei Bedarf mit Hilfe eines Kinnlatzes geschützt werden konnte.

Beinlinge aus Kettengeflecht kamen ebenfalls im 12. Jahrhundert auf. Sie bedeckten zunächst nur den vorderen Teil des Beines und

ließen die Waden ungeschützt. Erst um die Wende zum 13. Jahrhundert nahmen die Beinlinge die Form von Strümpfen an, die mit den Lendeniers, den Strumpfbändern, an einem Gürtel befestigt waren.

Zu dieser Zeit wurde der Hersenier wieder vom Kettenhemd gelöst, vorn und hinten mit Lätzchen versehen, sodass er die Panzerung überdeckte. In den Hersenier des 13. Jahrhunderts konnte auch eine getriebene Eisenhaube eingearbeitet sein.

Seit dem zweiten Drittel des 12. Jahrhunderts wird überliefert, was die Ritter unter dem Panzer trugen: ein gestepptes, gefüttertes Unterkleid, in Frankreich *gamboison* genannt, teils mit, teils ohne Ärmel. Zum Schutz der besonders gefährdeten Oberschenkel wurden die Senfteniers eingeführt: stark gepolsterte Kniehosen, die seit dem frühen 13. Jahrhundert nachweisbar sind und nach 1250 mit aufgenähten Metallscheiben verstärkt wurden. Unter dem Hersenier war die Gupfe, die Harnischhaube, üblich. Sie bestand aus einer gepolsterten Haube und einer Kinnbinde. Als die Helme schwerer wurden, kam auf den Hersenier eine Haube, die durch einen ringförmigen Wulst, einem Turban ähnlich, auffiel.

Die Hitze des Orients soll die Kreuzfahrer im 12. Jahrhundert angeblich zur Einführung des Waffenrocks veranlasst haben. Der Waffenrock war ein ärmelloser, geschlitzter Stoffkittel, der über dem Panzer getragen wurde. Er wurde an der Wende zum 13. Jahrhundert kürzer und bunter, da er mit den Wappenfarben seines Trägers versehen wurde.

Am Ende des Hochmittelalters bahnte sich eine gravierende Wandlung der Ritterrüstung an. Um 1240 entwickelte man rechteckige Eisenplatten, die an der Innenseite des nun schurzartigen Waffenrocks eingenäht wurden. Diese auch als Spangenharnisch bezeichnete Rüstung brachte die erste Verstärkung

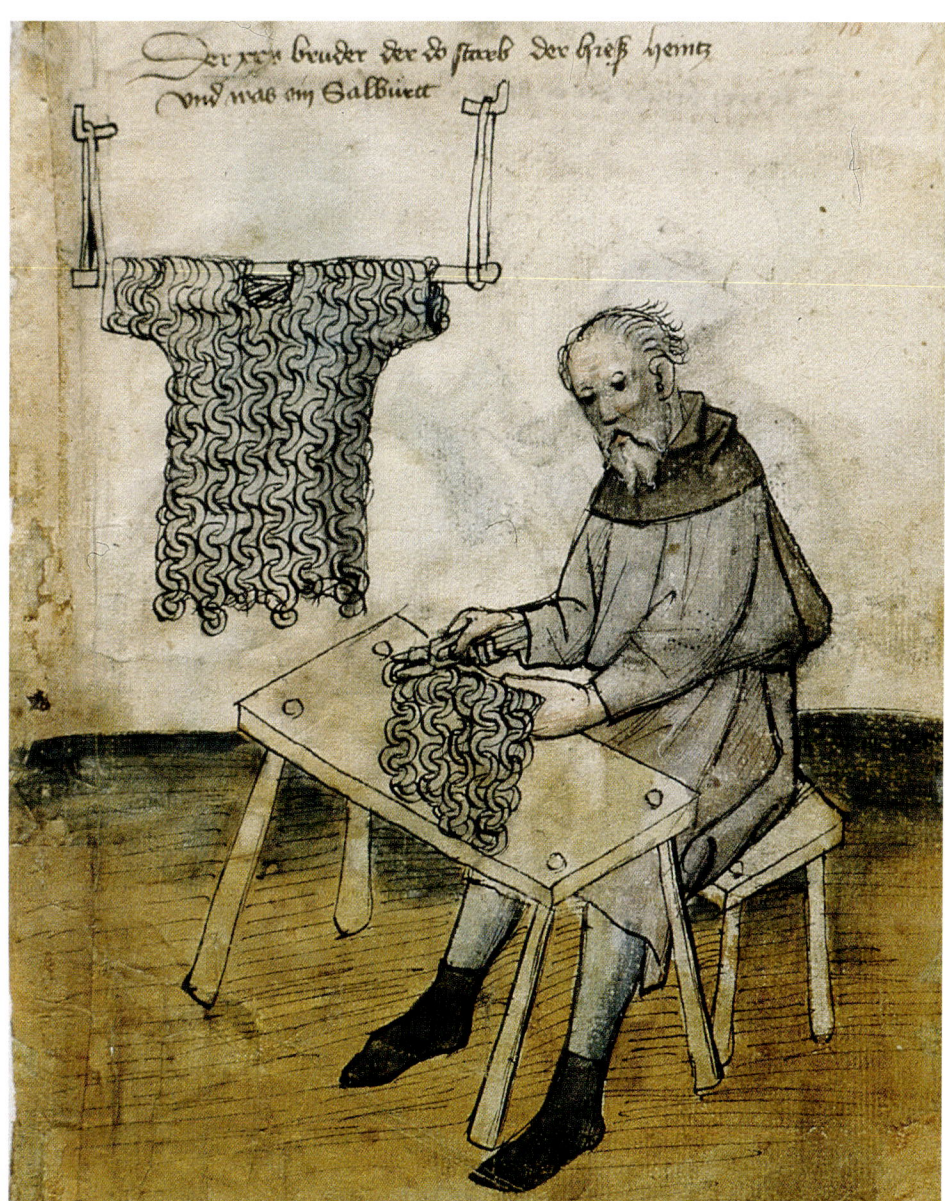

des traditionellen Panzerhemds: die Entwicklung des Plattenharnisches war eingeleitet. Schließlich kam es noch im 13. Jahrhundert zu einer beginnenden Trennung zwischen Feld- und Turnierrüstung. Mit der bequemeren und im Feld praktischeren Beckenhaube entfiel der Hersenier; er wurde durch eine an der Haube einzuhakende Helmbrünne, einen Panzerkragen, ersetzt.

Die Nachfrage nach Rüstungsteilen beschäftigte in den mittelalterlichen Städten viele Handwerker. Das „Hausbuch der Mendelschen Zwölfbrüderstiftung in Nürnberg" (1425-1549) zeigt einen Panzerhemdmacher, der als Pfründner von der Stiftung aufgenommen worden war. Stadtbibliothek Nürnberg.

Der Vollharnisch stand am Ende der Entwicklung des Harnisches. Berühmt waren die Plattnerwerkstätten in Augsburg, Nürnberg und in Landshut, wo dieser gotische Feldharnisch um 1470 entstand. Deutsches Historisches Museum Berlin.

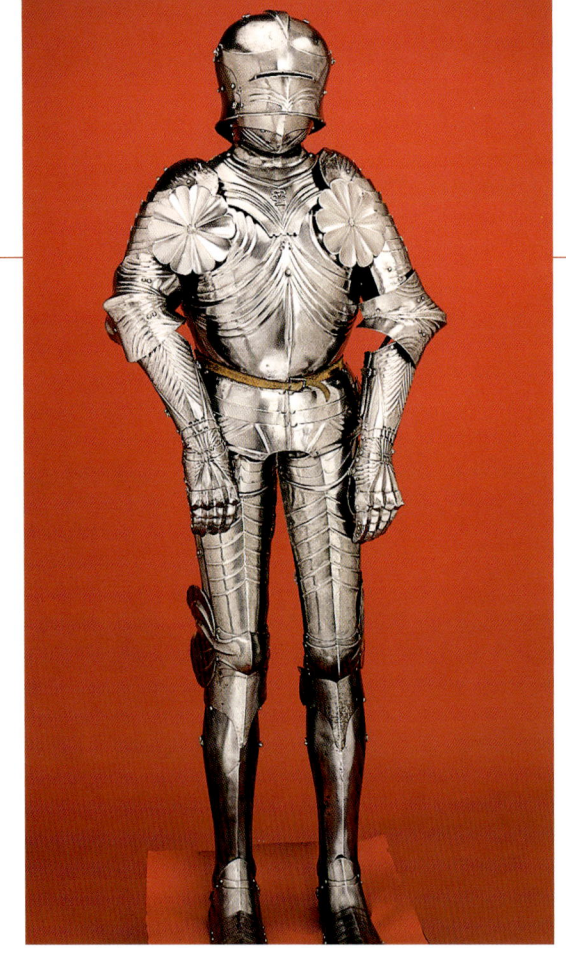

Im Spätmittelalter wurden für Turniere Spezialharnische entwickelt: so für den Tjost mit der scharfen Lanze das so genannte Rennzeug. Aus dem reichsstädtischen Zeughaus in Nürnberg stammt dieses Rennzeug aus dem Jahr 1498. Germanisches Nationalmuseum Nürnberg.

Rüstung im Spätmittelalter: vom Plattenrock zum Vollharnisch

Vom Spangenharnisch war der Weg zum Plattenrock nicht weit. In diesen kurzen Rock, der seit dem späten 13. Jahrhundert unter dem nun noch kürzer gewordenen Waffenrock getragen wurde, waren schmale Eisenplatten eingenäht. Diese Rüstung wurde seit etwa 1330 durch einen massiveren Rumpfpanzer ersetzt. Er bestand aus einer größeren Brustplatte und mehreren breiten Reifen, die in eine ärmellose Jacke eingenietet waren. Zeitgenössische Darstellungen zeigen, dass diese an der Rückenmitte verschnallte Panzerung vorn oft mit Ketten versehen war. Hier konnte der nun schon etwas unbeweglichere Ritter Schwert, Dolch und Helm einhängen.

Das unter der Platte getragene Kettenhemd wurde noch kürzer, als um die Mitte des 14. Jahrhunderts die Diechlinge zum verbesserten Schutz der Oberschenkel eingeführt wurden. Bei ihrem Auftreten bestanden sie aus ledernen, mit Eisen verstärkten Halbröhren und angebrachten Kniebuckeln. Etwa um

1370 erschienen eiserne Oberschenkelplatten mit fest verbundenen Kniekacheln. Die Unterbeine steckten nun in Beinröhren, sie ersetzten die einfachen eisernen Bein- und Wadenschienen. Auch Ober- und Unterarme wurden allmählich in eiserne Röhren gesteckt.

Die Gelenke waren besonders schwer zu schützen: Zur sicheren Verwahrung von Knie und Ellbogen wurden im frühen 14. Jahrhundert gerundete Kacheln, Kniebuckel und die so genannten Muscheln eingesetzt; diese scheibenartigen Fortsätze sollten die Beuge vor Verletzungen bewahren. Als erste wirksame Abdeckung der Schulter kamen dann die Schwebescheiben, kreisförmige Platten vor den Achselhöhlen, auf. Die Panzerfäustlinge wurden ersetzt durch Fingerhandschuhe, die mit Eisenschuppen besetzten waren.

Mit zunehmender Geschwindigkeit entwickelte sich auch der Schutz des Leibes weiter: Um 1350 folgte die Rüstung dem Trend der Körperformen betonenden Mode: Die plastisch betonte, stark gewölbte Lendnerpanzerung setzte sich durch. Auch beim Lendnerpanzer wurde die nun größere Brustplatte in kurze Röcke eingenäht. Diese Harnischröcke verliehen der Rüstung einen betont textilen Charakter. Nach 1370 wurde die Brustplatte dann nicht mehr eingenäht, sondern über den Rock montiert. Das blanke Eisen wurde jetzt offen gezeigt.

Nun war es nur noch ein kurzer Schritt zum Plattenharnisch. Die Brustplatte, der mittlerweile stählerne Oberschenkelschutz und die Röhren wurden kurz vor 1400 zum Vollharnisch zusammengeschlossen. Der vermutlich älteste bisher überlieferte Plattenharnisch gehörte dem Tiroler Landeshauptmann Ulrich von Matsch und ist um 1380 in der Werkstatt der Missaglia in Mailand entstanden. Dieser Harnisch besitzt eine gewölbte Brust aus 11 einzelnen Platten, die mit dekorativen Messingstreifen eingefasst sind. Durch diese flexible Konstruktion war es möglich, die Panzerung unter den Armen hindurch bis auf den Rücken fortzuführen. Hier erscheint zum ersten Mal der Rüsthaken zum Auflegen der Lanze und eine V-förmige Brechleiste zur Lanzenabwehr am oberen Brustrand.

Die Plattnerei hatte kaum den Vollharnisch kreiert, als sich nach 1400 der in der Kunstge-

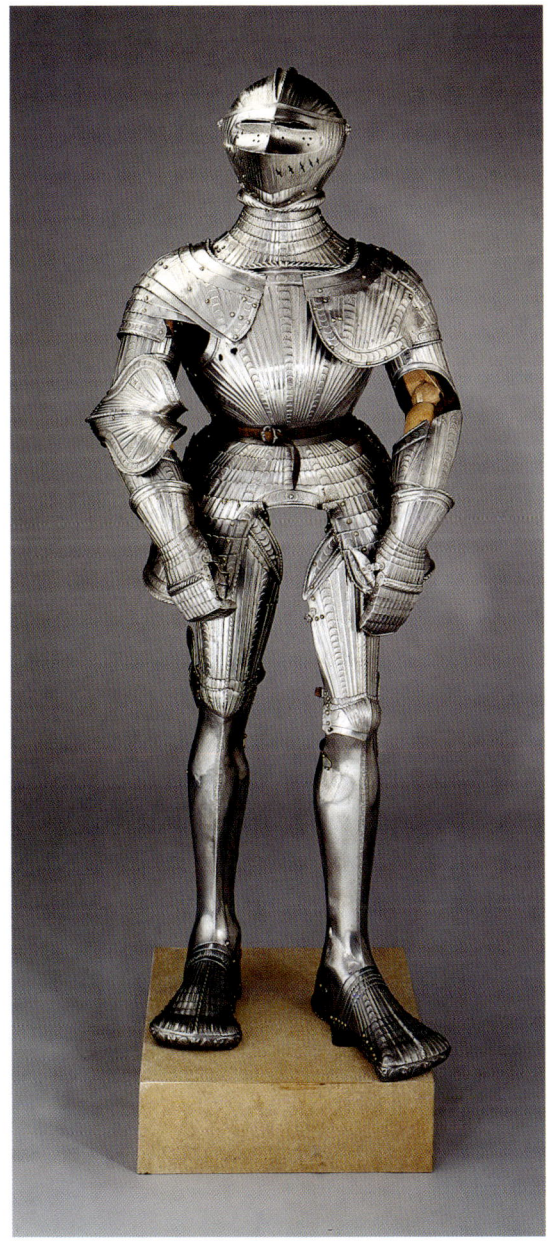

schichte so genannte Weiche Stil durchsetzte: Zunehmend wurden textile Gestaltungsmerkmale übernommen, vor allem der Trend zum gefältelten Rock und zu Hängeärmeln kam auf. Eine Rüstung dieser Art trägt Oswald von Wolkenstein auf seinem um 1408 entstandenen Epitaph am Dom zu Brixen.

Im frühen 15. Jahrhundert wurde der noch junge Plattenharnisch in Italien mittels einer neuen Schulterlösung optimiert. Sie gewährleistete endlich die völlige Deckung des Körpers, ohne die Bewegungsfreiheit einzuschränken. Dies geschah mit um die Schultern gewölbten Geschüben aus einzelnen Reifen, den so genannten Vorder- und Hinterflügen. Mit dieser Technologie wurde bald darauf eine weitere Verbesserung der Bewegungsfreiheit durch eine horizontale Teilung der Brust- und Rückenplatten erzielt. Die untere Hälfte wurde jeweils zungenartig über die obere geschoben und beweglich verschnallt.

In der zweiten Hälfte des 15. Jahrhunderts erreichte die Plattnerkunst in den Werkstätten Augsburgs, Nürnbergs und Landshuts ihren Höhepunkt. Jetzt war der Harnisch so perfekt, dass technische Verbesserungen kaum noch möglich schienen. In der Folge wurde er daher vor allem zum Kunstobjekt. Zunächst wandte man sich gerade in Deutschland einer betont strengen Geometrisierung zu: Zur häufig prismatisch gestalteten Brust wurde ein kegelstumpfförmiger Tonnenrock aus Bauch- und Gesäßreifen getragen. Die Platten zeigten oft getriebene Grate und graphische Oberflächengestaltungen. Dann kam der Renaissanceharnisch auf, zum einen als Riefelharnisch, der sich durch parallel- und strahlenförmig angeordnete Riefeln auszeichnete, zum andern als Harnisch mit betont glatten Platten. Beide Varianten wurden neuen Dekorationstechniken ausgesetzt: der Eisenätzung, Vergoldung, Bläuung, Gravur und besonderen Techniken der Treibarbeit.

Die typische Rüstung nach der Mitte des 14. Jahrhunderts war der die Körperformen betonende Lendnerpanzer. - Epitaph für einen in der zweiten Hälfte des 14. Jahrhunderts verstorbenen Gottfried von Berlichingen im Kreuzgang des Klosters Schönthal.

Seit dem Ende des 15. Jahrhunderts richteten die Plattner ihr Augenmerk auf verschiedene Dekorationstechniken wie das Riefeln der Harnischplatten. Dieser Riefelharnisch entstand um 1530, vermutlich in Braunschweig. Deutsches Historisches Museum Berlin.

Der Ende des 12. Jahrhunderts eingeführte Dreiecksschild. – Miniatur aus einer Handschrift des „Roman de la Poire", um 1275. Bibliothèque nationale de France, Paris.

Schild

Der Schild war schon im Altertum eine gebräuchliche Schutzwaffe. Im Laufe der Geschichte kamen verschiedene Formen auf. Die zentraleuropäischen Ritter des Hochmittelalters trugen zunächst den sehr hohen Mandel-

schild. Dieser Schild war oben oval gebogen und lief nach unten abgespitzt aus. Form und Größe boten dem im 11. und 12. Jahrhundert noch leicht gerüsteten Ritter eine optimale Deckung. Auf Grund seines relativ hohen Gewichts wurde der mandelförmige Schild nicht nur vom Unterarm, sondern mit Hilfe der Schildfessel, eines Riemens, auch mit dem Nacken getragen.

Vor dem 11. Jahrhundert kannten die fränkischen Krieger und ihre Nachbarn diesen Schild noch nicht und nutzten den Rundschild. Erst die Normannen sollen ihn während der ersten Kreuzzüge in Byzanz angenommen und im Westen eingeführt haben. Daher wurde für diesen Schild auch die Bezeichnung Normannenschild üblich.

Hergestellt wurde er aus zum Teil mehrschichtig verleimtem Lindenholz, das mit Leder überzogen und mit Metall beschlagen wurde. Aus Metall war auch der Schildbuckel, der auf der Vorderseite angebracht war und zusätzlich die Handhabe auf der Innenseite schützte.

Der Normannenschild war bis zum Ende des 12. Jahrhunderts in Gebrauch. Seit den späten

Ritter mit dem mandelförmigen Normannenschild. - Pfeilerrelief aus dem Großmünster in Zürich, erste Hälfte 12. Jahrhundert. Römisch-Germanisches Zentralmuseum Mainz.

1130er Jahren in Frankreich und den 1140er Jahren in Deutschland wurde dieser Schild von adligen Trägern mit Wappen versehen. Zuvor war er wie bei weniger hoch gestellten

Rittern mit Bändern und strahlenförmigen Mustern bemalt oder mit Metallauflagen verziert worden.

Kurz nach dem Auftreten des Topfhelmes in den 1190er Jahren wurde der Normannenschild stark verändert: Man verkleinerte ihn erheblich und begradigte die Rundungen, sodass der so genannte Dreiecksschild entstand. In der Herstellung unterschied sich der Dreiecksschild nicht wesentlich vom großen Normannenschild. Als Wappenträger wurde der Schild mit Leinwand überzogen, die mit Kreide grundiert worden war; so konnte sie als Malgrund für die Wappendarstellung dienen. Üblich waren auch Modellierungen von

Wappenfiguren auf einer Lage Kitt oder das Ausarbeiten in gesottenem Leder, das auf einer Lage Werg aufgebracht wurde. Metall- und Edelsteinapplikationen waren dagegen eher selten.

Im Laufe der 13. Jahrhunderts wurde der Dreiecksschild allmählich breiter, um die Mitte des 14. Jahrhunderts dann in seiner Größe wieder etwas reduziert. Der Gebrauch dieser Schildvariante lief erst im 15. Jahrhundert weitgehend aus.

Einstweilen traten seit dem 14. Jahrhundert gewisse Spielarten auf. Aus Spanien und Italien kommend, erreichte die Tartsche einige Beliebtheit: Sie war ein Schild, der ursprünglich nur oben, dann auch seitlich eine Einbuchtung zum Durchstecken der Lanze erhielt. Die in allen möglichen Versionen verbreitete Tartsche wurde auch der übliche Turnierschild des 15. und 16. Jahrhunderts.

Andere Schildformen wie die Pavese zählten nicht zur ritterlichen Rüstung. Grundsätzlich lässt sich jedoch beobachten, dass die Schilde, deren militärische Bedeutung immer weiter abnahm, bis zum Anbruch des 16. Jahrhunderts immer kleiner wurden.

Die Pavese, ein Schild der Fußtruppen. Diese deutsche Pavese wurde um 1480/90 gefertigt. Deutsches Historisches Museum Berlin.

Helm

Der aus einem Stück getriebene Nasalhelm. Er prägte bis zum Ende des 12. Jahrhunderts das ritterliche Erscheinungsbild. Römisches Museum der städtischen Kunstsammlungen Augsburg.

Über eine erstaunlich lange Zeit erschienen die Ritter Europas unterschiedslos mit einem Helmtyp: dem Nasalhelm. Schon Kriegerdarstellungen des 11. Jahrhunderts zeigen diesen Helm. Er war in der Regel kegelförmig aus einem Stück Metall getrieben und erhielt am stirnseitigen unteren Rand ein Eisenband, das Nasal, zum Schutz der Nase.

Der Nasalhelm war noch im ausgehenden 12. Jahrhundert üblich. So zeigt die Bildhandschrift des Petrus de Ebulo zu Ehren Kaiser Heinrichs VI. noch um 1196 Ritter mit diesem Kopfschutz. Lediglich die Kegelform scheint am Ende des 12. Jahrhunderts öfter durch halbkugelförmige und dann abgeflachte Varianten ersetzt worden zu sein.

Noch vor 1200 war der Abschied vom Nasalhelm abzusehen. Der bereits abgeflachte Helm erhielt die Barbiere, eine mit Luftlöchern und Augenschlitzen versehene Visierplatte. Kurz darauf wurde dieser Helm an der Nackenseite verlängert: der Topfhelm war geboren.

Der Topfhelm bot besseren Schutz und war weitaus leichter herzustellen als der Nasalhelm, da die aufwendige Treibarbeit entfiel und nur das Vernieten von meist fünf Platten nötig war. Frühe Topfhelme mit Barbieren werden von den nach 1200 entstandenen Wandmalereien in der Südtiroler Burg Rodenegg und in der Berliner Handschrift von Heinrichs von Veldeke „Eneide" (etwa 1215) überliefert.

Mit dem Befestigen der Helmzier, des Zimier, soll umfassend erst im frühen 13. Jahrhundert begonnen worden sein. Die Helmzier wurde auf eine Art Kappe, die Zimierkappe, montiert, die über den Helm gestülpt und festgebunden wurde. Die erste bekannte Helmzier wird vom Siegel des englischen Königs Richard I. Löwenherz aus den Jahren nach 1194 überlie-

Kübelhelm aus der Zeit vor 1356, gefunden auf der Burg Madeln bei Basel. Kantonsmuseum Baselland, Liestal.

fert. Den königlichen Helm, einen frühen Topfhelm, ziert ein fächer- oder kammartiges Zimier aus Federn oder Rosshaar. Auf einem älteren Siegel von 1189 trug Richard noch den Nasalhelm.

Dass die wenig robuste Helmzier nur bei repräsentativen Anlässen, beispielsweise bei Turnieren, getragen wurde, ist anzunehmen. Die Fränkische Turnierordnung von 1479 schrieb auch ausdrücklich vor, dass die Helmzier nicht aus Eisen, Stahl oder anderen harten Materialien sein durfte.

Während der Topfhelm im Laufe des 13. Jahrhunderts immer gewaltigere Formen annahm und sich zum Kübelhelm wandelte, entwickelte sich aus der massiven Hirnschale des Hersenier (Panzerkapuze) die Beckenhaube als neuer, leichter Helmtyp. Im 14. Jahrhundert wurde die Beckenhaube zum bevorzugten Feldhelm. Bereits auf Kampfdarstellungen des fortgeschrittenen 13. Jahrhunderts sind auffallend häufig Träger dieses leichten Helms zu beobachten. Wie unpraktisch der Topf- oder Kübelhelm sein konnte, überliefert die Nachricht von einem Turnier im Jahre 1241 in Neuss, wo mehrere Ritter im Helm erstickten oder am Hitzschlag starben. Als idealer Zimierträger und Schauhelm blieb der Kü-

belhelm jedoch noch lange wenigstens als
Turnierhelm in Gebrauch.

Die Beckenhaube bot zwar wieder ausreichend Sicht- und Bewegungsfreiheit, forderte
aber zusätzlichen Schutz der Gesichts- und
Halspartien. Deshalb wurde die Helmbrünne
eingeführt, ein aus der Kapuze entwickelter
Panzerkragen, der am Helmrand befestigt
werden konnte. Die Helmbrünne besaß meist
zusätzlich ein Nasenband, das, dem alten Nasal nicht unähnlich, an der Stirnseite des
Helms eingehakt werden konnte. Die Schutz-
wirkung war natürlich begrenzt, daher erhielt
die Beckenhaube im 14. Jahrhundert ein kleines, nach oben klappbares Visier am unteren
Helmrand.

Nach 1350 bekam das Klappvisier eine zuge-
spitzte Schnauzenform. Dadurch erweiterte
sich der Raum vor dem Gesicht und erleich-
terte das Atmen. Die Beckenhaube mit diesem
charakteristischen Visier wurde unter der Bezeichnung Hundsgugel berühmt.

Mit Einführung des Plattenharnisches hatte
der Kübelhelm auch als Turnierhelm ausge-
dient. Für die spätmittelalterlichen Turnierar-
ten wurden spezielle Helme entwickelt. Zum
Stechen, dem Tjost mit der stumpfen Lanze,
diente der Stechhelm. Der ließ zwar noch weniger Sicht als der Kübelhelm zu, aber seine
besondere Form mit den abgeschrägten Flanken bot idealen Schutz vor der mit dem Krön-
chen ausgestatteten Lanze. Auf Grund seines
hohen Gewichts wurde der Stechhelm fest
mit dem Bruststück des Turnierharnisches
verschraubt. Der Rennhelm war gleichfalls aus
dicken Platten hergestellt, aber zur Abwehr
der scharfen Lanze runder in der Form.

Als Feldhelme kamen um 1400 der Visierhelm,
auch Armet genannt, und die Schaller auf. Der
Visierhelm war eine Fortentwicklung der Beckenhaube, die er um das massive Kinnstück
ergänzte. Die vor allem in Deutschland um die
Mitte des 15. Jahrhunderts gebräuchliche

Die im 13. Jahrhundert entwickelte
Beckenhaube, an der zum besseren
Schutz der unteren Kopfpartien
eine Brünne befestigt werden konn-
te. Deutsches Historisches Museum
Berlin.

Schaller wurde aus einem Stück getrieben und
fällt durch den weit auslaufenden Nacken-
schirm auf. Die Schaller ließ Hals und Kinn-
partie ungeschützt, die Deckung dieser Kör-
perteile übernahm der Bart, ein eiserner
Stehkragen, der auf der Brustplatte des Plattenharnisches befestigt war. Die Schaller war
nur eine vorübergehende Erscheinung, für
den Harnisch der frühen Neuzeit wurde nur
noch der Visierhelm gebraucht.

Norditalienischer Hundsgugel
aus der Zeit um 1390. Im späten
14. Jahrhundert wurde die Beckenhaube mit einem Klappvisier versehen, dessen eigentümliche, einer
Hundeschnauze ähnliche Form das
Atmen erleichtern sollte. Deutsches
Historisches Museum Berlin.

Von Pferden und Rössern

Das Pferd und einige wenige Erfindungen verhalfen den bewaffneten, schwer gepanzerten Reitern zu einer Überlegenheit, die sie Jahr-

hunderte lang die Führungsschicht in ganz Europa stellen ließen: ohne Pferd kein Ritter. Der Status der Pferde war so hoch, dass Pferde mit ihrem Namen selbst in den Heldenepen auftauchen.

Wenn wir an Ritter denken, dann steht uns der schwer gepanzerte Reiter in voller Rüstung vor Augen, dessen Gewicht ein normales Pferd nach unserem Dafürhalten nie und nimmer tragen kann. Das Bild eines schweren, massigen Kaltblutpferdes drängt sich dann auf, ein Belgier, ein Pecheron vielleicht, mit Stockmaßen von 180 cm oder noch mehr.

Um es abzubrechen: Nichts ist falscher. Schicken wir voraus, dass der voll gepanzerte Reiter eine Entwicklung des späten Mittelalters ist und die Rüstung noch zu staufischer Zeit wesentlich weniger wog. Schicken wir weiter voraus, dass ein Ritter mit einer Durchschnittsgröße von 168 cm während des Kampfes mehrfach das Pferd wechseln musste – wie hätte er, selbst mit Hilfe eines Knappen, ein Pferd von 180 cm oder höher besteigen sollen?

Wir werden umdenken müssen: Bei Ausgrabungen auf Burg Scheidegg kamen im inneren Burgbereich, im Pferdestall unter dem Wohngeschoss (wo die wertvolleren Tiere standen), Pferdeskelette zu Tage, deren Widerristhöhen (Stockmaß) zwischen 119 und maximal 145 cm lagen – jedes heutige Haflingerpony mit 142 cm Stockmaß taugte da zum veritablen Ritterpferd. Diese zunächst erstaunlichen Ergebnisse wurde 1979 durch Ausgrabungen auf dem Schlachtfeld vor Utrecht bestätigt: Die größten Pferde hatten Widerristhöhen um 148 cm, das mit Abstand größte Pferd maß zwischen 148,7 und 161,5 cm.

Im späten Mittelalter ging man dazu über, auch die Pferde zu panzern, um sie besser gegen die Langwaffen zu schützen. – Großer Rossharnisch mit dem Wappen der Fürsten von Leiningen, Anfang 16. Jahrhundert. Gräfliche Sammlungen im Schloss Erbach.

Damit wird nachvollziehbar, dass ein Ritter imstande war, während der Schlacht gleich mehrfach sein Pferd zu wechseln. Wie aber kommt es zu den enormen Unterschieden in der Größe der Pferde?

Die Zeiten, in denen ein Reiter allein mit einem Pferd in die Schlacht ziehen konnte, waren schon seit den Tagen Karls des Großen vorbei. In staufischer Zeit benötigte ein Ritter neben dem Streitross – dem größten, kräftigsten Pferd – noch ein gutes Reitpferd für den Alltag, ein weiteres Pferd für den Transport der Rüstung und Pferde für seine Knappen; er war also mit wenigstens drei bis vier Pferden unterwegs.

Das mit Abstand wichtigste und entsprechend teure Pferd war das Streitross, das speziell für den Kampf ausgebildet wurde und unerschrocken sein musste, sodass fast ausschließlich Hengste eingesetzt wurden. Die Pferde wurden in ganz Europa gezogen, in

England etwa die Vorfahren des heutigen Welsh Cob D Ponys oder des Dales Ponys. Besonders begehrt und für den normalen Ritter eher unerschwinglich waren die kastilischen Streitrösser.

Für den Ritt bevorzugte man den Palefridus (Grundwort unseres „Pferdes"), ein schnelles, ausgeglichenes Pferd, das als Passgänger in den Quellen als Zelter erscheint. Die besonders ruhige Gangart vereinfachte das Reiten im Damensitz. Das Stockmaß des Palefridus dürfte sich zwischen 130 und 140 cm bewegt haben, also in etwa der Größe eines heutigen Haflingers. Für den jungen Knappen und das Gepäck genügte ein Rocinus, ein Ross, das mit einem Stockmaß von 120–130 cm gerade gut genug war für den Transport der Rüstung und anderer Ausstattungsstücke oder auch für Gefolgsleute.

Die Preisunterschiede zwischen den Pferdegattungen waren enorm, bewegten sich aber in den auch heute noch gültigen Dimensionen: Für ein sehr gutes Streitross musste etwa der 25fache Preis eines gewöhnlichen Rosses bezahlt werden. Im Laufe des 13. Jahrhunderts, vor allem nach 1250, lässt sich ein enormer Preisanstieg erkennen, der binnen 50 Jahren zu einer Verdoppelung der Pferdepreise führt. Im 15. Jahrhundert musste ein Handwerker oder Bauer etwa 6 Jahre arbeiten (bei ca. 7 fl./Jahr), ein Wächter 4 Jahre (bei 10 fl.), um sich einen guten Hengst leisten zu können.

Die Pferde waren im frühen und hohen Mittelalter weitgehend ungepanzert. Bei dem großen Wert der Pferde verwundert dies zunächst, es dürfte sich aber gerade durch ihren Wert erklären: Ein solches Tier tötete man nicht, sondern versuchte es zu erbeuten. Ein Schutz des Pferdes wurde erst notwendig, als unritterliche Kampfesweisen um sich griffen und man statt des Reiters das Pferd angriff. So finden sich erst ab 1200 und zunächst auch nur vereinzelt Rosspanzer aus Stoff, Leder oder metallenem Kettengeflecht, die von langen, wappengeschmückten Umhängen aus Stoff, Leder oder Seide bedeckt waren. Im 14. und 15. Jahrhundert folgten förmliche Rossharnische, die dem Pferd einen erheblich höheren Schutz boten, gegen die langen Stangenwaffen etwa der Schweizer aber wirkungslos blieben.

Reitersporn, Eisen, Ende 15. Jahrhundert. Historisches Museum der Pfalz Speyer.

Mit der Erfindung der Hebeltrense war es möglich, ein Pferd mit einer Hand zu lenken, während mit der zweiten Speer oder Lanze geführt werden konnten. – Hebeltrense, 11./12. Jahrhundert. Kantonsmuseum Baselland, Liestal.

Schwert und Dolch

Das Schwert galt als die Waffe der Herren. Ihm kam ein hohes Maß an Symbolkraft zu. Bereits im frühen Mittelalter wurde es als Zeichen von Herrschaft, Rechtsprechung und Macht eingesetzt.

Dementsprechend erscheint es im Mittelalter zeremoniell nicht nur bei der Ritterweihe, sondern auch bei Belehnungen, Krönungen, Vereidigungen usw. In den Romanen und Epen des Hochmittelalters werden Schwerter zuweilen wie Helden gerühmt. Sie haben oft übernatürliche Eigenschaften, sind nur den besten Rittern vorbehalten, haben eigene Namen. Unvergessen sind Excalibur, Balmung und Durendal, die Schwerter von König Artus, Siegfried und Roland. Die besondere Aura des Schwertes gründet vermutlich in der Exklusivität seines Besitzers; im Frühmittelalter war es den sozial Hochstehenden vorbehalten. Auch hinsichtlich des Preises unterschied sich das Schwert erheblich von anderen Waffen, zumal die Herstellung und die Stählung sehr aufwendig waren und nur von besonders qualifizierten Schmieden, den Schwertfegern, bewerkstelligt werden konnten.

Das mittelalterliche Schwert hatte bereits eine lange Entwicklungszeit hinter sich. Bei seiner Entstehung in der Bronzezeit wurde es noch in einem Stück gegossen und bestand aus der noch recht kurzen Klinge und dem einfachen oder profilierten Griff. Eine Parierstange, wie das quer vor dem Griff liegende Schutzeisen heißt, hatten die frühen Schwerter noch nicht. Die Ausformung des „Ritterschwertes" geschah ab dem 7. Jahrhundert, wobei es sich als Wikinger- oder Normannenschwert mit der typischen Parierstange und dem Knauf am Ende des Griffes vom 8. bis 10. Jahrhundert in ganz Europa durchsetzte. Das Schwert war sowohl Hieb- als auch Stichwaffe. Vorteilhaft war, dass es sowohl vom Pferd aus als auch unter beengten Verhältnissen im Nahkampf gut geführt werden konnte. Die Schwerter des Hochmittelalters hatten Klingen von recht beachtlichen Längen von zum Teil über einem Meter. Die gerade Klinge zeichnet sich durch Zweischneidigkeit aus, wobei sie achsensymmetrisch in einer Spitze ausläuft. An der Mittelachse der Klinge wurde nach einiger Zeit eine Kehlung oder Falzung, die Blutrinne, eingearbeitet. Der Namen trügt allerdings: Sie sollte der Klinge nur mehr Leichtigkeit und Elastizität verleihen.

Die Klinge läuft oben in der schmalen Angel aus. Auf ihr saß die quer zum Griff laufende Parierstange, dann der als *helze* (Hülse) bezeichnete oft hölzerne Griff und der am Ende vernietete Knauf. Die Griffhülsen hat man

von links nach rechts:

Damasziertes Schwert aus dem 9./10. Jahrhundert. Deutsches Historisches Museum Berlin.

Das Schwert aus der Zeit um 1200 ist durch Tauschierung mit der Inschrift „sosmenros" versehen. Deutsches Historisches Museum Berlin.

Zweischneidiger Dolch aus der Zeit nach 1250. Schweizerisches Landesmuseum, Zürich.

meist mit Leder oder einer Drahtwicklung überzogen. Der häufig zur Datierung von Fundstücken herangezogene Knauf wandelte sich im Laufe der Jahrhunderte mehrfach. Aus einem flachen Pilzknauf im 11. Jahrhundert wurde im 12. und 13. Jahrhundert ein Paranuss- oder Pagodenknauf. Repräsentative Schwerter konnten durch Tauschieren mit Inschriften und Ornamenten versehen sein. Diese Einlegetechnik, zu der häufig Messing verwandt wurde, war vor allem in den islamischen Ländern hoch entwickelt.

Gegen Ende des 13. Jahrhunderts bis zur Mitte des 14. Jahrhunderts vollzog sich bei der Schwertherstellung ein deutlicher Wandel: Es kamen Klingen auf, die mehr keilförmig angelegt waren und in einer schmalen, scharfen Spitze ausliefen. Etwa gleichzeitig wurde der Griff verlängert. Die Schwerter erschienen nun als Anderthalbhänder und ließen das zeitweise Führen mit zwei Händen zu. Dies ermöglichte kraftvollere Einsätze. Vermutlich reagierte man mit diesen Innovationen auf die zunehmend bessere Panzerung der Ritter. Nachdem es auf den Epitaphen seit der zwei-

ten Hälfte des 13. Jahrhunderts üblich wurde, die Ritterdarstellungen in voller Rüstung auszuführen, erscheinen auch die dem ritterlichen Kodex entsprechenden Waffen in Stein gemeißelt. Neben dem Schwert lässt sich da auch stets der Dolch beobachten. Auch diese Waffe ist zweischneidig und unterscheidet sich vom Schwert zunächst nur in der Länge: Der Dolch ist maximal 40 Zentimeter lang, er ist aber zwangsläufig keine Hieb-, sondern eine reine Stichwaffe. Der Dolch ist im übrigen älter als das Schwert und war schon in der Jungsteinzeit als Knochen- und Steindolch üblich. In der Literatur wird der Dolch häufig als Waffe beschrieben, die dem Ritter dazu gedient haben soll, dem schon niedergestreckten Gegner einen schnellen Tod zu verschaffen. Bei überlieferten Abbildungen von Dolchen fällt jedoch die meist reiche Ausstattung mit Zierelementen auf; dies lässt eher auf eine repräsentative Funktion der Waffe schließen.

Deutsches Schwert aus der Zeit um 1150-1250 mit tauschierter Klinge: religiös-symbolische Darstellung. Schweizerisches Landesmuseum, Zürich.

Spätmittelalterliches Schwert aus der Zeit zwischen 1450 und 1490 mit einer Parierstange von hochrechteckigem Querschnitt. Schweizerisches Landesmuseum, Zürich.

Lanzenkampf: Tristan und Kaëdin im Kampf mit Rugier, Nautenis und Rigolin. – Miniatur aus einer „Tristan"-Handschrift des 13. Jahrhunderts. Bayerische Staatsbibliothek, München.

Lanze und panzerbrechende Hiebwaffen

Die Lanze ist die Stoßwaffe des Ritters. In zeitgenössischen Dokumenten erscheint sie häufig als *gleve*, eine Bezeichnung, die sich vom französischen *glaive* ableitet. Der französische Begriff wiederum hat seinen Ursprung im lateinischen *gladius* (Schwert), wobei die Lanze als ein auf eine Stange gestecktes Schwert gedeutet wird. Diese Waffe darf nicht mit der jüngeren Gleve, einer Stangenwaffe des Fußvolks, verwechselt werden.

Die hochmittelalterliche Lanze kam im Zuge einer neuen Kampftechnik zum Einsatz, die den Verbandskampf der Panzerreiter militärisch noch erfolgreicher gestaltete. Die Stoßkraft der Ritter wurde nämlich spätestens um 1100 wesentlich verstärkt, als man die schwerere Lanze wählte, sie unter die rechte Achselhöhle klemmte, im spitzen Winkel über den Pferdehals hielt und so auf den Gegner zuraste. Diese Führung der Lanze war allerdings eine Technik, die sehr viel Übung erforderte und den gut ausgebildeten Ritter noch unentbehrlicher machte.

Die neue Lanze ging aus dem alten Reiterspeer hervor, dessen Schaft bereits mit einer eisernen Lanzenspitze versehen war. Der Speer wurde jedoch – was weniger wirkungsvoll war – noch am ausgestreckten Arm getragen, konnte auf sein Ziel geworfen, aber auch als Hieb- und Stichwaffe genutzt werden.

Der etwa 3 bis 3 1/2 Meter lange Schaft der Lanze war vorzugsweise aus Eschenholz, da es über eine gute Elastizität verfügt. Aber auch andere Hölzer wie die Weißbuche und Tanne kamen zum Einsatz. Abbildungen und Fundstücke überliefern, dass die Lanzenschäfte meist nicht rund geschält, sondern vier- bis sechseckig abgefast waren. Der Schaft verjüngte sich zunehmend in Richtung der Spitze. Die zweischneidige Lanzenspitze hatte einen rhombischen oder spitzovalen Querschnitt und war etwa 15 cm lang und 5 cm breit. Mit dem 13. und 14. Jahrhundert kamen neue Varianten, beispielsweise schmale vierkantige Lanzenspitzen, auf. Im 14. Jahrhundert erhielt der Lanzenschaft zum Schutz der Hand die Brechscheibe. Sie war erst flach und wurde dann später trichterförmig ausgeführt. Vor allem die spätmittelalterliche Turnierlanze kannte zum Teil recht große Brechscheiben. Die Turnierlanze kam wohl schon im 13. Jahrhundert auf. Aus Gründen der Sicherheit war sie aus leicht splitterndem Nadelholz. Außerdem wurde die Lanzenspitze durch das so genannte Turnierkrönlein ersetzt, um das Verletzungsrisiko zu mindern.

Streng genommen gehören Hiebwaffen wie

Streitäxte, Streitkolben und Streithämmer nicht zu den ritterlichen Waffen. Die Streitäxte erschienen als knechtische Waffen in verschiedenen Varianten und ähneln auffallend den Beilen, mit denen die Zimmerleute Balken zurichteten. Erst im Spätmittelalter griffen offenbar auch die Ritter gelegentlich zur Streitaxt.

Eindeutig spätmittelalterlich sind die Streithämmer und Streitkolben. Der Streitkolben weist um die Tülle einen Kranz von 6 bis 8 stählernen Schlagblättern auf. Der Streitham-

mer wird häufig mit dem Rabenschnabel, einem langen, gebogenen Stachel, dargestellt. Die panzerbrechende Wirkung dieser Waffen ist offensichtlich, sodass ihr Gebrauch vermutlich mit der Einführung eiserner Platten bei der Rüstung in Verbindung steht. Streitkolben und Streithammer treten auffallend häufig auf Abbildungen von Feldherren des späten 15. und 16. Jahrhunderts auf. Diese Waffen hatten an der Wende zur Neuzeit offenbar die Funktion von Kommandostäben übernommen.

Lots Befreiung. – Miniatur aus der „Kreuzritterbibel", Frankreich um 1250.

Schwere Armbrust mit Spannwinde und Sturmwand, Süddeutschland, 14./15. Jahrhundert. Kaiserburg-museum Nürnberg.

Zwei eiserne Armbrustspanner aus der Zeit vor 1356, gefunden auf der Burg Madeln bei Pratteln. Kantons-museum Baselland, Liestal.

Unritterliche Waffen

Nach dem ritterlichen Kodex galten nur die Lanze, das Schwert und der Dolch als ritter-liche Waffen. Darüber hinaus waren natürlich noch zahllose Hieb-, Stich- und Stoßwaffen sowie Schusswaffen in Gebrauch. Die militäri-sche Bedeutung der unritterlichen Waffen wuchs in dem Maße, wie die Feldherren des Mittelalters ihre Skrupel ablegten und sich des Fußvolks bedienten, um dem gepanzerten Reiter effektiver beizukommen. Von Anfang an gefährlich für den Ritter waren Schusswaf-fen, allen voran der Bogen. Geradezu legendär ist der Einsatz der englischen Langbogen, die seit dem 13. Jahrhundert größte Wirkungen erzielten. In Schlachten wie der bei Crécy 1346

und Azincourt 1415 richteten die englischen Bogenschützen furchtbares Unheil unter den französischen Rittern an. Die geübten Schüt-zen schossen Salven mit hoher Schussfre-quenz in die Phalanx der Gepanzerten.

Als Kriegswaffe besaß der Bogen allerdings einen gravierenden Nachteil: Man konnte nicht beliebige Fußtruppen mit ihm ausstat-ten. Erst nach jahrelangem Üben beherrschte ihn ein Schütze perfekt. Auf Grund der be-achtlichen Reichweite bis etwa 350 Metern musste beim Zielen der Einfluss der Schwer-kraft auf die Flugbahn des Pfeils berücksich-tigt werden. Geübte Schützen waren sogar in der Lage, im Winkel zu schießen: Der Pfeil wurde in einem steilen Winkel in die Luft ge-schossen, bis er am höchsten Punkt seiner Bahn eine kurze Parabel beschrieb, um dann senkrecht mit großer Wirkung zu seinem Ziel zu gelangen.

Mit dem Bogen konnte man in der Minute immerhin fünf bis sechs Mal schießen. Die Durchschlagskraft der Pfeile war enorm; innerhalb bestimmter Distanzen konnten sie jeden Panzer, auch den durchschnittlichen Plattenharnisch durchbohren. Der Langbogen war daher keineswegs weniger gefährlich als die Armbrust, die in der Antike schon bekannt war und ab dem Ende des Hochmittelalters in Zentraleuropa wieder vermehrt zum Einsatz

kam. Im 12. Jahrhundert war die Armbrust allerdings noch verpönter als der Bogen: Die zweite Lateransynode von 1139 verurteilte die Waffe und belegte sie mit dem Bannfluch. Immerhin entsprach die Armbrust am wenigsten dem ritterlichen Ehrenkodex, konnte sie doch von Jedermann aus dem Hinterhalt heraus angewandt werden. Außerdem war die Armbrust im Gegensatz zum Bogen in gespanntem Zustand zu halten und so jederzeit einsatzbereit. Der englische König Richard I. Löwenherz starb durch einen unerwarteten Bolzenschuss aus einer Armbrust und damit letztlich an den Geistern, die er gerufen hatte. Denn auch er hatte alle Bedenken abgelegt und seine Fußtruppen mit dieser Waffe ausgestattet.

Der Vorteil der Armbrust gegenüber dem Bogen lag bei der Treffsicherheit und der hohen Durchschlagskraft innerhalb kürzerer Distanzen. Außerdem erforderte die Armbrust weniger Übung als der Bogen. Nachteilig war jedoch, dass sie zwischen jedem Schuss mit Hilfe einer Vorrichtung gespannt werden musste. Die sehr langsame Schussfolge konnte in einer Schlacht gefährlich werden. Daher mussten sich die Schützen mit Hilfe aufwändiger Schilde, Sturmwände oder Pavesen, decken. Dies führte zu einer eingeschränkten Beweglichkeit der Schützen: Die Stellung konnte nicht allzu schnell gewechselt werden. Die Ausrüstung inklusive der Schilde wog leicht an die 40 kg.

Die kräftigere Armbrust des 13. Jahrhunderts konnte nicht mehr wie die früheren mit dem Arm gespannt werden, sondern nur mit Hilfe eines Steigbügels und eines Spannhakens am Gürtel. Der Schütze hängte die Sehne in den Spannhaken, trat in den Steigbügel am Kopf der Armbrust und zog die Sehne mit dem Druck seines Beines ins Schloss. Im Laufe des 14. Jahrhunderts wurde die Spannvorrichtung zunehmend verbessert, bis die Sehne mit Hil-

fe einer Winde am unteren Ende des Schaftes gespannt werden konnte.

Neben diesen Schusswaffen sind vor allem die Stangenwaffen des Fußvolkes den Rittern gefährlich geworden. Die frühen Exemplare, Spieße, Kriegssensen u.ä., erinnern oft an bäuerliche Geräte und wurden auf vergleichbare Weise relativ billig hergestellt. Mit dem verstärkten Einsatz von Fußtruppen entwickelten sich ab dem 13. Jahrhundert neue Formen. Aus dem einfachen Spieß mit einer blattförmigen Klinge entwickelten sich solche mit Nebenspitzen wie die Partisane. Bei anderen Varianten wählte man beilförmige Spitzen. An Stangen montierte man auch Morgensterne, Dreschflegel und mehrzinkige Gabeln. Mit beil- und sensenförmigen Klingen wollte man die Pferde zu Fall bringen, mit Nebenspitzen und Haken den Ritter herunterziehen.

Auch das Schwert erhielt Formen, die nichts mit der ritterlichen Ausrüstung zu tun hatten. Der Sax war als einschneidiges Kurzschwert schon in der Völkerwanderungszeit verbreitet und hielt sich hartnäckig unter nicht-ritterlichen Kriegern. Mit der Entstehung der Söldner- oder Landsknechtsheere kamen eigene Landsknechtsschwerter auf. Dazu zählen Kurzschwerter wie die Katzbalger und die riesigen Bidenhänder, die von speziellen Fußsoldaten benutzt wurden.

Die riesigen Bidenhänder waren spätmittelalterliche Waffen unberittener Kriegsknechte. Bayerisches Armeemuseum Ingolstadt.

Krieg und Fehde

Kampftechnik

Ein „ritterlicher" Kampf ist für uns immer ein Zweikampf, ein Duell – von den Helden mittelalterlicher Romane, Parzival oder Erec, bis hin zu den Flugzeugassen des ersten Weltkrieges, den „Rittern der Lüfte".

In unseren Vorstellungen kämpfen immer zwei starke Personen, zwei „Recken" um Ruhm und Ehre. Was wir als heldischen Kampf um Ruhm und Ehre bewunder(te)n, verachtete der Militärtheoretiker des letzten Jahrhunderts allerdings als Disziplinlosigkeit. Der ritterliche Einzelkämpfer sei in seinem Verlangen nach persönlicher Ehre, persönlichem Reichtum und persönlicher Tapferkeit nicht in der Lage gewesen, im Verband zu operieren, sich unterzuordnen und mit taktischen Manövern Schlachten zu gewinnen.

Dafür lassen sich Belege finden. Jahrhunderte lang mussten Heerführer ihre Reitertruppen eindringlich ermahnen, geschlossen anzugreifen – vom deutschen König Heinrich II. im Jahre 933 bis hin zum englischen König Eduard III. im Jahre 1327. Die Ritterorden der Templer wie der Deutsche Orden verboten streng eigenmächtige Angriffe und drohten mit massiven Strafen, bis zum Ausschluss aus dem Orden. 1268 weigerte sich Graf Heinrich von Pfannberg vor der Schlacht bei Dürnkrut offen, von dem nachmaligen König Rudolf von Habsburg in die taktische Reserve gestellt zu werden, weil dies nicht in Einklang zu bringen sei mit der „Rittersitte". Und als es Rudolf endlich gelang, Führer für seine Reserve zu gewinnen, gingen diese von Mann zu Mann, um sich für die Annahme des unehrenvollen Einsatzes zu rechtfertigen. In der Schlacht, so scheint es, wollte jeder Ritter von Anfang an dabei sein, Mann gegen Mann, Auge in Auge

Bis ins 11. Jahrhundert kämpften die berittenen Krieger mit dem Speer. Die „typisch" ritterliche Kampftechnik – der massierte Angriff mit eingelegter Lanze – erforderte wegen ihrer höheren Durchschlagskraft wesentlich stärkere Rüstungen. – Abbildung auf dem Wandteppich von Bayeux, Ende 11. Jahrhundert. Musée de la Tapisserie, Bayeux.

Einem Einzelkämpfer ließ sich problemlos ausweichen. Die neue Kampftechnik konnte also nur dann funktionieren, wenn auf den Gegner nicht ein einzelner Ritter, sondern eine förmliche Wand aus Stahl zurollte – und dies setzt unabdingbar voraus, dass die Ritter geschlossen in einem dichten Pulk, im Verband angriffen.

Die Kampftaktik des Ritterheeres lag also im geschlossenen Angriff, um die feindlichen Linien zu durchbrechen und aufzulösen. Je geringer der Abstand zwischen den einzelnen Kämpfern war, umso vernichtender musste ihr Stoss ausfallen – die mittelalterlichen Quellen berichten dann auch davon, dass zwischen ihnen nicht einmal ein Apfel hätte durchfallen können. Auch wenn wir dies nicht wörtlich nehmen (so eng lassen sich Pferde, zumindest Hengste, nicht zusammen reiten oder gar galoppieren), setzte eine solche Kampfweise doch ein intensives und langwieriges Training voraus, mit dem Streitross und mit den anderen Teilnehmern einer Kampfeinheit.

Das erste Ziel war, die gegnerische Linie zu durchbrechen und dabei möglichst viele Berittene aus dem Sattel zu heben. Beherrschte ein Kampfverband die Technik, sammelte er sich wieder, bewaffnete sich neu (Knappen hielten Ersatzlanzen bereit) und ritt erneut an. Spätestens wenn die Lanzen aufgebraucht waren, wurde zum Schwert gegriffen, womit die Schlacht in den Nahkampf Mann gegen Mann überging.

Diese sehr spezialisierte Kampftaktik der Ritterheere setzte allerdings voraus, dass beide Kontrahenten an dieser Art militärischer Auseinandersetzung interessiert waren. Solange die Ritter eine Art Gewaltmonopol besaßen, konnte sich diese Kampfform daher halten. Sie musste aber ihren militärischen Wert in dem Moment verlieren, da ein nicht-ritterlicher Gegner die „Spielregeln" ignorierte.

Ein Lanzenangriff eröffnete die Ritterschlacht. Miniatur aus einer Handschrift von Gottfrieds von Straßburg „Tristan und Isolt". Bayerische Staatsbibliothek, München.

Der ritterliche Lanzenkampf erforderte spezielle Sättel mit hohen „Hörnern", die dem Reiter den nötigen Halt beim Aufeinandertreffen boten. – So genannter „Lehnstuhlsattel", um 1500. Germanisches Nationalmuseum Nürnberg.

kämpfen; für taktische Finessen – und waren sie noch so klug oder schlachtentscheidend – hatte man kein Verständnis.

Die jüngere Forschung sieht dennoch die Möglichkeit, den Ritter als disziplinierten Kämpfer zu rehabilitieren. Sie setzt ihre Beweisführung bei der Kampftechnik an, die sich um 1100 gravierend änderte. In den ersten Jahrhunderten des Mittelalters kämpfte der bewaffnete Krieger nicht viel anders als schon in der Antike mit Speeren, die sich nicht nur werfen, sondern zugleich als Hieb- und Stichwaffen gebrauchen ließen. Als eine solche Multifunktionswaffe musste der Speer leicht sein; allein mit Muskelkraft geführt, war seine Durchschlagskraft gering – eine vergleichsweise leichte Panzerung genügte als Schutz. Gegen Ende des 11. Jahrhunderts kam dann die Lanze auf, die sich binnen ein, zwei Generationen in ganz West- und Mitteleuropa durchsetzte. Erst der Lanzenkämpfer nutzte das Potenzial, das im Steigbügel wie im Hörnersattel lag, denn sie gaben ihm den Halt, der es ihm ermöglichte, mit dem Pferd eins zu werden und dessen Geschwindigkeit und Masse umzusetzen für den Stoß mit der Lanze. Man kann sich das leicht vorstellen: Der Reiter klemmte sich die Lanze – sie musste jetzt natürlich länger und massiver sein als der Speer – unter die Achsel, stützte sich im Steigbügel und im Sattel ab, galoppierte auf den Gegner los und stieß ihn mit ungeheurer Wucht unweigerlich aus dem Sattel – wenn dieser dem Stoß nicht im letzten Moment ausgewichen war.

Damit sind wir beim Kern des Problems:

Der Krieg oder die „große Reiterei"

Gerade die Blütezeit des Rittertums gilt als besonders kriegerische Epoche der europäischen Geschichte. Das verwundert zunächst kaum, da die Führung der mittelalterlichen Gesellschaft in ganz Europa in der Hand einer Kriegerkaste lag, deren Lebensinhalt bis zum Ausgang des 13. Jahrhunderts fast ausschließlich der Krieg war.

Die Art der Kriegsführung im Mittelalter unterschied sich von der heutigen jedoch tiefgreifend: Während man in der Neuzeit die Entscheidung in der Schlacht suchte, galt diese im Mittelalter nur als ultima ratio, als letztes Mittel, wenn alle vorgeordneten Methoden versagten. Da eine Schlacht des Mittelalters in der Regel auch den Ausgang des Kriegs bestimmte, suchte man sie nur dann einzugehen, wenn die Chancen auf einen vollständigen Sieg die hohen wirtschaftlichen Kosten und das Risiko des eigenen Todes – gerade der Heerführer – rechtfertigten.

So wog man ab: Die Zahl der Truppen, ihre Kampfmoral, ihre Tapferkeit, ihren Ausbildungsstand, sodann Zahl und Qualität der Pferde, der Bogenschützen, der Hilfstruppen. Hatte man sich zur Entscheidungsschlacht entschlossen, musste das Gelände sorgfältig ausgewählt und die günstigste Tageszeit festgelegt werden, denn nur im offenen Gelände konnten die Panzerreiter ihren Angriff entfalten. Die hier sichtbar werdenden Vorteile auszunutzen und einen unvorbereiteten Gegner, der seine Reihen noch nicht geschlossen hatte, anzugreifen, galt natürlich als erstrebenswert. Dennoch hielt man es offensichtlich zuweilen für sinnvoll, Termin und Ort der Schlacht mit der Gegenseite zu vereinbaren, auch wenn damit das Überraschungsmoment verloren ging. Man gewinnt den Eindruck, dass die Schlacht manchmal als Fortsetzung des Turniers aufgefasst wurde, so wie das Turnier deren Vorbereitung war.

Der Ausgang der Schlacht konnte schon durch die Aufstellung vorentschieden werden. Sie musste daher mit großer Umsicht vorgenommen werden, zumal der Heerführer meist in der ersten Linie mitkämpfte und nach Eröffnung der Schlacht kaum noch Möglichkeiten zu größeren taktischen Bewegungen bestanden – wenn diese nicht von Anfang an vorgesehen waren.

Die Aufstellung wurde so gewählt, dass die schwer gepanzerten Ritter ihren Angriff entfalten konnten; die anderen Truppenteile, auch wenn sie von der Zahl her den Rittern weit überlegen waren, spielten nur eine untergeordnete Rolle: Ein Ritter des 13. Jahrhunderts wog 10 andere Kämpfer auf.

Als Gefechtsformation hat man in der Regel eine einfache Aufstellung in Linie gewählt, da sich komplexere Gefechtsformationen, wie etwa der Keil, mit Reitertruppen kaum umsetzen ließen. Die gepanzerten Ritter wurden dabei so eng wie möglich aufgestellt, um ihre Durchschlagskraft zu erhöhen.

Als sinnvoll erwies es sich, die Truppen in drei Flügeln zu platzieren, jeweils gestaffelt in drei Treffen (Schlachtreihen), jedes Treffen wiederum 2-3 Glieder (Mann) tief. Die mehrfach ge-

Schlachtszene. Aus einer Handschrift des „Willehalm" von Wolfram von Eschenbach, 13. Jahrhundert (Kampf des Markgrafen mit König Matusalan). Österreichische Nationalbibliothek, Wien.

staffelten Treffen sollten dem Gegner einen Durchstoß erschweren, eigene Truppen aus der ersten Linie beim Zurückweichen auffangen oder an der Flucht hindern.

Grundeinheit der Ritterheere waren die Bannereinheiten aus den Angehörigen eines Lehnsherrn (Bannerherrn), die im gemeinsamen Kampf geübt waren und daher immer zusammen blieben. Je nach Truppenstärke oder Bedarf fasste man mehrere Banner zu einem Flügel, bei größeren Truppenkontingenten zu einer Unterabteilung (conrois) zusammen.

Der Schlacht voraus ging die Ansprache des Heerführers, Feldgeschrei ertönte, einer der drei Flügel setzte sich in Bewegung. Der Angriff wurde wohl zunächst im Schritt, dann im Arbeitsgalopp vorgetragen, um die Angriffsformation möglichst geschlossen und kompakt zu halten. Selten entschied bereits das erste Auseinandertreffen der gepanzerten Reiterverbände den Ausgang einer Schlacht. Gut geübte Reiterverbände konnten sich sammeln und einen zweiten oder dritten Angriff auf die sich bereits in Auflösung befindlichen feindlichen Linien führen.

Waren die Lanzenangriffe geführt, ging die Schlacht in den Nahkampf mit Schwert, Streitkolben oder Streitaxt über, nach und nach wurden auch die weiteren Treffen in die Schlacht geführt. Hörnersignale dirigierten die Truppen; die Banner und die Heeresfahne dienten den Kämpfern im Gewirr zur Orientierung. Der Tod oder die Gefangennahme des Heerführers oder der Verlust der Fahne konnten eine Schlacht schnell entscheiden; sie wurden daher von den tapfersten Rittern verteidigt.

Neigte sich das Schlachtenglück dem Gegner zu, galt es, die Truppen geordnet zum Rückzug zu bewegen und unter allen Umständen eine Massenflucht zu vermeiden – die meisten Toten gab es oft auf der Flucht zu beklagen.

Das Schlachtfeld gehörte dem Sieger, d.h. die Rüstungen gefallener Ritter, ihre Pferde, Schwerter und Waffen. Verwundete der eigenen Seite wurden entsprechend den medizinischen Kenntnissen eher schlecht als recht versorgt, feindliche Verwundete wohl nur dann verschont, wenn ein Lösegeld zu erwarten war. Gefallene Feinde wurden verbrannt, eigene Tote in einem – zuvor geweihten – Massengrab beigesetzt.

Die Ritterschlacht blieb aber die Ausnahme; in der Regel setzte man auch im Krieg auf die Methoden der Fehde. Krieg und Fehde unterschieden sich in erster Linie in der Dimension, sodass im Mittelalter von „Großer Reiterei" (Krieg) und „Kleiner Reiterei" (Fehde) gesprochen wurde.

Der geballte Lanzenangriff zielte auf das Durchbrechen und Auflösen der feindlichen Linien und konnte bereits im ersten Aufeinandertreffen eine Schlacht entscheiden. – Miniatur aus Herrad von Landsberg, „Hortus deliciarum", um 1180. Bibliothèque nationale universitaire de Strasbourg.

den Fehden des Spätmittelalters beteiligten sich allerdings fast alle Stände. Bei den Fehden der Fürsten, Bischöfe und ganzer Städte ist kaum noch ein Unterschied zum Krieg, zur „Großen Reiterei", auszumachen.

Die aus der Wahrnehmung des Fehderechts resultierenden Kämpfe haben sehr früh die Regierenden dazu bewogen, gegen die private Rechtswahrung vorzugehen, ohne sie grundsätzlich abschaffen zu können oder verbieten zu wollen. Immerhin konnten im Laufe des frühen und hohen Mittelalters Regeln aufgestellt und durchgesetzt werden, ohne deren Einhaltung der Einzelne den Boden der „rechten Fehde" verließ. Von König, Fürsten, Städten und Adel gemeinsam errichtete Landfrieden überwachten die Einhaltung der Fehdegebote und gingen, teils mit eigenen Landfriedenstruppen, massiv gegen Rechtsbrecher vor: *„Die haben Befehl gehabt, wo sie verleumbde Leut wissen, für dieselbe Schloß sollen sie ziehen und nit davon kummen, bis dieselbe erobert worden"* (aus den „Achts-, Verbots- und Fehdebüchern Nürnbergs von 1285-1400").

Die Vorschriften für die Durchführung einer rechten Fehde sind schnell aufgezählt: Der Fehdegegner durfte im Lauf der Fehde nicht getötet werden und dem Gegner musste die Fehde rechtzeitig mitgeteilt, „angesagt", werden, damit er seine Vorkehrungen treffen konnte. Ein stichhaltiger Fehdegrund sollte vorliegen, war aber schnell gefunden oder konstruiert.

„Tu dich schure, es kommt ein Find". Die Ansage der Fehde sollte mindestens drei Tage (Fristen regional unterschiedlich) vor Aufnahme der Feindlichkeiten dem Gegner überstellt werden, mündlich durch Boten (mit gezogenem blanken oder gar blutigen Schwert), im späteren Mittelalter in einem förmlichen Fehdebrief, den man am Stadt- oder Burgtor anschlug oder – weniger spektakulär – über-

Burg Neideck bei Streitberg/Oberfranken. – Konrad von Schlüsselberg, das „Leitbild für die gesamte fränkische Ritterschaft" (Gustav Voit), starb im September 1347 bei der Verteidigung der Burg Neideck. Sein aufstrebendes Territorium war den werdenden Landesherrschaften der Fürstbischöfe von Bamberg und der Burggrafen von Nürnberg im Wege, die ihn daher mit Fehde überzogen.

Die Fehde oder „kleine Reiterei"

Wenn wir heute mit jemandem „in Fehde liegen", so meinen wir damit eine rein private Auseinandersetzung, in die sich der Staat und die Öffentlichkeit nicht einzumischen haben. Es ist dies ein letzter Rest eines ursprünglich umfassenden Rechts des Einzelnen, sich gegen erlittenes persönliches Unrecht zur Wehr zu setzen, wobei „Unrecht" zu germanischer Zeit sehr weit gefasst war – bis hin zu Raub, Vergewaltigung oder Tod. Die Gesellschaft erklärte sich nur dann für zuständig, wenn von dem Vergehen auch öffentliche Belange betroffen waren; für die Sühnung, die Rache privat erlittenen Unrechts waren der Einzelne und seine Sippe zuständig. Fehdeberechtigt war dabei jeder Freie, nicht aber hörige Bauern, Kleriker, Juden oder Frauen. An

bringen ließ. Die Ansage sollte es dem Fehdegegner erlauben, Vorsichtsmaßnahmen zu treffen, Helfer zu gewinnen (die dann wiederum Fehdebriefe an die Gegenseite ausstellten), nicht zuletzt die bäuerlichen Untertanen als Hauptbetroffene zu warnen und gelegentlich auch zu bewaffnen.

Ziel der Fehde war nicht die völlige Vernichtung des Gegners, sondern der Entzug oder zumindest die Schwächung seiner wirtschaftlichen Basis, um ihn so zum Einlenken zu bewegen, wobei man nicht zwischen herrschaftlichen Gütern und denen der bäuerlichen Untertanen unterschied. Dem Fehdeziel diente die Brandschatzung der Dörfer, auch der Kirchen, die Zerstörung der Ernten, das Abholzen der Obstbäume und Rebstöcke, das Wegführen des Viehs, die Gefangennahme gegnerischer Untertanen, gegen Städte die Beschlagnahme von Kaufmannsware. War der Streitgegenstand gewichtig genug, belagerte man die wichtigsten Plätze und Burgen des Fehdegegners, was aber stets mit hohen Kosten verbunden war und daher eher gescheut wurde. Burgen durften im übrigen zerstört, aber nicht auf Dauer besetzt oder ihre Steine abtransportiert werden. Ebenso durften Güter als Pfand für Verhandlungen sichergestellt, nicht aber angeeignet, gegnerische Untertanen gefangengesetzt, nicht aber getötet werden. Dennoch ist der Verlust von Menschenleben, namentlich von Bauern, billigend in Kauf genommen, wenn auch nicht gesucht worden, schon weil hierfür mit der Zahlung von Sühneleistungen gerechnet werden musste. War der Gegner besiegt, musste er Urfehde leisten und auf jede Rache verzichten, ebenso wie seine gefangen gesetzten Mitstreiter, die nur gegen Urfehde auf freien Fuß kamen. In diesem günstigen Fall konnte der Sieger seine Bedingungen diktieren. In aller Regel hat man sich aber früher oder später auf einen oder mehrere Vermittler geeinigt,

die die Sühne- und Ausgleichsleistungen festlegten.

Schaut man sich die vielfältigen und zuweilen fadenscheinigen Fehdebegründungen an, wird schnell deutlich, dass dahinter oft handfeste und sehr materielle Interessen der Fehdeherren standen. Umgekehrt dienten die gegen den Missbrauch des Fehdewesens errichteten Landfrieden den Landesherren auch zur Durchsetzung ihres Rechtsmonopols und damit einer möglichst geschlossenen Landesherrschaft. Es gehört sicher zur Ironie der Geschichte, dass ausgerechnet der „letzte Ritter", Kaiser Maximilian I., mit der Verkündigung eines unbeschränkten und für das ganze Land geltenden „Ewigen Landfriedens" dem ritterlichen Fehdewesen auf Dauer den Boden entzog.

„Wißt, herr Cunrat herre zu Weinsperg, daz wir, dy hernach-geschreben sten,
euer und alle der euern feint seint wolln, umb daz grosse unrecht, das ir und
dy euern gethan habent an unserem gnedigen herren graffen Eberhart von
Wertheim, thumherr zu Wurzburg, und an den sein in den dorffe von
Hopffherstatt und Sinn mit brande und mane und andern dinge ..."
(Fehdebrief aus der Mitte des 15. Jahrhunderts).

Ursprung und Entwicklung des Turniers

Beim Stichwort „Turnier" drängt sich – Hollywood sei Dank – bei den meisten modernen Menschen vermutlich die Vorstellung von zwei mit martialischem Helmschmuck herausgeputzten, in stählernen Harnischen verpackten Kämpfern auf. Sie rasen auf einer durch eine hölzerne Balustrade getrennten Reitbahn mit ausgestreckter Lanze aufeinander zu. Der Galopp endet mit einem furchterregenden Donnergetöse und einem im Staub liegenden Protagonisten, bewegungsunfähig wie ein auf dem Rücken liegender Käfer, fast erdrückt vom Gewicht seiner Rüstung. Dieses Klischee verdeckt völlig, dass sich Formen und Funktion des ritterlichen Turniers im Laufe der Jahrhunderte erheblich wandelten. Die gängigen Bilder entsprechen weder dem Turnier des Hochmittelalters noch werden sie überhaupt der Bezeichnung Turnier gerecht, die sich vom lateinischen *tornare*, d.i. „drehen" oder „wenden" als Reitmanöver, ableiten soll.

Im französischen Sprachraum werden noch im frühen 12. Jahrhundert Kämpfe berittener Krieger als *tornoi* bezeichnet. Auch der erste deutsche Bericht von einem angeblichen Turnier 1127 bei Würzburg gilt heute als Falschinterpretation einer kriegerischen Auseinandersetzung. Offenbar erst allmählich wurde dieser Begriff ausschließlich auf ein der Übung dienendes Kampfspiel übertragen. Von Turnieren als ritterlichen Exerzitien berichtet erstmals Wilhelm von Saint-Thierry 1149 in seinem Bericht über das Leben des Bernhard von Clairvaux. Chrétien de Troyes verwendet um 1170 die Bezeichnung *tornoi* im Sinne des sportlichen Turniers in seinem Erec-Roman. Nach ihm benutzen auch alle anderen Autoren des späten 12. Jahrhunderts die Begriffe *turnei* und *turneiement* nicht mehr im kriegerischen Sinne. Dass die französischen Ritter die Geburtshelfer des Turniers waren, legen auch englische Handschriften des Hochmittelalters nahe, die das sportliche Turnier auch *conflictus Gallici* nennen.

In England konnte das Turnier erst sehr spät Fuß fassen, da es hier eine Zeit lang verboten war. Erst von König Richard I., demnach um 1190, wurde es auf der Insel eingeführt. Der englisch-französische „Profiturnierer" Guillaume le Maréchal hatte sich 1168 noch bitter über das Verbot beklagt, das ihn zu Fahrten nach Frankreich zwang.

Traktate aus allen Jahrhunderten haben Auskünfte über den angeblichen Ursprung des Turniers geliefert. Beliebt war es, einen Erfinder des Turniers anzugeben; Alexander der Große wurde hier ebenso bemüht wie der sagenhafte König Artus. Mehrere Quellen nennen den französischen Ritter Geoffroy de Preuilly aus dem späten 11. Jahrhundert. Deutsche Autoren ersetzen Geoffroy durch den deutschen König Heinrich I. Doch ein Autor sah dies schon im 13. Jahrhundert viel nüchterner: Adenet le Roi meint in einem 1285 verfassten Roman lapidar, das Turnier sei keinem Fürsten zuzuschreiben, sondern dem Ritterstand ganz allgemein zu eigen. Adenet stützt damit die moderne Annahme, alte französische Kampf- und Reiterspiele könnten sich zu Manöverübungen für Panzerreiter entwickelt haben. Doch erst mit der Hinwendung des hohen Adels zu den Idealen des Rittertums wurde das Turnier zu dem Fest, von dem die Romane der Stauferzeit berichten: Aus einer Übung für Krieger wurde im Laufe des 12. Jahrhunderts ein höfisches Großereignis, das sich durch die förmliche Einladung und einen ritualisierten Festverlauf vom alten Kampfspiel der Reiterkrieger unterschied.

Die Bewährungsprobe des Ritters fand nun nicht mehr allein auf dem Schlachtfeld statt, sondern auch auf dem Turnierplatz. Hier konnte er in einem viel glanzvolleren Rahmen

men waren, alle Teilnehmer dieser „verderb-
lichen Spiele". Die sächsischen Herren mussten beeiden, für immer auf deren Abhaltung
zu verzichten. Wie viel Beachtung diese Sank-
tion fand, wurde deutlich, als gerade einmal
ein Jahr später ausgerechnet Markgraf Diet-
rich von Meissen bei einem Turnier tödlich
verunglückte. Auch geistliche Würdenträger
waren dem Turnier zugeneigt: Der Abt des
Klosters Lesterps bei Limoges war um 1198
dafür bekannt, kein Turnier der Gegend aus-
zulassen.

Dass die kirchliche Kritik allmählich nachließ,
mag auch an Veränderungen der Turnierkultur
gelegen haben: Je mehr man sich der Blütezeit
der höfisch-ritterlichen Kultur näherte, desto
mehr verlor das Turnier seinen rohen Charakter und seine militärische Funktion. Aufzuhal-
ten war diese Entwicklung nicht: Der Abschied
vom klassischen Ritterheer begann sich bereits kurz nach 1300 abzuzeichnen und dies
beschleunigte auch den Wandel des Turniers.
Spätestens nach den Veränderungen in der
Kriegsführung im 14. Jahrhundert, eingeleitet
u.a. durch die Katastrophen der Schlachten
von Morgarten und Sempach, war das Turnier
als Trainingsveranstaltung für Berufskrieger
nicht mehr von großer Bedeutung. Es entwickelte sich zur bloßen, wenn auch noch immer martialischen Sport- und Repräsenta-
tionsschau. Mit dem Bedeutungsverlust des
Ritters auf dem Schlachtfeld stieg das Bedürfnis der Ritterschaft nach Selbstdarstellung
auf dem Turnierfeld. Vor diesem Hintergrund
ist auch das spätmittelalterliche Bemühen
um Exklusivität der Turnierkultur zu verstehen. Das Reglement wurde immer restriktiver:
Die Gründung von Turniergesellschaften und
verbindlichen Institutionen wie der Helm-
und Wappenschau sollten das letzte Terrain
sichern, das den Rittern geblieben war.

Der Herzog von Anhalt beim Kampf
im Turnei. Codex Manesse, Anfang
14. Jahrhundert. Universitätsbibliothek Heidelberg.

Perfektion in der Waffenführung, Mut, Edel-
mut zeigen und sich im Frauendienst auszeichnen. Nachdem der hohe Adel die Welt
des Ritters entdeckt und neu geformt hatte,
blieb auch die kirchliche Kritik an den Turnieren wirkungslos. Vergeblich sprachen mehrere
Konzilien, vor allem in den Jahren 1179, 1193
und 1197, Turnierverbote aus, bedrohten Tur-
nierteilnehmer mit der Exkommunikation und
der Verweigerung eines christlichen Begräb-
nisses. Der Magdeburger Bischof Wichmann
bannte 1175, als innerhalb eines Jahres 16 Ritter bei sächsischen Turnieren zu Tode gekom-

Albrecht Marschall von Rapperswil beim Stechen, dem Tjost mit der stumpfen Lanze. Codex Manesse, Anfang 14. Jahrhundert. Universitätsbibliothek Heidelberg.

Turnierkrönlein; Aufsatz für die Turnierlanze beim Stechen, dem Tjost mit der stumpfen Lanze. Gefunden auf der Burg Waldeck im Oberelsass. Historisches Museum Basel.

Turnier, Buhurt und Tjost

Die ritterliche Turnierkultur kannte nicht nur ein Kampfspiel: In den mittelalterlichen Quellen wird zwischen Turnei, Buhurt und Tjost unterschieden. Das Turnei war die Simulation des Verbandsgefechts der Panzerreiter und wurde in der Regel zwischen zwei Gruppen ausgetragen. Der Buhurt war dagegen ein Gruppenwettkampf, bei dem es auf reiterisches Geschick ankam. Zur Übung von Paarkämpfen diente der Tjost. Der Begriff Turnier wurde erst seit dem Ausgang des 15. Jahrhunderts allmählich als Oberbegriff üblich.

Beim Turnei, dem Turnier im engeren Sinne, simulierte man die Ritterschlacht. Das ging so vor sich: Zwei von Anführern kommandierte Parteien starteten auf ein Signal, meist das Durchschlagen eines Trennseils, fielen vom Trab in den Galopp, gingen in die Carriere (gestreckter Lauf) über, prallten aufeinander, wendeten *(tornare!)* und wiederholten das Ganze.

Siegreiche Ritter durften ihren aus dem Sattel geworfenen Turniergegner gefangen abführen oder ein Pfand fordern. Verbreitet war, dass sich der Besiegte durch Preisgabe seiner

Rüstung oder gegen ein Lösegeld befreien musste. Es hat Ritter gegeben, die auf Grund ihres häufigen Turniererfolgs „Berufssportler" wurden und von der Teilnahme an Turnieren recht einträglich leben konnten.

Am Turnier nahmen zunächst aber nicht nur Ritter teil. Im 12. Jahrhundert war es noch üblich, dass Hilfstruppen zu Fuß, bewaffnet mit Keulen und Kolben, den Rittern beistanden. Erst im Laufe des 13. Jahrhunderts wurde dieser Brauch allmählich abgeschafft, nachdem das Überhandnehmen des Kipperwesens beklagt worden war. Bei den Kippern handelte es sich um Knechte, die gezielt versuchten, Gegner ihres Herrn aus dem Sattel zu heben und möglichst viel Beutegut zu sichern. Turniere waren oft Massenveranstaltungen. Zum Turnier von Soissons im Jahre 1175 soll allein Graf Balduin vom Hennegau mit 200 Rittern und 1200 Knechten zu Fuß gekommen sein. Als Pfalzgraf Philipp 1481 ein Turnier in Heidelberg veranstaltete, fanden sich immerhin fünf Fürsten, 20 Grafen, vier Freiherren, 60 Ritter und 385 Edle (noch nicht zum Ritter geschlagene Edelknechte) ein. Auf Grund der hohen Teilnehmerzahl war ein Turnier nicht nur aus technischen Gründen gefährlich: Befanden sich Kämpfer darunter, die miteinander offene Rechnungen zu begleichen hatten, waren Katastrophen beinahe vorprogrammiert. Berühmt-berüchtigt wurde das Turnier von Châlons im Jahre 1274 zwischen Rittern des Grafen von Châlons und Engländern aus dem Gefolge König Edwards I. Es artete zu einem blutigen Gemetzel aus. Immerhin war man danach am Hof des Königs derart traumatisiert, dass die *armes courtoises,* stumpfe Waffen, eingeführt wurden. Es sollte künftig beim Kräftemessen bleiben. Bei einem 1278 abgehaltenen Turnier in Windsor waren nur Schwerter aus Fischbein zugelassen.

Der Buhurt oder Gyrum war eher ein Reiterspiel, das auf uralte, wohl germanische Zeiten zurückgehen soll. Bei diesem Spiel sollte eine möglichst perfekte Reitkunst gezeigt werden. Beim Buhurt wurden daher keine Waffen, sondern in der Regel Stäbe eingesetzt. Wegen dieses friedlichen Charakters war die Abhaltung eines Buhurts sogar den Tempelrittern erlaubt, denen sonst das Turnieren strikt verboten war.

Ein derartiges Spektakel wurde wahrscheinlich am berühmten Hoftag von Mainz 1184 abgehalten. Diese Veranstaltung wurde von den Chronisten stets als besonders glanzvoll hervorgehoben: Der Buhurt war wohl ein Jahrhundertereignis. Nach den Angaben des Chronisten Giselbert von Mons sollen sich 20 000 Ritter an dem Fest beteiligt haben. Im Mittelpunkt des Geschehens stand die Schwertleite der Kaisersöhne, des Königs Heinrich VI. und des Herzogs Friedrich. Auch der Kaiser und seine Söhne nahmen am Reiterspiel teil.

Der Tjost war der Zweikampf mit der Lanze, den wir aus so vielen mittelalterlichen Darstellungen kennen. Die beiden miteinander kämpfenden Ritter versuchten sich gegenseitig vom Pferd zu stoßen oder zumindest die Lanze zu brechen. Je nach Reglement, bei-

spielsweise nach dem Verbrauch der Stoßwaffen, war das Schwert zugelassen.

In den Romanen des Hochmittelalters wird häufig vom Tjost berichtet. Eine der frühesten deutschen Nachrichten liefert uns Hartmann von Aue in seinem „Erec" aus den 1190er Jahren. Eine detaillierte Beschreibung des Tjostes finden wir in dem Bericht über ein Turnier, das Markgraf Heinrich von Meißen um 1263 in Nordhausen veranstaltet hat. Der reiche Fürst hatte auf dem Turnierplatz einen künstlichen Baum mit silbernen und goldenen Blättern aufgestellt. Die silbernen Blätter winkten denen als Preis, die eine gegnerische Lanze brachen, die goldenen denen, die ihren Gegner aus dem Sattel werfen konnten.

In deutschen Landen wurde der Tjost zunächst auch als Stechen bezeichnet. Später wurde das Stechen zum Tjost mit der stumpfen Lanze. Die Einführung einer solchen stumpfen Waffe, wohl im 13. Jahrhundert, „entschärfte" den Tjost erheblich, obwohl natürlich ein Restrisiko nicht auszuschließen war. Das beweist der Tod König Heinrichs II. von Frankreich 1559, dem beim Stechen ein Lanzensplitter durch das Helmvisier ins Gehirn drang.

Herr Dietmar der Setzer beim Tjost mit dem Schwert. Codex Manesse, Anfang 14. Jahrhundert. Universitätsbibliothek Heidelberg.

Der Markgraf besiegt den Grafen Anhalt beim Tjost. Miniatur aus einer Handschrift des „Willehalm" von Wolfram von Eschenbach. Österreichische Nationalbibliothek, Wien.

Das Turnier im Spätmittelalter

Die gesellschaftlichen Veränderungen des Spätmittelalters spiegelten sich in der Turnierkultur wider. Die militärische Bedeutung des Turniers rückte immer mehr in den Hintergrund und der sportlich-festliche Charakter trat hervor. So nennt der 1276 verstorbene Steiermärker Ulrich von Lichtenstein fünf Motive, die ihn sich für das Turnier begeistern ließen: Freude am Kampf und am Kräftemessen, Übung, Beute, Beifall von Seiten der Frauenwelt, Mehrung des persönlichen Ruhms. Im späten 14. Jahrhundert kam zu diesen Motiven noch eine politische Komponente hinzu: Das Turnier wurde zunehmend Instrument der restaurativen Adelskräfte. Die Regulierung der Teilnahme wurde bis zum Exzess geübt und diente der sozialen Abgrenzung. Der Begriff vom Turnieradel kam auf, vor allem als

Stechzeug mit Tartsche und Brechscheibe aus dem Inventar des Nürnberger Zeughauses vom Ende des 15. Jahrhunderts; die teuren Turnierrüstungen wurden von der Reichsstadt gekauft und Bürgersöhnen für die so genannten Gesellenstechen zur Verfügung gestellt. Germanisches Nationalmuseum Nürnberg.

Kaiser Karl IV. begann, Adelsbriefe an Unternehmer und andere für ihn nützliche Zeitgenossen auszustellen. Die alten edelfreien und ministerialen Geschlechter sahen in dieser Praxis einen unmittelbaren Angriff auf die althergebrachte Ordnung und erkannten in der Exklusivität der Turniere ein Mittel, um sich vom Neuadel abzugrenzen. Das Teilnahmerecht am Turnier sollte den wahren Adeligen vom Briefadeligen scheiden.

Von besonderer Bedeutung waren die vom Adel seit dem 14. Jahrhundert gegründeten Turniergesellschaften. Diese Adelsbünde besaßen eine zweifache Stoßrichtung: Einerseits sollten sie die Initiative der Fürsten ersetzen, die als spendable Ausrichter von festlichen Turnieren weitgehend ausgefallen waren; andererseits sollten sie den niederen und mittleren Adel unter dem Deckmantel geselliger Zusammenkünfte gegen die Ansprüche der Fürsten und Städte einen. Diese politische Bedeutung der Turniergesellschaften verstärkte sich vor allem in der ersten Hälfte des 15. Jahrhunderts, als sich die Spannungen zwischen den Territorialfürsten und dem Adel erheblich verschärften und es zu ernsten, zuweilen kriegerischen Auseinandersetzungen kam. Die Turniergesellschaften bekamen so immer mehr den Charakter von oppositionellen Tarnorganisationen.

Waffentechnisch wurde das Turnei zunehmend durch das Kolbenturnier ersetzt. Statt mit Lanze und Schwert wurde mit einem hölzernen Kolben oder Schlegel gekämpft. 1366 gründete sich in Schwaben eine Turniergesellschaft, die sich sogar nach dieser Waffe nannte: die Schlegler. Das Kolbenturnier kreierte einen eigenen Helm, den Spangenhelm, der als Oberwappen des Turnieradels heraldisch besondere Bedeutung gewann. Im 15. Jahrhundert war es üblich, mit dem Kolbenturnier zu beginnen. Nach zwei Stunden wurden den Kämpfern durch Knechte die Turnierschwer-

gegen Ende des 13. Jahrhunderts sogar gesetzlich geregelt.

Ansonsten gewann der Tjost, das Stechen, immer größere Bedeutung. Spätestens seit dem 15. Jahrhundert wurden zuweilen Turniere abgehalten, die nur aus Gruppenstechen bestanden. Das Stechen wurde zudem wesentlich entschärft, indem das Reglement vorschreiben konnte, dass der Turnierer nur noch die Tartsche, einen erst im Spätmittelalter aus Italien eingeführten Turnierschild, treffen sollte. Dieser Schild war mit einem Sprengmechanismus auf der Rüstung in Höhe der rechten Schulter befestigt, der beim Treffen ausgelöst wurde.

Als Spätform des Stechens wurde im 15. und 16. Jahrhundert das so genannte Welsche Stechen betrieben. Dieser Tjost unterschied sich vom herkömmlichen Stechen durch die Einrichtung einer hölzernen Balustrade, die die Wege der beiden Kontrahenten trennte. Überhaupt keinen mittelalterlichen Hintergrund besitzen Spiele, die heute verschiedentlich als Bestandteile von Ritterturnieren präsentiert werden: Ringstechen oder Kopfrennen, bei denen Mohren- oder Türkenköpfe aus Pappe gestochen werden, sind Erfindungen der frühen Neuzeit und kamen frühestens im Laufe des 16. Jahrhunderts auf.

Ritter beim „scharfen Gestech", dem Rennen mit der scharfen Lanze. – Miniatur aus der „Tristan"-Handschrift des Duc de Berry, etwa 1410. Österreichische Nationalbibliothek, Wien.

ter für das so genannte Nachturnier gebracht. Mit der von den Gesellschaften betriebenen Einführung von Turnierordnungen wurde das Reglement verschärft. Die Fränkische Turnierordnung von 1479 schrieb beispielsweise verbindlich vor, dass beim Turnier nur spezielle, stumpfe Turnierschwerter und Kolben zu verwenden seien. Diese Waffen dienten auch nur dazu, dem Gegner die Helmzier, das *cleinot*, abzuschlagen. Darüber hinaus durfte der Gegner nicht unterhalb des Sattels attackiert werden, auch dort, „*da er bloß ist undt nit mit der platten gedeckt*".

Schließlich wurde auch die Zahl der den Ritter begleitenden Knechte reglementiert: Die Fränkische Turnierordnung von 1479 schrieb vor, dass jeder Ritter nur einen Waffenmeister bei sich haben dürfe. Die Zahl der weiteren Knechte war vom sozialen Stand des Kämpfers abhängig: Fürsten durften sich von vier Knechten, Grafen und Edelherren von drei, Ritter von zwei und Edelknechte nur von einem Knecht begleiten lassen.

Das Beutemachen entfiel ebenfalls in der alten Form: War es einst üblich, dass der Besiegte Rüstung und Pferd verlor oder willkürlich Lösegeld zahlen musste, wurde nun in den Turnierordnungen genau festgelegt, wie hoch ein Lösegeld ausfallen durfte. Auch die Ablöse für Rüstung und Pferd wurde vor dem Turnier bestimmt. In England wurde der Turnierablauf

Rennen im Feldharnisch. – Miniatur aus der „Tristan" – Handschrift des Duc de Berry, etwa 1410. Österreichische Nationalbibliothek, Wien.

Von Krogierern, Helmschauen und Turnierplätzen

Turniere zählten zu den „Hochzeiten" des hoch- und spätmittelalterlichen Lebens, sie waren glanzvolle Ereignisse, die viele Menschen aus allen sozialen Ständen anzogen. Den Austragungsorten bescherten sie besondere organisatorische Anstrengungen, aber auch Arbeit und Brot für so manchen Handwerker und vor allem überfüllte Herbergen. Wichtige wie nicht zu überhörende Turniergäste waren die Turnierrufer, Krogierer genannt. Diese landfahrenden Leute waren bestens in-

Der Markgraf reitet aus dem Turnierzelt. Miniatur aus einer Handschrift des „Willehalm" von Wolfram von Eschenbach. Österreichische Nationalbibliothek, Wien.

formiert über den Leistungsstand der Turnierer. Sie waren bei jedem Turnier anwesend, begrüßten und rühmten die Ritter lauthals bei ihrem Erscheinen auf dem Turnierplatz. Hernach zeigten sich die Herren regelmäßig spendabel, was zum Lebensunterhalt der Krogierer beitrug. Neben diesen Krogierern, die eher den Ruf von fahrenden Spielleuten genossen, scheint es „seriösere", angeblich ritterbürtige Krogierer gegeben zu haben, die Regeln ausriefen und auch darauf achteten, dass diese eingehalten wurden.

Den Vertretern beider Gruppen waren ent-

sprechende heraldische Kenntnisse zu eigen, mussten sie doch die Ritter anhand ihrer Wappen erkennen. Aus den Krogierern wurden im Spätmittelalter die Herolde oder Persevante. Auch ihr Auftreten entsprach dem Wandel des Turniers zu immer mehr Reglement. Die Herolde gaben nicht nur die Regeln bekannt und überwachten deren Einhaltung, sie waren nun vor allem für die Zulassungsprüfung der Teilnehmer entscheidend. Als Spezialisten berieten sie den Ausschuss der so genannten Helmschau, wo es auf die Begutachtung der Wappen ankam. Nicht umsonst lässt sich der Begriff Heraldik unmittelbar von ihnen ableiten.

Mit dem Aufkommen der Turniergesellschaften entstanden weitere Ämter, deren Inhaber sich um organisatorische Aufgaben zu kümmern hatten. An der Spitze standen die so genannten Turnierkönige, auch Turniervögte genannt. Die Statuten der Turniergesellschaft der Kraichgauer Ritterschaft, des 1414 gegründeten Eselbundes, halten beispielsweise fest, dass die Turnierkönige die übrigen Bevollmächtigten wie Herolde, Vorreiter und Gesandten zu berufen hatten. Sie mussten auch die Einladungen vorbereiten, für Unterkünfte sorgen und die Handwerker organisieren.

Besondere Aufgaben hatten die Grieswärtel (auch Kreiswärtel) zu erfüllen. Diese Leute waren angesehene Ritter, die auf die Einhaltung der Ordnung beim Turnier achten mussten. Die Grieswärtel waren mit langen Stangen ausgerüstet, mit denen sie bei Bedarf Kämpfer trennen konnten. Nach einem Turnierbericht Kaiser Maximilians waren die Grieswärtel auch beim Startsignal des Turniers beteiligt und sorgten für dessen Beendigung, d.h. für die Trennung der Kämpfer, wenn der zum Kampfrichter bestimmte Turnierkönig durch das Stabbrechen das Turnierende angekündigt hatte.

Die großen Turniere des Spätmittelalters wurden mit förmlichen Ausschreiben bekannt gemacht. Die Einladungen wurden von eigens zu Turnierboten ernannten Rittern versandt. Ganz gleich, ob es sich um einen Fürsten oder eine Turniergesellschaft als Veranstalter handelte, die Vorbereitungen für ein Turnier waren gewaltig. Es musste mit fürstlichen und städtischen Administrationen über Geleit, Schutz und Schirm für Teilnehmer und Besucher verhandelt werden. Mit dem Magistrat des Turnierorts musste der Ordnungsdienst organisiert, mussten Herbergskapazitäten und die Nutzung des Tanzhauses geklärt werden. Die Zahl der Gäste konnte erheblich sein: 1481 rechnete man in Heidelberg mit allein 820 adeligen Zuschauern. Daher musste man von vornherein die Zahl der Pferde reglementieren: Grafen sollten sechs, freie Herren vier, Ritter drei und Edelknechte zwei Pferde mitbringen dürfen. Am Tag nach der Ankunft der Teilnehmer fand dann das so genannte Auftragen statt: Von den Herolden wurden die Turnierkönige als Veranstaltungsleiter bekannt gemacht; sie beriefen einen Ältestenrat, der unter Beratung des Herolds die Helmschau vorzunehmen hatte. Außerdem wurden einige Damen zur künftigen Verleihung des Turnierdanks, des Preises, auserkoren und die Ordnungskräfte ausgewählt. Am darauffolgenden Tag fand die Helmschau statt, denn nun musste gewährleistet werden, dass sich keine unberechtigten Kämpfer anmeldeten. An einem geeigneten Ort mussten die Turnierhelme mit der Helmzier, Wappen und die Schwerter der Teilnehmer ausgestellt werden. Die erwählten Helmschauer hatten nun die Zulässigkeit der Turnierwaffen und die Berechtigung der Teilnehmer zu prüfen. Grundsätzlich teilnahmeberechtigt waren zunächst nur Ritterbürtige, die mindestens vier turnieradelige Ahnherrn nachweisen konnten.

Ein Nachklang aus der Zeit der hohen Minne

hat sich noch im 15. Jahrhundert bewahrt. Am Ende eines jeden Turniers fanden ein Festbankett und der Turniertanz statt. Bei dieser Gelegenheit wurde den Siegern der Turnierdank überreicht. Die Preise fielen in Form von mitunter sehr wertvollen Kleinodien aus und wurden von den gewählten Damen der Landschaft überreicht. Dann eröffnete der ranghöchste Fürst den Tanz als feierlichen und würdigen Abschluss der Veranstaltung.

Das Turnier zu Saint-Inglevert bei Calais im Jahre 1389. – Miniatur aus den „Chroniques" von Jean Froissart, Ende 15. Jahrhundert. British Library, London.

Entstehung der Wappen

Das Wappen scheint untrennbar mit dem europäischen Rittertum verbunden. Diese Synthese ging es jedoch erst im ausgehenden Hochmittelalter ein. Das Wappen war zunächst ein Phänomen der Adelskultur. Das trifft auch für das ältere Siegel zu, das als vorzügliche Quelle der Wappengeschichte herangezogen werden kann. Schon Mitte des 11. Jahrhunderts kamen von Frankreich ausgehend Siegel auf, die Gewappnete zeigen. Mit ihnen demonstrierte der Herr seinen Machtanspruch, präsentierte sich als streitbarer Feldherr im Panzer und mit Waffen. Das Siegel, das mit Hilfe einer Matrix in Wachs oder Blei gedrückt wurde, verlieh einem Dokument zu einer Zeit, wo nur Geistliche und wenige Laien lesen und schreiben konnten und Unterschriften daher sinnlos waren, die nötige Gültigkeit.

Die Gewappneten auf den Reiter- und Standbildsiegeln zeigen im 11. und frühen 12. Jahrhundert noch keine Wappen. Oft ordnete der Graveur den Schild so an, dass eine Wappendarstellung auch gar nicht möglich war: Der häufig nach rechts reitende Krieger wandte zwangsläufig den Schild ab, sodass der Betrachter nur vage die Schildinnenseite erkennen konnte. Wurde das Schildhaupt einmal gezeigt, dann wurden teils glatte Schilde, teils solche, die mit Bändern verziert waren, sichtbar.

Weit mehr Aufmerksamkeit als der Schild erregte der an der Lanze befestigte Ganfanon. Hier waren den Wappen ähnliche Zeichen erkennbar: die Erkennungs- und Feldzeichen des siegelnden Herrn, hinter die sich die Gefolgsleute scharten und die demnach eindeutig militärische Funktionen erfüllten. Entscheidend für die Entwicklung der Wappen war nun, dass diese auf dem Ganfanon gezeigten Feldzeichen auf das Schildhaupt wanderten. Dies wird vorzüglich bei Reitersiegeln des französischen Hochadels sichtbar. Im Laufe der 1130er und 1140er Jahre zeigten die Siegelreiter zunehmend einen vor den Oberkörper gehaltenen Schild, der nun deutlich Zeichen zeigte, die zuvor auf dem Ganfanon zu erkennen waren. Von nun an wurde der Wappenschild zentrales Merkmal des Siegels. Auch im deutschsprachigen Raum traten die ersten Wappen auf Siegeln des Hochadels auf: Herzog Heinrich von Sachsen und Bayern präsentierte zwischen 1144 und 1146 den welfischen Löwen.

Grabplatte des 1124 verstorbenen Grafen Wiprecht von Groitsch. Der Hochadelige hält einen aufwendig geschmückten Normannenschild noch ohne Wappendarstellung. Germanisches Nationalmuseum Nürnberg.

Die dem Ministerialenstand zugehörigen Ritter fanden erst später Zugang zur Wappenkultur. Vermutlich waren auch hier die ranghohen Reichsministerialen auf den Spitzenplätzen der staufischen Gefolgschaft Vorreiter. Auf der Bildhandschrift des Petrus de Ebulo zum Beispiel, um 1196 zu Ehren des deutschen Kaisers Heinrichs VI. angefertigt, sind die meisten Ritter noch ohne Wappenschilde dargestellt. Nur wenige, offenbar hochgestellte Personen wie der Kaiser selbst tragen Wappen.

Ein weiteres Phänomen am Anfang der heraldischen Entwicklung waren häufig zu beobachtende Wappenwechsel, was ihre Verwandtschaft zum alten Feldzeichen noch erkennen lässt. Im Deutschen Reich gab mancher Edle sein Wappen zu Gunsten des Reichsadlers auf, um seine Zugehörigkeit zur staufischen Administration unter den Kaisern Friedrich Barbarossa und Heinrich VI. zu demonstrieren. Mit der Stärkung des Adels und der Schwächung des staufischen Hauses wurde der Adler dann aber auch schnell wieder abgesetzt. Ein schönes Beispiel hierfür liefern die Wittelsbacher, die nach der Verleihung der Pfalzgrafschaft den Reichsadler als Wappen annahmen und ihn ab 1214 wieder durch den älteren Zackenbalken ersetzten. Die bekannten Rauten wurden später aus dynastischen Gründen von den Grafen von Bogen übernommen. Eine andere Form von Flexibilität überliefert Hartmann von Aue in seinem „Erec" der 1190er Jahre: Sein Held nimmt gleich drei Schilde mit verschiedenen Farben zum Turnier. Der Wappenschild ist im übrigen auch bei Hartmann Erkennungszeichen, noch kein festes Wappen, das mit einem Geschlecht verbunden ist.

Nachdem sich das Wappen im deutschen Reich auch bei den ministerialen Rittern durchgesetzt hatte, spielte das Feldzeichen oder das Wappen des Dienstherrn vermutlich

nur noch für kurze Zeit eine Rolle. Nicht nur der geradezu massenhafte Bedarf an neuen Wappenfiguren, sondern auch die Symbolhaftigkeit der höfisch-ritterlichen Welt, durch nichts eindrucksvoller repräsentiert als durch das reiche literarische Schaffen der ritterlichen Romanciers, scheint die Heraldik im 13. Jahrhundert befruchtet zu haben. Komplexere, der überhöhten Symbolwelt entliehene Figuren fanden immer häufiger ihren Platz auf dem ritterlichen Schild: Waffen, Werkzeuge, Bauwerke, Menschen, Fabelwesen, Tiere, Pflanzenteile und Naturbilder. Auch wurden die so genannten redenden Wappen immer beliebter. Einige Geschlechter gaben zuweilen ihr altes Wappen zu Gunsten eines redenden auf, weil man die etymologischen Wurzeln des eigenen Namens nicht mehr verstand. Die Wappen sollten dann nicht nur Erkennungszeichen sein, sondern auch Assoziationen wecken. Als Beispiel seien die Grafen von Henneberg genannt, die ihr altes Wappen, den geschachten Schild, zu Gunsten einer Henne auf einem Dreiberg aufgaben.

Ausschnitt aus einem Nürnberger Wappenbuch des 15. Jahrhunderts. Die Wappen der Landgrafen von Leuchtenberg und der Grafen von Hals, die Variation der Farben bei gleicher Teilung und das gemeinsame Oberwappen weisen auf die gemeinsamen Wurzeln der bayerischen Adelsgeschlechter.

Wappensiegel des 1244 verstorbenen Minnesängers Otto von Botenlauben. Otto entstammt einer Linie der Grafen von Henneberg, sein Wappen zeigt daher in der unteren Hälfte den geschachten Schild des alten Henneberger Wappens.

Vom Feldzeichen zum Standessymbol: die Funktion der Wappen

Das Wappen hat von Anfang an wahrscheinlich nicht nur militärische Funktionen erfüllt, auch wenn die Verwandtschaft zum älteren Feldzeichen nachweisbar ist. Immerhin hatte das Wappen unmittelbar nach seinem Erscheinen am Schildhaupt auch auf den Siegeln des Adels Platz genommen. Deshalb fielen dem Wappen auch repräsentative, machtpolitische Aufgaben zu. Mit ihm wurden Herrschafts- und Rechtsansprüche markiert und dokumentiert. Mit dem Siegel wurde das Wappen Teil des Rechtswesens: Mit dem Wappen wurde nun beurkundet, bezeugt und geurteilt. Wappen hingen an Gerichtsschranken, über Burg- und Stadttoren und signalisierten Herrschaftsrechte.

Mit dem späten 12. Jahrhundert, als der Adel das Ritterideal längst für sich entdeckt und der ritterliche Dienstmann sich in hohen militärischen und administrativen Positionen bewährt hatte, wurde das Wappen zu einem Merkmal der höfisch-ritterlichen Welt. Dabei scheinen sich die Wappenkultur und die überhöhte Symbolwelt des Minnesangs gegenseitig befruchtet zu haben. Dies zeigt sich bei der Gestaltung der Wappen ebenso wie bei seiner Bedeutung für die Rüstung, die nicht nur schützen, sondern auch der Selbstdarstellung des Ritters dienen sollte. Aber das Wappen verlor mit dieser Entwicklung erstmals auch von seiner Exklusivität: Der Wappenschild war spätestens im 13. Jahrhundert nicht mehr nur Statussymbol des Adels, sondern auch der unfreien Ministerialen. Jetzt wies das Wappen seinen Träger als Mitglied einer korporativen Elite aus, die mit besonderen Waffen kämpfte, turnierte und sich zu gemeinsamen Idealen bekannte.

Die militärische Funktion gründete jedenfalls nicht auf der oft behaupteten Einführung des Topfhelmes, der die Sicht des Helmträgers einschränkte und daher eine Kennzeichnung der Kämpfer notwendig gemacht haben soll. Gegen diese Hypothese spricht, dass das Wappen lange vor der Aufgabe des offenen Nasalhelms erschien. Außerdem konnte der Wappenschild vielleicht im Turnier oder in kleineren Scharmützeln zur Erkennbarkeit der Kämpfer beitragen, aber bei einer Schlacht, an der häufig Ritter aus ganz Europa beteiligt waren, konnte man nur die bekanntesten Wappenfiguren im Kopf behalten. Die Identifizierung von gepanzerten Kriegern war andererseits ein Problem, das die Feldherren bereits vor der Einführung der Wappen beschäftigte. Schon Herzog Wilhelm der Eroberer musste 1066 in der Schlacht bei Hastings seinen Nasalhelm ablegen, als er in einer gefährlichen Situation von seinen eigenen Truppen nicht mehr erkannt wurde. Bei der Schlacht auf dem Marchfeld 1278, wo der deutsche König Rudolf mit seinen Rittern auf das Heer des böhmischen Königs Ottokar stieß, hatten sich die Mannen Rudolfs zur besseren Erkennbarkeit weiße Kreuze angeheftet, die Böhmen grüne. Die mittlerweile üblichen Wappenschilde waren demnach gar kein brauchbares Hilfsmittel zum Auseinanderhalten von Freund und Feind. Im übrigen konnte die schnelle Identifizierung bei allgemein bekannten Wappen sogar gefährlich werden. König Rudolf und Kaiser Ludwig der Bayer sollen bei Schlachten Wappenschilde vermieden haben, da sie gezielte Angriffe oder Attentate fürchteten. Von Ludwig wird berichtet, dass er einmal befahl, eine ganze Reihe von Rittern mit seinem Schild auszustatten.

Was in der Schlacht vermieden werden sollte, war dagegen beim Turnier erwünscht: Möglicherweise hat gerade das Interesse des Adels an den Ritterspielen seiner Panzerreiter zur Entwicklung des Wappenschildes geführt. Der Kampfbeitrag des einzelnen Turnierers konnte damit leichter verfolgt werden. Schließlich wurden die Wappen auch zu einer Art Markenzeichen der Erfolgreichen: Sie halfen dem Zuschauer und Bewunderer, den Turnierhelden schon bei der Ankunft vor den Schranken zu identifizieren. Bald verband sich ein Wappenbild mit perfekter Waffenführung und

Reitkunst und wurde Symbol für den Ruhm seines Trägers.

Diese Aufgabe des Wappens entstand natürlich erst, als sich der hohe und höhere Adel vollends der ritterlichen Gemeinschaft zugewandt hatte und das Rittertum Teil der höfischen Kultur geworden war. Nun kam es verstärkt auf die Zurschaustellung und Prunkentfaltung des Kämpfers an, die der alten Kriegerkaste in dieser Ausprägung ursprünglich fremd war. Dieser Trend zeigte sich verstärkt seit etwa 1200 an der Einführung der farbenprächtigen Waffenröcke, der Kuvertiure (Pferdezierdecke) und der Helmzier, die sich wiederum am Wappen orientierten.

Mit dem militärischen und gesellschaftlichen Bedeutungsverlust der Ritter im Spätmittelalter ging auch die Exklusivität der Wappen verloren. Bald nahmen selbst Bürger und freie Bauern Wappen an. Mit Wappenverleihungen an Wohlhabende besserte der Kaiser im 15. Jahrhundert die Reichskasse auf. Geradezu hilflos erscheint der Versuch der Ritterschaft, sich mit Hilfe von besonderen Oberwappen und anderen Beizeichen vom Neuadel und den Bürgern abzusetzen. So signalisierte später der Spangenhelm als Oberwappen die Zugehörigkeit zum turnierfähigen Adel, unter dem sich die wenigen noch blühenden Edelfreien- und die alten Ministerialengeschlechter formiert hatten.

Mit dieser Entwicklung behielten Wappen und Turnier ihre enge Beziehung und wurden gemeinsam zu einem wichtigen Instrument der Standespolitik und der Adelspropaganda. Gerade die trotzigen Abgrenzungsversuche des spätmittelalterlichen Turnieradels förderten die sich bald als Wissenschaft verstehende Heraldik. Die Herolde hatten alle Regeln der heraldischen Kunst anzuwenden, um einen möglicherweise nicht qualifizierten Bewerber rechtzeitig vom Turnier ausschließen zu können.

Ausschnitt aus der Züricher Wappenrolle von etwa 1340, der ältesten erhaltenen Wappenrolle des deutschsprachigen Raums. Schweizerisches Landesmuseum, Zürich.

Das Wappen und seine Bestandteile

Nachdem das Wappen zuerst auf dem Schild erschien, beginnt die Beschreibung eines Wappens mit dem Schildhaupt. Die darauf erkennbaren Schildfiguren werden in der Fachsprache Heroldsstücke genannt. Im 12. Jahrhundert machten Schildteilungen als einfache, prägnante Heroldstücke den Anfang, gefolgt von einigen wenigen Figuren, vor allem Löwen und Adlern. Zu den einfachen Teilungen zählen waagerechte Partien wie die so genannten Balken. Allgemein bekannt ist der silberne Balken im roten Wappenschild Österreichs. Teilungen konnten aber auch durch senkrechte Stücke wie Pfähle, Quadrierungen oder Sparren und Rauten usw. erfolgen.

Das Arsenal an Heroldsstücken war im 12. Jahrhundert noch relativ klein. Neben den Löwen und Adlern erschienen auch Pflanzen, Rosen und Lilien, aber nur in streng stilisierter Form. Zu den ersten heraldischen Tierfiguren zählten darüber hinaus der vom Löwen abgewandelte Leopard, Drachen, Eber und Fische. Als auch die Ministerialen begannen Wappen zu führen, nahm das Repertoire der Heroldsstücke enorm zu.

Die Wappenmaler kannten nur bestimmte Farben, wobei diese streng genommen in Farben und Metalle unterschieden wurden. Daher gebraucht die Heraldik bis heute kein Gelb und Weiß, sondern nur Gold und Silber sowie die Farben Rot, Blau, Schwarz, Grün und Purpur. In der Regel wurde keine Farbe auf Farbe und kein Metall auf Metall gelegt. Entscheidend war stets, dass ein Wappen kontrastreich war und sich daher deutlich erkennen ließ. Schließlich traten zu den Farben wenige bestimmte Muster, und zwar Pelzwerke, Hermelin und Feh (Rücken- und Bauchfell des grauen Eichhörnchens), und die so ge-

nannten Eisenhütchen hinzu. Manche Heraldiker vermuten, dass man im Hochmittelalter tatsächlich gelegentlich echtes Pelzwerk am Schild angebracht hatte, das dann aber mit

der Zeit durch stilisierte Darstellungen ersetzt wurde. Darüber hinaus wurden noch Mauerwerk und Damaszierungen, Musterungen mittels geometrischer und floraler Motive, gebraucht.

Mit der zunehmenden Zahl von Wappen wurde bald eine stärkere Differenzierung nötig. Daher setzte noch im 13. Jahrhundert der Gebrauch des so genannten Oberwappens ein. Es besteht aus dem Turnierhelm mit seiner Helmzier, dem Zimier, der auf den Wappenschild gesetzt wird. Zum Helm und dem Zimier kam schließlich noch die Helmdecke, die ursprünglich den Topfhelm vor zu starker Sonneneinstrahlung schützen sollte. Das Oberwappen sollte vor allem familiäre Differenzierungen oder den Erwerb neuer Besitztitel an-

Wappen des Ritters Wigleis von Wolfstein in einem Nürnberger Wappenbuch des 15. Jahrhunderts. Das Reichsministerialengeschlecht der Wolfsteiner nennt sich im 13. Jahrhundert noch nach Sulzbürg und nimmt den neuen Namen erst nach der Belehnung mit der Burg Wolfstein durch den Edelfreien Konrad von Lupburg an. Mit dem neuen Besitz ändert sich auch das Oberwappen: Als Zimier erscheint nun der Wolf mit dem Lamm im Maul.

zeigen. Es wurde noch im 13. Jahrhundert erb-
lich. Von Friedrich von Zollern wird überliefert,
dass er sich das Hohenzollernsche Oberwappen, den Hundekopf, nicht einfach zulegen
konnte, sondern es dem Ritter Leopold von
Regensberg abkaufen musste.

Als Wappenhelm trat zunächst der Topf- oder
Kübelhelm in Erscheinung. Erst als sich im
späten Mittelalter vermehrt bürgerliche Familien Wappen mit Oberwappen zulegten,
wurde die Helmform bedeutsam. Nun konnte
der Stand des Wappenträgers am Oberwappen erkannt werden. Bürgerliche Wappen
zeigten den Stechhelm, da sich auch die Patri-
ziersöhne am Tjost mit der stumpfen Lanze, in
der Stadt „Gesellenstechen" genannt, erfreu-
ten. Der alte Adel, der sich selbst Turnieradel
nannte, wählte den beim Kolbenturnier
üblichen Spangenhelm, um sich vom Bürger
abzugrenzen.

Die Heraldik entwickelte aus der Beschreibung von Wappen eine regelrechte Kunst: die
Blasonierung (Ableitung vom französischen
Blason, einem beschreibenden Gedicht). Sie
beginnt mit dem Schild, führt dann das Oberwappen mit Helm, Zimier und Decke an und
setzt die Rang- und Würdezeichen an. Diese
letzten Wappenteile erschienen am Ausgang
des Mittelalters und setzten sich vielfach erst
in der Neuzeit durch. Dazu zählen neben
Adelskronen auch Schildhalter, Orden, Wap-
penmäntel, Wort- und Bilddevisen.

Die Abb. links zeigt das Wappen des Ritters
Wigleis von Wolfstein aus der Mitte des 15.
Jahrhunderts. Als Stammwappen lassen sich
rote Leoparden auf einem goldenen Schild erkennen. Als Oberwappen ist der adlige Spangenhelm, als Zimier ein grauer Wolf mit einem
Lamm im Maul zu sehen. Die rotschwarze
Helmdecke, auf den Wappen des 14. Jahrhunderts noch als Textil erkennbar, hat sich im 15.
Jahrhundert bereits zu stilisierten Akanthus-
blättern aufgelöst. Das Epitaph (Abb. oben)

Epitaph für den 1286 verstorbenen
Ritter Ulrich von Sulzbürg in der
Jakobskirche in Nürnberg. Das
Epitaph zeigt den Wappenschild
der Sulzbürg-Wolfsteiner mit den
steigenden Leoparden, aber noch
nicht das „sprechende" Oberwappen, sondern ein altes Zimier
aus Raubvogelschwingen.

für einen 1286 verstorbenen Vorfahren, den
Reichsministerialen Ulrich, der sich noch nach
der Stammburg Sulzbürg nannte, überliefert
wiederum das Familienwappen mit den Leoparden im Schild. Das im 14. Jahrhundert an-
gefertigte Denkmal enthält aber als Oberwappen einen Kübelhelm mit Adlerschwingen
als Zimier und eine noch als textil erkennbare
Helmdecke. Der Wolf im jüngeren Zimier
weist auf die Burg Wolfstein, mit der das
Geschlecht kurz vor 1300 von den Edelfreien
von Lupburg belehnt worden war.

Im Dienst des Kreuzes

Am 18. November 1095 hatte Papst Urban II. ein Konzil in Clermont eröffnet, an dem fast ausschließlich französische Bischöfe teilnahmen. Auf der Tagesordnung ganz oben standen die allzu häufigen blutigen Fehden des französischen Adels, unter denen die Bevölkerung unsäglich litt. Der Adel hatte sich in einer unruhigen, kriegerischen Zeit bis zum 10. Jahrhundert neu formiert, wobei die größten Haudegen die höchsten sozialen Ränge erreicht hatten. Auch im 11. Jahrhundert dachten diese Fehde liebenden Herren nicht daran, von ihren Gewohnheiten abzulassen.

Zu diesem eher innerfranzösischen Problem kam eines, das die Kirche schon seit einem Vierteljahrhundert beschäftigte: das Eindringen muslimischer Seldschuken ins oströmische Reich. Seither waren Übergriffe auf christliche Jerusalempilger an der Tagesordnung. Der Papst nutzte das Konzil daher zur Umsetzung eines lange vorbereiteten Planes: der Ausrufung eines heiligen Krieges, der den streitlustigen Rittern ein neues, gottgefälligeres Aufgabengebiet, Frankreich den inneren Frieden und allen Christen die Befreiung der heiligen Stätten bescheren sollte.

Vor einer großen Menge ging der Papst mit den französischen Adligen hart ins Gericht. Er sprach offen von ihrem frevelhaften und gottlosen Tun und forderte sie auf, das Morden zu Hause zu beenden und stattdessen die heiligen Stätten der Christenheit zu schützen. Urban II. gebrauchte dabei auch den programmatischen Begriff vom „Ritter Christi".

Die Wirkung der Rede war außerordentlich: Schon unmittelbar darauf hefteten sich begeisterte Zuhörer das Kreuz an ihr Gewand. Im Frühjahr 1096 machten sich die ersten Kreuzfahrer auf den Weg. Innerhalb eines Jahres waren in drei Wellen weit mehr als 100.000 Männer und Frauen aufgebrochen.

Die erste Welle bestand aus undisziplinierten und schlecht ausgerüsteten Heerhaufen, die teils schon auf dem Balkan scheiterten, teils später von den Seldschuken vernichtet wurden. Während sich dieses Massensterben ereignete, sammelte sich ein zweites Heer, in dem sich normannische und französische Ritter befanden. Dieser Zug erreichte unter größten Strapazen Kleinasien, eroberte Antiochia und Edessa, wo die ersten Kreuzfahrerstaaten gegründet wurden. Im Juli 1099 kamen die überlebenden Männer vor den Mauern Jerusalems an. Bereits nach zwei Tagen Belagerung konnte die Stadt eingenommen werden. Das daraufhin erfolgte Massaker unter den Einwohnern war unbeschreiblich und blieb für immer unvergessen.

Ungeachtet der unzähligen Toten wurde dieser Kreuzzug im Abendland als Erfolg gefeiert und er hat das Rittertum nachhaltig geprägt: Zum Dienst für den Lehnsherrn war die Verpflichtung getreten, für Christus und das Christentum zu kämpfen. Kreuzzüge erlebten von nun an alle Rittergenerationen bis zur Wende in die Neuzeit.

Der bekannteste unter ihnen, der 3. Kreuzzug, folgte auf die Rückeroberungen des Sultans Saladin, der 1187 auch Jerusalem wiedergewonnen hatte. Die drei mächtigsten Monarchen Europas, Kaiser Friedrich I. Barbarossa, der französische König Philipp II. August und der englische König Richard I. Löwenherz, nahmen dabei das Kreuz. Die Unternehmung endete für das deutsche Heer, als der Kaiser am 10. Juni 1190 im Saleph ertrank. Der 7. Kreuzzug unter der Führung des französischen Königs Ludwig IX. im Jahre 1270 war der letzte ins Heilige Land. Mit dem Fall der letzten christlichen Bastion im Nahen Osten – der Einnahme Akkons durch die Muslime im Jahre 1291 – verlagerten sich die Kreuzzüge vor allem in den Osten Europas und auf die Iberische Halbinsel (Reconquista).

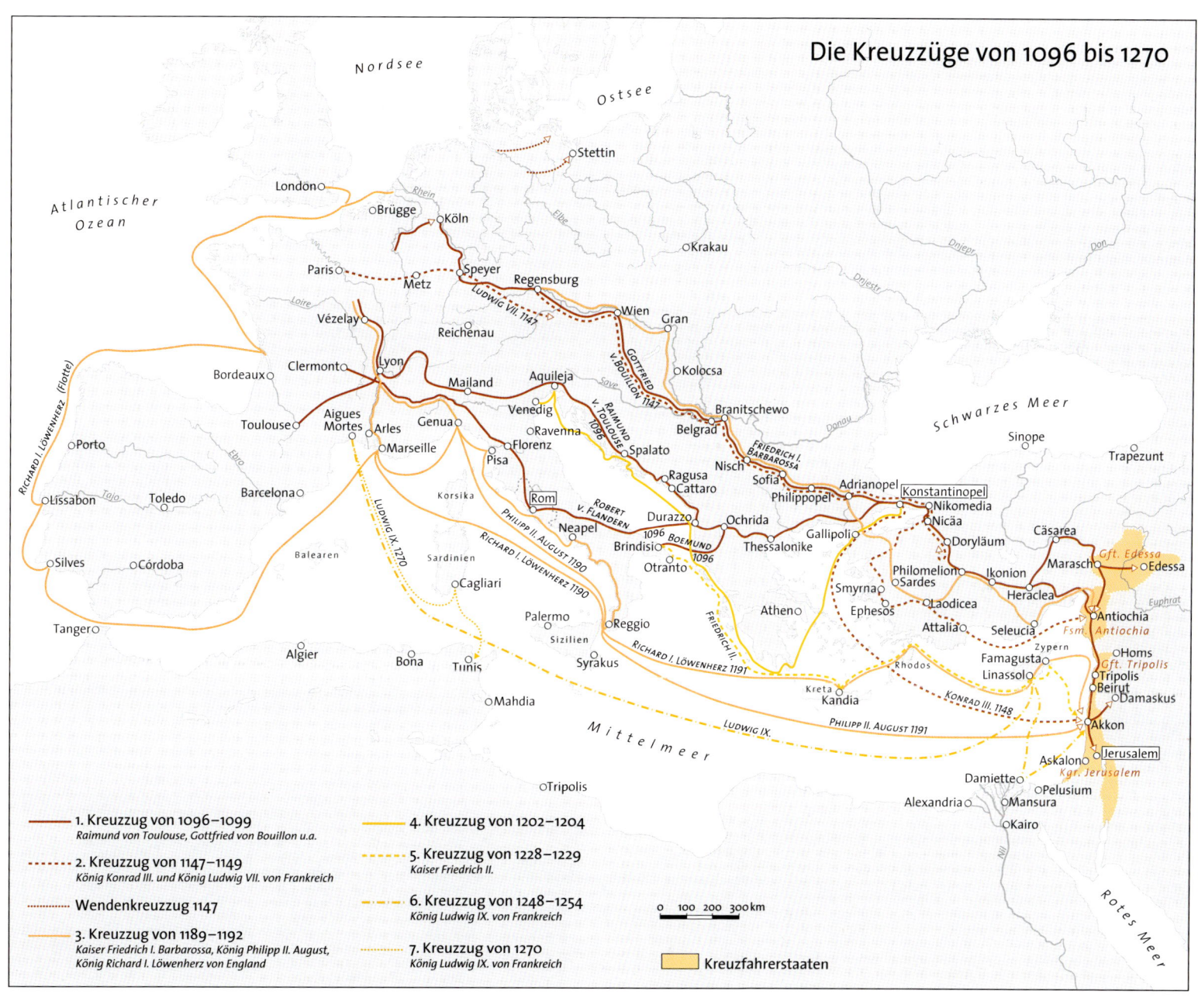

Die Kreuzzüge von 1096 bis 1270

1. Kreuzzug von 1096–1099
Raimund von Toulouse, Gottfried von Bouillon u.a.

2. Kreuzzug von 1147–1149
König Konrad III. und König Ludwig VII. von Frankreich

Wendenkreuzzug 1147

3. Kreuzzug von 1189–1192
Kaiser Friedrich I. Barbarossa, König Philipp II. August,
König Richard I. Löwenherz von England

4. Kreuzzug von 1202–1204

5. Kreuzzug von 1228–1229
Kaiser Friedrich II.

6. Kreuzzug von 1248–1254
König Ludwig IX. von Frankreich

7. Kreuzzug von 1270
König Ludwig IX. von Frankreich

Kreuzfahrerstaaten

0   100   200   300 km

Aufruf Papst Urbans II. zum ersten Kreuzzug in einer spätmittelalterlichen Darstellung. Holzschnitt um 1480 mit nachträglicher Kolorierung.

Die Ritter und der „gerechte Krieg"

Die moralische Rechtfertigung für seinen Aufruf zum Kreuzzug fand Urban II. im Werk des heiligen Augustinus über den gerechten Krieg *(bellum iustum)*. Dass dieser Krieg nicht nur gerecht, sondern auch heilig war, daran wurde nicht gezweifelt. Es lagen alle kanonischen Voraussetzungen vor: Durch den Mund des Papstes forderte unmittelbar Gott zur Befreiung der heiligen Stätten auf, das Unrecht lag eindeutig bei den Ungläubigen und schließlich forderte auch die Liebespflicht gegenüber den im Osten bedrohten Brüdern und Schwestern ein Eingreifen. Immerhin war ein Hilferuf des oströmischen Kaisers Alexios I. Komnenos an den Papst gesendet worden.

Der stets betonte Charakter einer Wall- und Bußfahrt, verbunden mit dem Versprechen des völligen Ablasses von den Sünden, machte den Kreuzzug zu einer Verpflichtung, der sich die Zeitgenossen nicht entziehen konnten. Die im Mittelalter zentrale Bedeutung des Jenseits führte so nicht nur zu immensen Stiftungen: Der Ritter besaß nun auch in seinem ureigensten Betätigungsfeld, dem Kampf, ein Mittel, um dereinst dem Fegefeuer zu entkommen und im himmlischen Jerusalem einen bevorzugten Platz einzunehmen. Der Kreuzzug stellte daher auch eine Linderung der inneren Spannung und Spaltung in Aussicht. Denn dass Ritter, die unter Gruppendruck und Kriegsstress eine oft erschreckende Grausamkeit an den Tag legten, aus Reue und Angst vor dem Fegefeuer auch zu Askese und Frömmigkeit fähig sein konnten, berichten nicht wenige Quellen. Oswald von Wolkenstein, immerhin Teilnehmer an Kreuzzügen in Osteuropa, thematisiert diese Reue in einigen seiner geistlichen Lieder.

Das Motiv der Bußfahrt erklärt die Kreuzzugsbegeisterung jedoch nur zum Teil. Wer sich das Kreuz ans Gewand heftete, konnte sich auch einiger nützlicher Nebeneffekte sicher sein: Mit dem Kreuzzugsgelübde erwarb der Kreuzfahrer gewaltiges Prestige. Wurde ihm schon bei der Abfahrt Sympathie und Bewunderung zuteil, wie würde er erst gefeiert werden, wenn er allen Strapazen des Krieges und der Reisen getrotzt hatte und in die Heimat zurückkehrte?

Darüber hinaus hatten die Kreuzzugsideo-

im frühen 13. Jahrhundert bereits ins Wanken geraten war und die Kultur des Orients Achtung genoss, lässt kein Geringerer als Wolfram von Eschenbach erahnen. Unverhohlen thematisiert der dichtende Ritter in seinem „Willehalm" die Widersprüche der Kreuzzugsbewegung und das Hinschlachten von Menschen, die doch auch „Geschöpfe Gottes" sind. Mit seiner zuweilen recht deutlichen Huldigung der Toleranz gegenüber den Heiden dürfte Wolfram zumindest mit der Zustimmung eines Teils seiner sozial höher positionierten Zuhörerschaft gerechnet haben. Im übrigen war ihm diese Einstellung nicht neu: Schon im früheren „Parzival" sinkt der Gralsritter seinem muslimischen Halbbruder Feirefiz in die Arme. In der Gestalt des Gralsritters ist der *miles christianus* der Kreuzzugspredigt zur Vollendung gekommen und doch weit über sie hinausgewachsen.

Christus führt das Heer der Kreuzritter an. – Miniatur aus einer englischen Handschrift, erstes Viertel 14. Jahrhundert. British Library, London.

logen die Lehnsherren in die Pflicht genommen und auch für recht profane Anreize gesorgt. Der Abschied von zu Hause sollte erleichtert werden, indem den Rittern Schutz für ihren Besitz, die Befreiung von gewissen Vasallenpflichten, Ermäßigung beim Schuldendienst und Steuerfreiheiten versprochen wurden.

Schließlich war den Kreuzfahrern bei all der religiösen Begeisterung auch die Abenteuerlust nicht vergangen. Die Berichte, die vom Reichtum und den Annehmlichkeiten des morgenländischen Lebens nach Europa gekommen waren, trafen auf die ritterliche Lust auf Beutefahrten. Dies zeigte sich schon recht deutlich beim ersten Kreuzzug, als einzelne Anführer auf eigene Faust ihre Eroberungszüge starteten. Geraubt und gemordet wurde dabei bedenkenlos auch unter den Orientalen christlichen Glaubens. Sogar Klöster wurden überfallen und ausgeplündert. Dagegen konnten sich muslimische Fürsten schon einmal mit Lösegeldzahlungen freikaufen.

Dass es bei den als Bußfahrten gedachten Kreuzzügen außerdem nicht gerade keusch zuging, berichten zeitgenössische Quellen. Kleriker beklagten sich über die zahlreichen Dirnen, die den Zug begleiteten.

Dass das Bild vom gerechten Krieg spätestens

Schlacht gegen die Mauren. – Miniatur aus einer französischen Handschrift des 14. Jahrhunderts. Bibliothèque nationale de France, Paris.

Europa im Zeichen der Kreuzzüge

Die Kreuzzüge veränderten die europäischen Gesellschaften nachhaltig. Das Rittertum erfuhr durch das gemeinsame Ziel eine neue ideale Ausprägung und fühlte sich über Grenzen hinweg genossenschaftlich verbunden. Zur Verpflichtung gegenüber dem Lehnsherrn war die universelle Verpflichtung gegenüber Gott und der Kirche getreten. Nur durch das von der Kirche formulierte und vor allem vom heiligen Bernhard nachdrücklich propagierte Ideal vom „Ritter Christi" wandelte sich auch das Selbstbild der Ritterschaft: Feierten die Heldenepen des frühen 12. Jahrhunderts noch das blutige Gemetzel, so werden einige Jahrzehnte später andere Töne angeschlagen. In den jüngeren Texten der Dichter wird nun eine Wende zum Geistigen und Asketischen deutlich.

Schließlich verursachten die Kreuzzüge gesellschaftliche Brüche, die vor allem den Adel betrafen. Gerade die Menschenopfer des zweiten und dritten Kreuzzugs rissen weite Lücken im Nachwuchs des westeuropäischen Adels und der deutschen Edelfreien. Die Machtkonzentration nahm zu. Gleichzeitig hatte der Adel größere Ausgaben für die Ausrüstung der Kreuzfahrer auf sich genommen, was vor allem die Städte nachhaltig förderte. Nicht selten mussten die Kreuzfahrer zur Finanzierung wichtige Rechte verkaufen.

Das religiöse Leben erhielt in allen Bevölkerungsschichten bis dahin unbekannte Dimensionen und wurde durch viele neue geistliche Institutionen bereichert. Deutlich wird dies vor allem in den Laienbewegungen des Hochmittelalters und der Entstehung der Ritterorden. Gewaltige Menschenströme waren nicht nur während der Kreuzzüge unterwegs, es stieg auch die Begeisterung für Pilgerfahrten allgemein an. Eine wahre Flut von Reliquien, die mit den Kreuzfahrern aus Palästina nach

Hause gebracht wurden, floss vor allem den Klöstern zu. Deren Ansehen nahm erheblich zu und wurde Grundlage für neue Stiftungen und Wallfahrten. Das bisher in dieser Form nicht bekannte Unterwegssein schuf das Bedürfnis, in der Fremde wenigstens notdürftig Schutz, Unterkunft und Hilfe zu finden. Daher entstand ein Netz von Herbergen und Spitälern, die von geistlichen Orden, auch von neuen Bruderschaften und Ritterorden, unterhalten wurden.

Diese Bewegung bereicherte zweifellos auch das kulturelle Schaffen der Laien. Der Minnesang wandte sich begeistert der Kreuzzugsdichtung zu. Die hochmittelalterlichen Roma-

Graf Friedrich von Leiningen als kämpfender Kreuzfahrer. Sein Gegner trägt einen Schild mit der Aufschrift „Heid". Codex Manesse, Anfang 14. Jahrhundert. Universitätsbibliothek Heidelberg.

ne berichten von sagenhaften fernen Ländern, wundersamen Tieren und Pflanzen: Phantasien, die aus den Berichten der Kreuzfahrer schöpften. Die bildende Kunst kreierte auffallend häufig Jerusalem- und Ölbergdarstellungen.

Der Beitrag des Orients auch zur technisch-naturwissenschaftlichen und ökonomischen Entwicklung Europas wurde vielfach diskutiert. Die jüngere Forschung hat die Thesen vom umfassenden Kulturtransfer durch die Kreuzzüge dabei stark relativiert und auf die Rolle des maurischen Spanien und den lange Zeit friedlichen Kontakt zwischen Orient und Okzident auf Sizilien hingewiesen. Demnach soll der friedliche Austausch beider Kulturen in diesen Regionen sehr viel intensiver gewirkt haben als die Kreuzzüge. Die Kreuzfahrerstaaten Palästinas zeichneten sich eher durch Isolation und kulturelle Abschließung aus.

Beispielhaft für die Bedeutung des spanischen und sizilianischen Kulturraums war das Wirken arabischer Gelehrter an den Höfen Palermos und Toledos. Auch das Know-how um die Herstellung von Baumwolle, wertvollen Stoffen wie Damast und Genussmitteln wie dem Zucker, ferner Mathematik, Architektur, medizinische und andere naturwissenschaftliche Methoden sollen sich in erster Linie innerhalb Europas nordwärts bewegt haben. Nur weni-

ge Ausnahmen wie die Produktion hochwertigen Glases kam aus dem Nahen Osten nach Europa, dies aber auch nur dank des skrupellosen wie vorausschauenden Unternehmergeistes Venedigs, das sich der Glasbläser von Tyros bemächtigte.

War der Beitrag der Kreuzzüge für die ökonomische Entwicklung des nördlichen Abendlandes also eher bescheiden, so war er für den späteren Reichtum und die Macht der italienischen Seestädte entscheidend. In Venedig und Genua wurden die meisten Kreuzfahrerschiffe gechartert und die Ausrüstungen ergänzt. Die italienischen Seestädte nutzten die Gunst der Stunde und bauten in dieser Zeit ihre Vorherrschaft auf dem Mittelmeer aus. Der große Verlierer war das oströmische Reich. Die andauernden Übergriffe der Kreuzfahrer und vor allem der von Venedig gesteuerte Beutezug von 1204 haben Byzanz nachhaltig geschwächt, sodass es seine Funktion als Bollwerk gegen die Türken auf Dauer nicht mehr erfüllen konnte.

Einschiffung der Kreuzfahrer. – Miniatur aus einer französischen Handschrift des 14. Jahrhunderts. Bibliothèque nationale de France, Paris.

Krak des Chevaliers in Syrien. Eine im 12. Jahrhundert dem Johanniter-Orden überlassene Kreuzfahrerburg, die bis 1202 mehrmals erweitert wurde. Die Burg hielt der Belagerung durch den Sultan Saladin im Jahre 1188 stand.

Ritterorden

Die Entstehung der Ritterorden wäre ohne den päpstlichen Aufruf zum Kreuzzug nicht denkbar gewesen. Die nach christlichen Wertmaßstäben eigentlich unvereinbare Synthese von Ritter und Mönch war direkt der kollektiven Begeisterung im frühen 12. Jahrhundert und der Vorstellung vom gerechten Krieg entsprungen. Die Aussicht, dauerhaft ein gottgefälliges Leben führen zu können und trotzdem das Schwert nicht ablegen zu müssen, erschien vielen Kreuzfahrern überaus attraktiv. Dass viele nachgeborene Söhne gerade aus französischen Geschlechtern kaum eine Chance besaßen, in der Heimat jemals zu einem einträglichen Lehen zu kommen, hat diese Entwicklung zusätzlich gefördert.

Aus den in Palästina gegründeten ritterlichen Bruderschaften entwickelten sich drei Orden von großer historischer Bedeutung: die Johanniter, die Templer und der Deutsche Orden. Die Johanniter gingen aus einer Bruderschaft hervor, die an einem Pilgerspital in Jerusalem wirkte und dem heiligen Johannes von Alexandria gewidmet war. Der Kaufmann Pantaleon Mauro aus Amalfi hatte das Spital vor 1080 gegründet, um erkrankten Pilgern Pflege und Obdach gewähren zu können. Beeindruckt vom Erfolg des Templerordens etablierte sich in diesem Spital um 1130 der militärische Zweig des Johanniterordens, der sich später nach seinem Sitz auf Malta auch Malteserorden nannte. Die Johanniter trugen schwarze Mäntel, die mit weißen Kreuzen versehen waren. 1136 begann das Königreich Jerusalem dem Johanniterorden in größerem Umfang militärische Aufgaben und Burgen zu übertragen.

Um 1120 war eine weitere, ebenfalls von französischen Rittern begründete Bruderschaft entstanden. Ihr Ursprung war sehr bescheiden: Auf einer Straße bei Jerusalem war es immer wieder zu Überfällen auf Pilger gekommen, bis sich der Ritter Hugo de Payens entschloss, die Passage mit einigen Gefährten zu schützen. König Balduin II. wies den Rittern zum Dank ein Quartier zu, das auf dem Terrain des salomonischen Tempels stand. Diese Unterkunft prägte ihren Namen: die Templer. Die kleine Gemeinschaft erfuhr bald regen Zulauf, und so entwickelte sich aus der Bruderschaft der für lange Zeit mächtigste Ritterorden der Geschichte. Die Kommunität um Hugo de Payens hatte sich eine Ordensregel gegeben, die sich an der Benediktinerregel orientierte. Hinzu kam die Einführung einer Ordenstracht (weißer Mantel mit rotem Kreuz) und eine ausgeprägt hierarchische Struktur. Das schnelle Wachstum der Bruderschaft ging mit zahllosen Schenkungen des Adels einher, sodass das Vermögen der Templer noch im 12. Jahrhundert erheblich stieg. Zu

Beginn des 13. Jahrhunderts wurden bereits an die 9 000 Niederlassungen gezählt.

Sein Reichtum wurde dem Templerorden zum Verhängnis. Die vielen Stiftungen und das geschickte Wirtschaften der Großmeister und Komture hatten dem Orden einen beachtlichen wirtschaftlichen und politischen Einfluss beschert. Der Orden behauptete auch geistlich seine Unabhängigkeit, da er der Aufsicht durch Bischöfe entzogen und direkt dem Papst unterstellt war. Als von keiner Autorität mehr zu kontrollierende Macht fand der Orden daher schon bald viele Neider und Feinde. Mit einem beispiellosen Intrigenspiel und einem fingierten Gerichtsverfahren erreichte der französische König Philipp IV. 1312 die Auflösung des Tempelordens. Die führenden Ordensritter fanden ein Ende auf dem Scheiterhaufen und das riesige Vermögen fiel der französischen Krone zu.

Mit deutlicher Verspätung war es 1190 auch zur Gründung eines deutschen Ordens gekommen. Pilger aus Bremen und Lübeck hatten kranke Kreuzfahrer vor Akkon gepflegt. Nach der Eroberung der Stadt wurde den Pilgern ein Anwesen zur Verfügung gestellt, wo sich rasch deutschsprachige Ritter einfanden, um nach dem Vorbild der Templer und Johanniter einen dritten Orden zu gründen. Sehr zum Leidwesen der Templer wählten die Deutschen ebenfalls die weiße Ordenstracht, hefteten sich jedoch ein schwarzes Kreuz an. Der Deutsche Orden konnte sich in Palästina nur schwer gegen die Interessen der Tempelherren und der Johanniter durchsetzen. Seine Stunde schlug erst, als die Preußen 1225 in Polen einfielen und Herzog Konrad von Masowien den Orden um Hilfe rief. Der Orden verlegte seine Kreuzzüge in den Osten Europas, wo er sich einen bis 1283 abgeschlossenen Ordensstaat erkämpfte. Der Sitz des Großmeisters wurde 1309 endgültig in die Marienburg, die größte Ordensburg Europas, verlegt.

Nach blutigen Kreuzzügen gegen die baltisch-preußische Bevölkerung wurde der Aufstieg des Ordens im Jahr 1410 mit der Niederlage bei Tannenberg gebremst.

Einige Jahrzehnte später kam es nach einem 13-jährigen Krieg gegen Polen zum Zusammenbruch des Ordensstaates. Das beim 2. Thorner Friedensvertrag 1466 verbliebene Ordensland wandelte sich unter dem Hochmeister Albrecht Markgraf von Brandenburg-Ansbach zu einem protestantischen Herzogtum. Die katholisch gebliebenen Ordensglieder zogen sich nach Mergentheim zurück, wo der Sitz bis zum Ende des Alten Reiches verblieb.

Gerüsteter Kreuzritter. – Darstellung im „Westminster Abbey Psalter", spätes 12. Jahrhundert. British Library, London.

Ritterburgen

Burg und Ritter

Nichts hat die zentraleuropäischen Kulturlandschaften imposanter geprägt als die grob auf etwa 15 000 Anlagen geschätzten mittelalterlichen Burgen. Bis heute werden nicht wenige Regionen mit Hilfe von so genannten Ritterburgen touristisch vermarktet. Die Romantik des 19. Jahrhunderts hat unauslöschlich die Vorstellung von der Burg als unabdingbarer Heimstätte eines Ritters geschaffen. Historiker setzten Herkunftsbezeichnungen im Namen mit Burg und Eigentum gleich. Damit hat sich ein weiteres Klischee ins Bewusstsein des modernen Menschen gebrannt: das Bild einer Welt adliger Ritter, die sich, immerwährend in Fehde befindend, hinter dicken Mauern auf steilem Fels verbargen. Die Entwicklung des Burgenbaus ging der des Rittertums jedoch voraus. Eine Burg zu bauen war eigentlich ein königliches Recht, auch Regal genannt. Vor allem der deutsche König konnte jedoch die Bauten des Adels weder verhindern noch kontrollieren. Daher war selbst im 11. und 12. Jahrhundert nur ein Teil der Burgen königlich oder kraft königlichen Amtes entstanden oder in der Hand von Bischöfen. Zahlreiche Anlagen wurden mehr oder weniger selbstherrlich vom Adel errichtet.

Die Verwaltung von Burgen benötigte Personal: Unfreie wirkten in den Mauern, und die soziale Mobilität unter ihnen war noch im 12. Jahrhundert mitunter groß. Der Vater des französischen Ritters und Dichters Bernard de Ventadour soll noch Heizer auf einer Burg gewesen sein. Im Deutschen Reich verließ sich der König auf seine Dienstleute, ernannte sie zu Burgvögten, Burggrafen und Burghütern. Die Befugnisse dieser unfreien Beamten, auch Ministeriale genannt, waren zum Teil weitreichend: Schon im ausgehenden 11. Jahrhundert konnte der deutsche König treue und fähige Ministeriale mit wichtigen Burgen und großer Machtfülle ausstatten.

Für ihre Dienste erhielten die Ministerialen Lehen, die ihr Auskommen sichern sollten: kleinere Burgen mit einem grundherrschaftlichen Bezirk oder wenigstens so genannte Burghutgüter innerhalb der Burgbezirke. Möglicherweise waren es gerade die Burghutdienste, die den ministerialen Burghütern nicht nur Residenzpflichten auferlegten, sondern auch den Zwang zur gemeinschaftlichen Verantwortung und zu gegenseitigem Einstehen. Die Amts- und Lebensgemeinschaften auf den Burgen dürften das korporative, elitäre Selbst-

Burg Fleckenstein im Elsass, Sitz eines der einflussreichen Reichsministerialengeschlechter der Stauferzeit.

verständnis der Ritter gefördert haben. Im Deutschen Reich waren es die ministerialen Kreise, die sich früh am in Frankreich aufkeimenden Ritterideal orientiert haben.

Gerade das staufische Haus sicherte und demonstrierte seine Macht mit dem Einsatz von Burgen und Dienstmannen. Wichtige Stauferburgen wie Kaiserslautern, Hagenau, Trifels, Rothenburg, Nürnberg und Eger waren schon um 1200 mit kleineren Ministerialenburgen umgeben. Auch die Straßen zwischen den staufischen Zentren wurden mit Burgen gesichert.

Die Bischöfe und der konkurrierende Hochadel standen den Staufern nicht nach. Die enorme Zunahme von Burgen seit der zweiten Hälfte des 12. Jahrhunderts kam der Dienstmannschaft zugute. Reichs-, bischöfliche und fürstliche Ministeriale wurden unverzichtbare Stützen ihrer Herrschaften und nahmen zuweilen einflussreiche Positionen ein; sie verdichteten das Netz um Mittelpunktsburgen und ließen die Tochterburgen von eigenen Dienstleuten verwalten und hüten.

Das 13. Jahrhundert brachte eine entscheidende Wende. Mit dem Zusammenbruch des staufischen Imperiums und dem Interregnum kam es zu vielen regionalen Machtkämpfen: Ministeriale erhielten neue Lehnsherren, wechselten mehrfach die Fronten. Nicht selten blieben die Ritter auf ihren Dienstburgen einfach sitzen. Vielfach konnten sie ihre Besitzrechte sichern, indem sie die Burg einem Mächtigeren zum Lehen auftrugen und sie ihm im Kriegsfall zur Verfügung stellten (Öffnungsrecht). Die Bemühungen König Rudolphs im ausgehenden 13. Jahrhundert, Reichsgut wieder zurückzugewinnen, waren nur in Ausnahmefällen erfolgreich.

Natürlich hatten sich die ministerialen Ritter die eigentliche Funktion der Adelsburg, Herrschaftsrechte in der Landschaft zu markieren, längst zu Eigen gemacht. Die erfolgreichsten

Geschlechter siegelten und nannten sich nach ehemaligen Reichsburgen, vermischten sich mit Edelfreienfamilien und gründeten zu ihrem Ruhm und Seelenheil Klöster.

Das Gros der Ministerialität erlebte jedoch eine bescheidenere Entwicklung. Als Niederadelige des Spätmittelalters saßen die Ritter auf Burgen, mit denen sie meist vom Landesfürsten belehnt worden waren. Bei Kapitalbedarf gaben Landesherren vielfach Burgen als Pfänder ab. Die verlehnte oder verpfändete Burg war häufig Mittelpunkt eines Grundherrschaftsbezirks, der den Rittern niedere Herrschaftsrechte und Grundrenten einbrachte. Ansonsten hatte der Niederadel Anteil an der Administration der Landesherrschaften: Als höhere Beamte, als Pfleger, Landrichter und Kastner lebten und amtierten die Ritter auf einer herzoglichen, gräflichen oder bischöflichen Amtsburg.

Blick in die Kaiserkammer der Burg Lauf bei Nürnberg von ca.1360: Raum mit bauzeitlichen Wappendarstellungen böhmischer Ritter aus dem Gefolge Kaiser Karls IV.

Der Bärnhof, ehemaliges Burghutlehen für Burghüter der Burg Vilseck bei Amberg.

Die Burg im Hochmittelalter

Im Hochmittelalter erlebte der zentraleuropäische Burgenbau erhebliche Wandlungen und bot ein vielseitiges Erscheinungsbild. Archaische Formen wurden dabei nicht sofort abgelöst: Gerade in deutschen Landen hatte das traditionelle Bauen mit Holz für manche Beharrung gesorgt. Noch lange boten die althergebrachten Fluchtburgen der Bevölkerung Schutz vor feindlichen Einfällen. Sie wiesen erstaunliche Ausdehnungen auf und bildeten daher einen auffälligen Kontrast zu den befestigten Sitzen des Adels. Hier dominierten kleine, annähernd kreisförmige Ringwallanlagen, die zum Teil neben größeren Wirtschaftshöfen standen.

Der Übergang vom Holz- und Erde- zum Massivbau geriet nur schleppend. Generationen erlebten beide Konstruktionen nebeneinander. So lassen sich bei süddeutschen Fluchtburgen des 9. und 10. Jahrhunderts gelegentlich schon Spuren von Mörtelmauerwerk ausmachen, während die Entstehung von reinen Wallburgen mit Holz-Erde-Befestigungen noch im 11. Jahrhundert archäologisch nachgewiesen werden kann.

Gemischte Konstruktionen finden sich auch bei der Turmhügelburg, die sich als Adelsburg spätestens ab dem 11. Jahrhundert über ganz Zentraleuropa verbreitete und sich augenfällig von den Wallanlagen unterschied. Sie weist zwar ebenfalls die ringförmige Graben-Wall-Befestigung auf, zentraler Baukörper ist jedoch der Turm, der mehr ist als ein militärisch zweckmäßiges Gebäude: Er zeigte weithin sichtbar aller Welt, dass sein Erbauer hier Rechte und Macht in Händen hielt.

Von Frankreich ausgehend hat sich für diesen frühen Burgtyp die Bezeichnung Motte verbreitet. Charakteristisch ist der künstlich aufgeschüttete Hügel, auf dessen Plateau der Turm ruhte. Aus statischen Gründen wurde der Turmfuß „eingemottet", d.h. bis zu einer bestimmten Höhe mit Erde angehäuft und so in den Hügel integriert. Zwischen dem Turm und der Befestigung aus Plankzaun und Graben fanden nur kleinste Wirtschaftsbauten Platz. Die größeren Gebäude wie Scheunen und Ställe befanden sich in den Vorburgen.

Erst allmählich wich die Turmhügelburg der Turmburg, die auf Fels oder einer geeigneten Gründung ruhte. Dabei fällt auf, dass auch die Turmburg innerhalb einer ringförmigen Umwallung entstand und kaum mehr Platz beanspruchte als die Motte. Während bei der Turmhügelburg meist noch hölzerne Konstruktionen verwendet wurden, entstand die Turmburg der Salierzeit immer häufiger massiv.

Von diesen frühen Adelsburgen sind in Deutschland fast nur Geländespuren erhalten geblieben. Als eine eindrucksvolle Ausnahme ragt noch heute die Ruine einer kleinen Turmburg im oberpfälzischen Ebermannsdorf hoch auf. Für eine Entstehung der Turmburg noch vor der zweiten Hälfte des 12. Jahrhunderts

Darstellung einer Turmhügelburg auf dem Teppich von Bayeux, Ende 11. Jahrhundert. Musée de la Tapisserie, Bayeux.

schon früh große massive Turmburgen, in Frankreich *donjon* genannt, vor allem an Sitzen von Hochadeligen und Bischöfen. Die Freilegung der runden Turmburg des Hamburger Bischofs aus dem 11. Jahrhundert wies eine Mauerstärke von 4 Metern und einen Außendurchmesser von annähernd 19 Metern nach. Der Burgenbau des Reiches, der unter Kaiser Heinrich IV. großen Auftrieb erhielt, hob sich vor allem hinsichtlich der Größe von den übrigen Burgen ab. Während die kaiserlichen Zwingburgen im Harz aber weiterhin von eindrucksvollen Türmen dominiert wurden, setzte der Bau von königlichen Pfalzen neue Akzente beim Saalbau, dem Palas.

Noch im 12. Jahrhundert begann eine große Burgenbauwelle. Sie wurde maßgeblich von den Staufern geprägt, die enorme Mittel zur Sicherung des Haus- und Kronguts einsetzen. Sie hielt an, als sich der König zu Beginn des staufischen Niedergangs die Loyalität verdienter Reichsministerialer mit mancherlei Zugeständnissen erkaufte. Diese Emporkömmlinge nahmen nicht nur Reichsburgen in Besitz, sondern beteiligten sich zusätzlich aktiv am Burgenbau. Aber auch der Adel und die Bischöfe steigerten ihre Anstrengungen.

Die Burgen des ausgehenden 12. und frühen 13. Jahrhunderts wurden im Trend konstruktiv aufwendiger, die Verwendung von großen, exakt behauenen Quadern weist auf antike Vorbilder und den Einfluss italienischer Bauleute. Der Turm behielt als markantester Baukörper seine große Rolle bei, aber der Saalbau gewann an Bedeutung, trug er doch gestiegenen Bedürfnissen Rechnung. Die Ausformung vor allem der deutschen Burgen folgte jedoch nur ansatzweise Standardisierungen, wie sie in England, Frankreich und Italien wirksam waren. Nur in Grenzen ließ man sich vom orientalischen, normannisch-italienischen Burgenbau, der klare, kastellartige Strukturen bevorzugte, beeinflussen.

Burg Ebermannsdorf bei Amberg, vermutlich eine der besterhaltenen salischen Turmburgen des deutschsprachigen Raums mit Resten einer hochmittelalterlichen Kaminanlage. Gründung eines im frühen 12. Jahrhundert bedeutenden bayerischen Edelfreiengeschlechts.

Burg Landeck in der Pfalz. Als Reichslehen erst an die Grafen von Eberstein, dann an die Grafen von Leiningen verliehen. Burg der Stauferzeit mit idealtypisch klarer Grundrissstruktur und aufwendigem Großquadermauerwerk, im Spätmittelalter mit einer Zwingeranlage verstärkt.

sprechen nicht nur konstruktive Merkmale wie das sorgfältig versetzte Kleinquadermauerwerk, sondern auch urkundliche Nachrichten. Dass diese Burg nicht irgendeinem Ortsadel, sondern einem vor allem in den 1130er Jahren sehr einflussreichen bayerischen Edelfreiengeschlecht gehörte, zeigt, welch bescheidene Dimensionen der Bau von Adelsburgen damals annahm.

Unabhängig von der Entwicklung der Motten und Turmburgen der Edelfreien entstanden

Spätmittelalterlicher Burgenbau

Im Laufe des Spätmittelalters wandelte sich das Bild der Burg: Viele bau- und wehrtechnische Neuerungen kamen auf, formten die bestehenden Anlagen um, prägten den Bau neuer Festen. Mit dem Untergang der Staufer erlebte das von vielen regionalen Machtkämpfen geschüttelte Reich zunächst einmal nach der Mitte des 13. Jahrhunderts eine letzte Bauwelle. Während des Interregnums nutzten viele Herren die anarchischen Verhältnisse, um angestammte und angemaßte Rechte vor dem Zugriff ihrer Konkurrenten zu sichern.

Erst mit dem allmählichen Wiedererstarken des Reiches unter König Rudolf I. erlahmte der wilde Burgenbau, kam es zu vereinzelten Schleifungen widerrechtlicher Anlagen und manchmal zur Rückübertragung von entfremdeten Burgen an das Reich.

Die emporgekommenen Reichsministerialengeschlechter wurden zunehmend von den neuen starken Mächten, den hochadeligen Territorialherren und den Städten, gebremst. Im Fall unbotmäßiger Ritter wie des edelfreien Konrad von Schlüsselberg fanden sich Fürsten sogar zu Koalitionen bereit und führten gemeinsam einen kurzen, erfolgreichen Krieg: Konrad starb 1347 bei einer Belagerung, und wieder fiel eine Reihe von Burgen in fürstliche Hände.

Im 14. und 15. Jahrhundert wurden viele Anlagen wieder aufgegeben oder zerstört: Die Zahl der öden Burgplätze nahm deutlich zu. Das Fehdeunwesen und das Raubrittertum trugen dazu bei. König Wenzel ließ um 1397 mehrere „Raubnester" zerstören und verbot ihren Wiederaufbau, Städte gingen mehrfach zur Selbsthilfe über. Die Fürsten ließen den Burgenbau des landständischen Adels nur noch in Ausnahmefällen zu, verhinderten ihn zuweilen gewaltsam. Nur die einflussreicheren und vermögenderen Ritter vor allem aus der Reichsritterschaft eiferten, zeitweise vom König gestützt, den Fürsten beim Burgenbau nach.

Diese rückläufige Entwicklung wurde in Deutschland kaum kompensiert: Kriegsängste im 15. Jahrhundert führten zwar zum Teil zu recht umfassenden Umbauten und Erweiterungen, die Zahl der Neubauten blieb jedoch bescheiden. Ein geradezu fieberhaftes Ausbauen bestehender Anlagen rief die Bedrohung durch die Hussiten in den 1420er Jahren hervor. Aber auch die Fürstenkriege sorgten dafür, dass die Befestigungswerke nach der neuesten Festungsbaulehre verstärkt wurden. Bei vielen Burgen hatte sich die Grundfläche zum Teil vervielfacht, nachdem sie mit aufwendigen Zwingeranlagen und Geschütztürmen verstärkt worden waren.

Es war jedoch nicht nur ein äußerer Wandel zu beobachten. Während des Spätmittelalters mussten die Baumeister auch zunehmend

Burgruine Leonrod bei Ansbach. Spätmittelalterliche Überformung der ehemals staufischen Reichsburg: Deutlich sichtbar ist die Baunaht zwischen dem hochmittelalterlichen Quadermauerwerk und dem jüngeren aus Bruchstein und Werksteinspolien.

Die Burg Hardenburg bei Bad Dürkheim, Burg der Grafen von Leiningen. Am Ende des Mittelalters und in der Frühneuzeit mit Zwingern, Rondells und Barbacane ausgebaut.

wohnlicher bauen. Dies führte zu dichteren Grundrissstrukturen. Vor allem hauswirtschaftliche Bereiche wurden aus den Wohnbauten nach außen in separate Baukörper verlegt, was die Burghöfe teilweise erheblich verkleinert hat. Die Burgen des niederen Adels erlebten diese Verdichtung häufig, weil der Burgenbesitz geteilt werden musste: Erbteilungen, Teilverpfändungen und -verkäufe als Folge der wirtschaftlichen Nöte der Ritterschaft im 14. Jahrhundert. Manchmal richteten sich gleich mehrere Anteilseigner in einer so genannten Ganerbenburg mit kleinen Kemenaten, oftmals getrennten Hofbereichen und Zugängen ein.

Die spätmittelalterlichen Anlagen erfuhren einerseits zum Teil erhebliche Erweiterungen und wehrtechnische Verbesserungen, andererseits nahm die durchschnittliche Qualität des Burgenbaus schon mit dem späten 13. Jahrhundert ab. Statt des sorgfältigen Werksteinmauerwerks zeichnen sich die jüngeren Bauten häufiger durch Bruchsteinmauerwerk aus. Aber auch die Quadermauern erreichen nicht mehr die Sorgfalt der Bearbeitung wie in der Stauferzeit. Im Laufe des 14. und 15. Jahrhunderts kam es sogar zu auffallend schlampigen Konstruktionen aus Bruch- und Feldsteinen, selbst die Eckquaderung wurde zuweilen aufgegeben. Eine immer verlässliche Datierungshilfe entspringt hieraus dennoch nicht: Auch im Spätmittelalter versuchte man gelegentlich Macht und Reichtum durch die Verwendung von Buckelquadern und sorgfältig gearbeitete Mauerfugen zu demonstrieren. Diesen Aufwand trieb Kaiser Karl IV. um 1360 beim Bau seiner Pfalz Lauf ebenso wie Pfalzgraf Friedrich I. um 1455, als er nach einem niedergeschlagenen Aufstand den Amberger Bürgern einen Bergfried in die Stadtburg setzte.

Bei der Ausstattung der Burgen wurde zunehmend Wert auf Komfort gelegt, was mög-

licherweise auch auf die Klimaverschlechterung seit dem ausgehenden 13. Jahrhundert zurückgeht. Die Raumstruktur verdichtete sich, der Saal verlor gegenüber der besser beheizbaren Stube an Bedeutung. Hier dominierten nun die hölzerne Täfelung und der Kachelofen. Der hochmittelalterliche Mehrzweckraum machte einer differenzierteren Stuben-Kammern-Folge Platz.

Ansicht der Burg Lauf bei Nürnberg. Von Kaiser Karl IV. um 1360 als Pfalzburg neu errichtet.

dierte, verfügte um 1360 über lediglich 36 Mann Besatzung. Auf der ihr untergeordneten, nur etwa 10 Kilometer westlich gelegenen Burg Lichtenegg standen dem Burgkommandanten nur 9 Mann und 2 Pferde zu. Demnach boten Burgen allenfalls die Voraussetzung, in Kriegszeiten kurzfristig Truppen an befestigten Plätzen stationieren zu können. Von dort aus konnten dann kurze Einsätze geritten werden, um dem Feind einige schmerzhafte Nadelstiche zuzufügen, wie das vom Städtekrieg 1388 und den Fürstenkriegen des 15. Jahrhunderts überliefert wird.

Natürlich ist damit von der spezifisch deutschen Situationen die Rede. Die Kreuzfahrerburgen Ostpreußens und des Orients dürften während der Kreuzzüge sehr wohl mit großen Besatzungen belegt gewesen sein. Auf dem berühmten Krak-des-Chevaliers in Syrien waren im frühen 13. Jahrhundert angeblich etwa 2000 Mann stationiert.

Bei diesen Betrachtungen bleiben jedoch die übrigen Funktionen der mittelalterlichen Burg sehr im Hintergrund. Burgen konnten – oft auch gleichzeitig – Hofhaltung, Wohnsitz, Pfalz, Sitz einer Domänenverwaltung, Gerichtssitz und Gefängnis, Grenzbeobachtungsposten und Mautstation sein. Als Hofhaltungen des Hochadels waren sie gesellschaftliche und politische Mittelpunkte. Hier wurden Gesandte empfangen, wurde verhandelt, die Dienstmannschaft versammelt, wurden Knappen und junge Damen ausgebildet und ans höfische Leben herangeführt. In diesen Burgen gingen viele Leute ein und aus, rühmten weithin ihre prächtige Erscheinung und die Freigiebigkeit des Burgherrn. Diesen Burgen war dann sicher etwas von dem Glanz zu eigen (zumindest in den Sommermonaten), der ihnen in den mittelalterlichen Romanen zugeschrieben wird. Zur gleichen Zeit aber konnte eine Burg in einer gottverlassenen Waldeinsamkeit einem Burgvogt oder Pfleger nur

Funktionen der Burg

Selbst als Ruinen noch eindrucksvolle Symbole von Macht: die Burgen Ober- und Niedermanderscheid in der Eifel.

Die von der Romantik beeinflusste ältere Forschung hat stets die militärische Funktion der Burgen in den Vordergrund gestellt: Die Burg als Bollwerk gegen Invasoren, als Zwingburg, deren Besatzung jederzeit bereit war, Herrschaftsrechte gnadenlos durchzusetzen. Dieses Klischee hat die vielen anderen Facetten der Burgenkultur verdeckt und den Wert der Burg als Geschichtsquelle geschmälert. Dabei soll die militärische Funktion der Burg nicht in Frage gestellt, wohl aber relativiert werden. Die ersten Zeugnisse berichten immerhin über relativ bescheidene Kampfstärken: Auf dem Schloss Tirol bei Meran, als Landesburg von weit überdurchschnittlicher Bedeutung, befanden sich nach 1290 118 Bewohner, davon aber nur 27 Mann, die zum Wach- und Kriegspersonal zählten. Die zentrale Burg Neuböhmens, die alte Grafenburg Sulzbach, wo der Viztum (Statthalter) des Kaisers resi-

ein dunkles, von Stallgeruch durchdrungenes Zuhause bieten. Der triste Alltag im Umgang mit störrischen Bauern und zweifelhaften Kriegsknechten wurde allenfalls unterbrochen, wenn die Herrschaft auf einer Reise Station machte oder sich für ein paar Tage zur Jagd einfand. Burgen waren aber auch Sitz land- und forstwirtschaftlicher Güter und manch ein Ritter beschäftigte sich in seinen Rechnungsbüchern mit Ernteerträgen und Marktpreisen für Ochsen oder kümmerte sich wie Oswald von Wolkenstein um Zugangsrechte zu den Almen.

Die Beziehung zwischen Burg und Wirtschaftsleben konnte eng sein: In Siedlungen um Burgen ließ sich immer eine überdurchschnittliche Zahl von Handwerkern und Tagelöhnern nieder. In den Burgen fand jeder Arbeit: Maurer, Zimmerleute, Schmiede, Sattler, Schreiner, Wagner, Hafner u. v. m. Wie jüngere Forschungen zeigen, waren Burgen für Jahrhunderte prägend: Auf dem Land unterschieden sich Orte mit Burgen in ihrer sozialen und wirtschaftlichen Struktur noch im 19. Jahrhundert von Nachbarsiedlungen. Gar nicht so selten führten erst besondere wirtschaftliche Aktivitäten zum Burgenbau. Der Bergbau etwa wurde nicht nur in den Alpen mit Burgen gesichert. Spätmittelalterliche Montanunternehmer erstellten feste Turmhäuser neben ihren Hammerwerken. Die konnten sich gelegentlich zu regelrechten Industrieburgen entwickeln wie das bemerkenswerte Altenweiher bei Sulzbach-Rosenberg, wo innerhalb einer Burg Hochofen und Hammerwerke platziert waren.

Allen Nutzungsformen gemeinsam blieb jedoch immer die Funktion als Herrschaftsbau. Zur Sicherung von Herrschaftsansprüchen gehörte eben nicht nur der Einsatz militärischer Gewalt, sondern auch der Aufbau einer dauerhaften Administration. Legendär war die Burgenbaupolitik Herzog Friedrichs II. von

Schwaben, dem die Chronisten nachsagten, er zöge am Schwanz seines Pferdes immer eine Burg nach sich. Der Herzog brauchte keinen Pfahl oder Markstein: Er markierte seine Gebietsansprüche mit Burgen. Daher kam es immer auf die Außenwirkung an: Die Burg hatte wie ein erhobener Finger in der Landschaft auf die Bedeutung des Bauherrn zu weisen.

Burgruine Wolkenstein in Südtirol: spätmittelalterliches Felsennest als Sitz einer Vogtei über sieben Bergbauernhöfe und wohl auch zur Kontrolle wichtiger Passstraßen. Einst Lehen der Grafen von Tirol an einen Zweig der Villanders, der sich bis heute nach Wolkenstein nennt.

Turmhaus und Donjon

Das Turmhaus ist das entwicklungsgeschichtlich wichtigste Gebäude der hochmittelalterlichen Burg. Es hat das Erscheinungsbild der Burg maßgeblich geprägt. Mit dem Turmhaus erhob sich der Adel schon früh sichtbar über die anderen Stände: Mit dem Turmhaus zeigte er weithin, wer mit Einfluss und Wohlstand ausgestattet war. Daher ragte der turmartige Bau nicht nur in den Landschaften Zentraleuropas, sondern auch in den Städten auf, wie das noch heute eindrucksvoll in Regensburg und in vielen norditalienischen Städten zu beobachten ist. Dass der Turm als beheizbares Wohngebäude schon im frühen Mittelalter Herrschaftsbau war, zeigt sich am angeblich im 8. Jahrhundert entstandenen Granusturm in Aachen. Dieser Turm ließ sich von Anfang an beheizen, sodass er vermutlich zu den bewohnbaren Teilen der Kaiserpfalz gehörte und daher vielleicht schon früh zum Leitbau des fränkischen Adels wurde.

Mit der Turmhügel- und der Turmburg setzten die Edelfreiengeschlechter dann im frühen Hochmittelalter ihre „Marksteine" in das Land. Nur dort, wo der Hochadel und die Bischöfe bauten, erreichten die Wohntürme im 11. Jahrhundert die Dimensionen, wie sie sich vereinzelt bis heute in Westeuropa erhalten haben (Montbazon). Auch die bischöflichkölnischen Turmburgen in Soest und Xanten standen mit einer Seitenlänge von etwa 27 Metern dem hochadeligen französischen *donjon* und englischen *keep* nicht nach. Diese gewaltigen steinernen Wohntürme dürften für diese frühe Zeit jedoch die Ausnahme gewesen sein. Immerhin weisen einige Befunde auch für hochadelige deutsche Burgen des 11. Jahrhunderts noch bescheidene hölzerne

Ansicht eines idealen Wohnturms. Rekonstruktionszeichnung für die Burg Abenberg in Mittelfranken, Sitz der Rangaugrafen, um die Mitte des 12. Jahrhunderts.

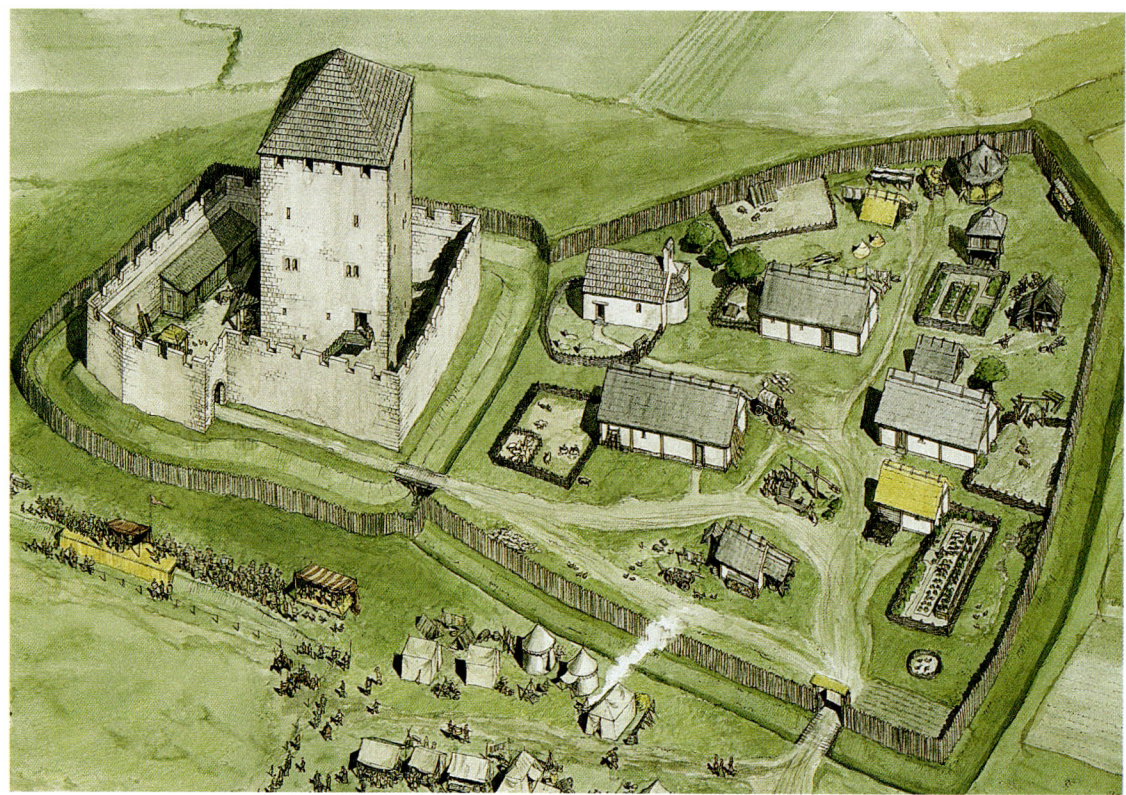

Turmburgen nach (Grafenburg Altenberg).
Die innere Einteilung der alten Wohntürme war auf den im Hochmittelalter üblichen Mehrzweckraum zugeschnitten, der kaum Nutzungsdifferenzierungen kannte und selten Innenwände hatte. In der achteckigen Ebermannsdorfer Turmburg eines Edelfreien des 12. Jahrhunderts liegt der Hocheingang im dritten Geschoss. Im Geschoss darunter sind die Reste eines Kamins zu beobachten, vermutlich war hier die Burgküche eingerichtet. Vom Kaminraum aus führt noch ein schmaler Gang durch die etwa zwei Meter dicke Turmmauer zu einem mittlerweile abgegangenen Abortanbau. Als Wohnräume müssen die noch erhaltenen zwei Geschosse über dem Hocheingang gedient haben. Die gesamte Innenkonstruktion, Decken und Stiegen, war vollständig aus Holz, wobei es in den annähernd vier Meter breiten Räumen wohl keine Innenwände gab. Doch auch in jüngeren Wohntürmen mit größeren Grundrissen waren Innenwände rar. Der erst 1778 erheblich reduzierte Wohnturm der alten Grafenburg Sulzbach, immerhin Wohnsitz eines der mächtigsten Dynastengeschlechter des 12. Jahrhunderts, wies trotz seiner großen Grundfläche noch im 16. Jahrhundert ein oberstes Saalgeschoss ohne Innenwände auf.

Der Wohnturm blieb auch dann noch aktuell, als der Saal-Wohn-Bau vor allem in Deutschland seit dem ausgehenden 12. Jahrhundert an Bedeutung gewann. Den gestiegenen Wohn- und Repräsentationsansprüchen der Stauferzeit kam man mit dem Einbau von aufwendigen Biforien (Zwillingsfenstern) und Gewölben entgegen. An geeigneten Plätzen wie im Herzen Regensburgs wurde noch kurz nach 1210 ein Donjon sogar als Herzogsburg errichtet. Aber der Wohnturm erreichte im 13. Jahrhundert in Deutschland nicht mehr die Bedeutung wie in England und Frankreich, wo vor allem unter König Philipp II. August eindrucksvolle Burganlagen (u.a. der Louvre) entstanden, die von mächtigen runden Donjons beherrscht wurden. Seinen absoluten Höhepunkt erlebte der Donjon-Bau jedoch mit der 1230 fertig gestellten Burg von Coucy unter Herzog Enguerrand III. In einem unglaublichen Akt der Kulturbarbarei wurde dieses 54 Meter hohe, größte Burggebäude des Mittelalters 1917 von deutschen Truppen gesprengt.

Interessanterweise wurde der archaische Typ des Wohnturms wohl auf Grund seiner wirkungsvollen Erscheinung nie völlig vom Saalbau und dem Steinhaus abgelöst. Hartnäckig hielt sich der Wohnturm bis zur Wende zur Frühen Neuzeit. Er erschien in alter Frische im 14. Jahrhundert, beispielsweise auf dem böhmischen Karlstein, dem wichtigsten Neubau Kaiser Karls IV., und begegnet uns als turmartiges Weiherhaus des Niederadels und Patriziats häufig im 15. und 16. Jahrhundert.

Wohnturm der Burg Petersberg bei Friesach in Kärnten. Das Walmdach wurde nachträglich über den Zinnenkranz gestellt; das Zwillingsfenster zeigt die Lage des repräsentativen Wohnraums an.

Bergfried

Als Bergfried gilt der Turm ohne Wohnräume; er wird daher meist vorschnell als reiner Wehrbau definiert. Der Bergfried übernahm jedoch mit der allgemeinen Abkehr vom Wohnturm und der Hinwendung zum bequemeren Saalbau weitere Funktionen: Er hatte auch die dem Saalbau fehlende Fernwirkung zu gewährleisten. Daher findet sich der Bergfried gelegentlich in wehrtechnisch sinnlosen Lagen: Die Burg Münzenberg in Hessen ist beispielsweise mit zwei überaus eindrucksvollen Bergfrieden ausgestattet. Der jüngere, fortifikatorisch unnötige Turm entstand anlässlich eines Besitzwechsels wohl vorzugsweise zur Demonstration neuer Machtansprüche. Selbst mächtige Festungen des 15. und 16. Jahrhunderts, zumal in Niederungen gelegen wie die Feste Lichtenau bei Ansbach, blieben dem Bergfried treu.

Dass der Bergfried ernsthaft als Burg in der Burg angesehen wurde, in der man nach dem Fall der Hauptburg Zuflucht finden und nochmals Widerstand leisten konnte, erscheint angesichts ausgefeilter Belagerungstechniken wenig glaubhaft. Chancen hätten sich die Eingeschlossenen allenfalls bei herannahendem Entsatz ausrechnen können. Schon eher taugte dieser enge Turm als Ausguck und zur Verwahrung von Gefangenen.

Die erhaltenen Bergfriede präsentieren sich in vielfältiger Gestalt und Platzierung. Offenbar folgte man beim Bau nur begrenzt gewissen Regeln. Im Allgemeinen scheint in Deutschland der runde Bergfried jünger zu sein als der quadratische, wobei diese Grundrissform durchaus noch bei Burgen des 15. Jahrhunderts (Amberg) gewählt wurde. Rundtürme baute man offenbar verstärkt nach 1210, möglicherweise beeinflusst vom französischen Burgenbau, der schon in den Jahren zuvor runde Konstruktionen bevorzugte. Darüber hinaus kam es zu fünfeckigen und beinahe keilförmigen Grundrissen, wobei hier eine gewisse Konzentration im Einflussbereich der Habsburger zu beobachten ist.

Der Bergfried findet sich häufig in der Nähe des Tores. In vielen Burgen flankiert der Bergfried das Tor und die Torfahrt. In einigen Fällen wurde er sogar seitlich vor das Tor gesetzt (Flossenbürg bei Weiden, Ehrenberg bei Mosbach). Schließlich lassen sich Türme beobachten, die gleichzeitig die Funktionen des Bergfriedes und des Torhauses übernahmen. Bekannte Beispiele sind die Hohenzollernburg in Cadolzburg und die Salzburg (Bad Neustadt/Saale). Der Eindruck, dass diese Bauten einen gewissen Einschüchterungseffekt bei Herannahenden bewirken sollten, drängt sich auf. Nicht gerade selten ist auch die zentrale Lage des Bergfrieds im Hofraum der Hauptburg, was eine gewisse optische Überhöhung der Burganlage fördert.

Der Bergfried erlebte in den Jahrzehnten um 1200 eine relativ rasche Vervollkommnung. Die älteren Türme weisen noch vollständig hölzerne Einbauten auf. Die Deckenbalken der Geschosse ruhten jeweils auf einem Mauerrücksprung, sodass die Mauerstärke nach oben hin abnahm. Aufgang und Abgang wurden von leiterartigen Holztreppen gewährleistet. Allmählich wurden die unteren Turmgeschosse eingewölbt, bei den oberen legte man die Balken auf steinerne Konsolen oder mauerte sie einfach in Mauerlöcher ein. Kennzeichen jüngerer Bergfriede sind auch die steinernen, zwischen der Innen- und Außenschale des Mauerwerks eingerichteten Treppenaufgänge oder angebaute massive Spindeltreppen.

Ein großer Teil der Türme trug zunächst einen Zinnenkranz. Nicht immer verbarg sich dahinter eine Plattform, möglich waren auch flache Zelt- oder Pultdächer. Nicht selten lassen sich die zugesetzten Zinnen bei noch erhaltenen

Das in den 1450er Jahren zur Stadtburg ausgebaute pfalzgräfliche Schloss in Amberg aus der Vogelschau. Die Zeichnung von Hanns Kannlpaldung (1589) zeigt auf der rechten Bildseite den „Fuchssteiner", den Bergfried, in dem im frühen 16. Jahrhundert ein Gefängnis für untreue Beamte eingebaut wurde.

Bergfriede der Burg Münzenberg, einst Sitz eines der mächtigsten deutschen Reichsministerialengeschlechter.

Burgtürmen nachweisen. Die Witterung nördlich der Alpen hat wohl zwangsläufig zum Bau von Dächern geführt, die mit Ziegeln oder Schindeln gedeckt waren, auch wenn dies die gewünschte martialische Erscheinungsform des Turmes beeinträchtigt hat. In häufigem Gebrauch dürften auch leichte Dachkonstruktionen gewesen sein, die bei Gefahr schnell abgeworfen werden konnten. In Schriftquellen erscheinen sie gelegentlich als *stuerzen,* wie in einer Urkunde von 1345, mit der Erkinger von Seinsheim den Wiederaufbau seiner Wildburg vom Würzburger Bischof genehmigt bekam.

Die Einrichtung des Hocheingangs war über die Zeiten hinweg obligatorisch. Der Zugang konnte auf verschiedene Weise gelöst werden: über hölzerne Leitern, Rampen oder Brücken. Noch im 15. Jahrhundert errichtete Pfalzgraf Friedrich I. in Amberg einen Bergfried, der mittels einer gedeckten Brücke von einer Kemenate aus erreichbar war. Das im Bergfried untergebrachte Burgverlies war nicht überall üblich, lässt sich aber gelegentlich nachweisen. Beispielsweise wurden 1504 im Bergfried der Burg Wolfstein bei Neumarkt während des Landshuter Erbfolgekriegs Gefangene eingekerkert. Von der bambergischen Burg Vilseck wird 1530 berichtet, dass man im Bergfried das Angstloch, wie die kleine Öffnung in der Decke des Verlieses hieß und durch das die Gefangenen herabgelassen wurden, mit einem neuen Gitter versehen habe.

Authentisches Dokument mittelalterlicher Wohnkultur: getäfelte
Stube der Herren von Wolkenstein
auf der Trostburg bei Brixen aus
dem frühen 15. Jahrhundert.

Palas und Kemenate

Die zuweilen gewaltigen Wohnbauten vieler
Burgen sind meist erst durch spätmittelalterliche und neuzeitliche Umbauten entstanden.
Nur zögerlich traten Steinhäuser in die Welt
der Burgen ein, wobei die stolzen Saalbauten
der königlichen Pfalzen als Vorbilder fungier-
ten. Seit dem ausgehenden 12. Jahrhundert
setzte sich der Palas (von *palatium,* d. i. Pfalz)
immer mehr durch und begann den Wohn-
turm zurückzudrängen.

Die vielfältigen Erscheinungsformen der Saal-
und Wohnbauten folgen allerdings nicht immer den Typologisierungsversuchen der Forscher, sodass Mischformen nicht selten zu
beobachten sind. Die Übergänge vom Wohnturm zum Saalbau sind durchaus fließend.
Spätmittelalterliche Schriftquellen unterscheiden nicht zwischen Saal- und Wohnbau
und bezeichnen fast durchweg und überre-
gional diese Gebäude als Kemenaten, als beheizbare Häuser (lat. caminata). Die in der

Literatur häufig vorgenommene Gleichset-
zung mit Frauengemächern greift daher viel
zu kurz.

Das Bedürfnis repräsentativer zu bauen war in
der Stauferzeit erheblich gestiegen und zeigte sich nicht nur an konstruktiven Merkma-
len, wie bei der großzügigen Verwendung von
Werksteinen und Gewölben: Die Saalbauten
erhielten jetzt große, offene Kamine in aufwendiger Werksteinausführung, obgleich der
wirksamere Kachelofen längst eingeführt war.
Darüber hinaus fallen die spätromanischen
und frühgotischen Saalbauten durch lange,
gekuppelte Fensterarkaden und Biforien (Zwillingsfenster) auf. Nicht selten sind auch
kunstvolle Kapitelle und Maßwerkvarianten
zu beobachten. Diese aufwendigen Fassaden-
öffnungen kennzeichnen die repräsentativs-
ten Räume, die jedoch nur im Sommer und zu
besonderen Anlässen genutzt werden konnten. Bei entsprechender Witterung wurden
diese Fenster mit hölzernen Läden verschlossen.

Die gekuppelten Fenster wurden im Spätmittelalter wieder aufgegeben. Im späten
14. und vor allem im 15. Jahrhundert setzte
sich das werksteinerne, bereits verglaste
Kreuzstockfenster durch. In mittelalterlichen
Schriftquellen lässt sich Fensterglas auch in

Ansicht der Burg Hohenrechberg
in Schwaben. Fensterarkaden des
frühen 13. Jahrhunderts kennzeichnen das repräsentative Geschoss
im Palas.

Saal verfügten, fand sich die Hauptstube als so genannte Dürnitz, als Wärme- und Speisesaal der Burgbewohner, wieder.

Im Spätmittelalter wurden in landesfürstlichen Burgen häufig auch eine *herren stube* und *herren kammer* mit durchweg wertvollerer Ausstattung unterhalten. Diese Räume blieben die meiste Zeit unbenutzt und dienten nur für den gelegentlichen Aufenthalt der Herrschaft und höchster Gäste. Der als Burggraf oder Pfleger amtierende Kastellan bewohnte nur einen ihm zugedachten Bereich der Burg.

Höherwertige Räume wurden durch Putze, hölzerne Täfelungen und Malereien verschönert, die sich naturgemäß nur selten erhalten haben. Eine besondere Rolle spielte das Dorsale, ein in Brüstungshöhe angebrachter Wandbehang. Abgesehen von seiner gestalterischen Funktion sollte das Dorsale in erster Linie die Kälte der Mauern abhalten. Dieses textile Ausstattungsdetail war eine derart alltägliche Einrichtung, dass es Jahrhunderte lang häufig als Wandmalerei imitiert wurde. Die farbige Gestaltung von Mauer- und Putzflächen war allgemein verbreitet. Beliebt waren die mit Fugenmalerei imitierten Quaderdarstellungen, die Werksteine vortäuschen sollten. Dieses seinerzeit als *steinbanden* bezeichnete Gestalten geht bis ins 13. Jahrhundert zurück und wurde selbst auf wirklichen Werksteinwänden geübt. Beliebt waren auch Bemalungen mit Motiven aus der Heraldik wie Wappenschilde und Pelzwerk sowie floraler Dekor, vor allem Rankwerk.

Die hölzerne Wandverkleidung scheint im Laufe des Spätmittelalters an Bedeutung gewonnen zu haben: Bohlenstuben und Vertäfelungen sind seit dem frühen 14. Jahrhundert in großer Häufigkeit nachweisbar. Wie zahlreiche Befunde zeigen, konnten auch hölzerne Bauteile – selbst Dielenböden und Balken-Bohlen-Decken – farbig gefasst sein.

Die Grenzen zwischen Wohnturm und Palas sind zuweilen fließend: spätmittelalterlicher Palas der Burg Aggstein in der Wachau mit Hocheingang.

Nebenräumen schon im ausgehenden 14. Jahrhundert nachweisen.

In den wohl mehrheitlich gewölbten Erdgeschossen waren Wirtschaftsräume, Küchen, Keller- und sonstige Lagerräume, zum Teil wohl auch Ställe untergebracht. Bei den Obergeschossen der deutschen Burgen blieb der Einbau von Gewölben eher die Ausnahme. Zur Erschließung dienten noch lange Freitreppen und hölzerne Altanen, die erst ab dem 15. Jahrhundert durch den Anbau von massiven Spindeltreppen ergänzt oder ersetzt wurden. Die Raumstruktur konnte je nach Größe und Funktion der Burg erheblich variieren. Meist existierte in einem Obergeschoss nur eine saalartige, beheizbare Stube. In den größeren Burgen, die über einen repräsentativen

Burgkapellen, Neben- und Wirtschaftsbauten

Seit dem ausgehenden 12. Jahrhundert entstanden auf den Burgen vermehrt Gebäude, die den gestiegenen Lebensbedürfnissen Rechnung trugen und meist ausschließlich hauswirtschaftliche Funktionen erfüllten. Soweit sich diese Einrichtungen nicht von Anfang an in den Vorburgen befanden, war ihnen bisher ein entsprechend beengter Platz in den Turmhäusern eingeräumt worden.

Eine Sonderstellung nahm die Burgkapelle ein. Auch sie trat nicht immer als eigenständiges Gebäude hervor: Das Bauprogramm reichte von der Gebetsnische in einer Stube bis hin zur Ausstattung von fürstlichen Burgen mit mehreren Kapellen, die mit unterschiedlichen Benefizien ausgestattet sein konnten. In diesen Fällen waren vom Burgherren oder engen Verwandten Pfründe gestiftet worden, die dem Unterhalt der Kapelle und ihrer Kapläne dienten.

Es fällt auf, dass Burgkapellen oft an repräsentativen Stellen errichtet wurden. Besonders häufig sind jedoch Kapellen-Standorte in der Nähe des Hauptzugangs. Nicht selten wurde die Kapelle sogar unmittelbar über der Toreinfahrt platziert, wie das bei der von den Staufern nach 1188 umgebauten Burg Hohenstein bei Nürnberg oder auch auf der Burg Wildenberg im Odenwald der Fall ist.

Damit hochgestellte Gottesdienstbesucher ungestört und ungesehen die Messe hören konnten, entstanden vor allem in den staufischen Pfalzburgen Doppelkapellen, wobei die bekanntesten noch heute in Nürnberg, Eger und Trifels zu finden sind.

Größeren Raum nahm naturgemäß der hauswirtschaftliche Bereich in einer Burg ein. In erhaltenen spätmittelalterlichen Burgen befindet sich die Küche oft in einem eigenen Hofgebäude. In der alten Turmburg wurde die Herdstelle wohl regelmäßig in einem der unteren Geschosse eingebaut. Auf den großen fürstlichen Burgen, wo ein entsprechend großer Hofstaat verköstigt werden musste, errichtete man zuweilen gewaltige Herde und Kamine. Derart beeindruckende Küchen sind beispielsweise noch heute im Schloss Neuenstein im Hohenloher Land und in der 1945 durch Kriegseinwirkung beeinträchtigten Zollernfeste Cadolzburg zu bewundern.

Gekocht wurde über offenem Feuer auf dem gemauerten Herd, der sich unter dem weiten deutschen Schlot, einem begehbaren Kamin, erstreckte. In den großen Burgküchen ruhte der gewölbte Schlotmantel, die weite Haube am Kaminfuß über dem Herd, auf Säulen oder Pfeilern. Mittlere und größere Burgen unterhielten auch eine so genannte Pfisterei, eine Burgbäckerei, die räumlich von der Küche getrennt war und eigene Backöfen und -stuben aufwies.

Zur Lagerung von Nahrungsmitteln, Bier und Wein dienten zwar regelmäßig Gewölberäume in Unter- und Erdgeschossen der Hauptgebäude, zumindest im Spätmittelalter baute man aber auch kleine Kellerhäuser und so genannte Eisgruben, besonders tief angelegte, gewölbte Eiskeller.

Stallungen existierten in verschiedenen Varianten. Pferdeställe wurden von Viehställen abgetrennt und oft in der Hauptburg untergebracht. Rinder- und Schweinestallungen waren dagegen meist in Vorburgen oder außerhalb in so genannten Bauhöfen oder Meiereien zu finden. In den Stallgebäuden standen fast immer Unterkünfte für Ross- und Viehknechte bereit. Gut ausgestattete Burgen besaßen neben dem gewöhnlichen Pferdestall nachweislich auch Fürsten- oder Marställe. Hier wurden wertvolle Tiere der Herrschaft oder der hohen Gäste eingestellt. Relativ häufig sind Ställe für Hunde bezeugt, die für die Jagd von großer Bedeutung waren.

Eiserner Bratrost aus dem 15. Jahrhundert. Fund auf der Burg Alt-Regensberg in der Schweiz. Schweizerisches Landesmuseum, Zürich.

Messingpfanne mit eisernem Griff aus der Burgküche von Bischofstein bei Sissach in der Schweiz, erste Hälfte 14. Jahrhundert. Kantonsmuseum Baselland, Liestal.

Herdkessel aus der Zeit um 1300. Fund auf der Burg Waldeck im Oberelsass. Historisches Museum Basel.

Neben den Stallungen traten Remisen in Erscheinung: Wagen- und Brennholzschupfen, manchmal Remisen zur Einlagerung von Baustoffen, vor allem für die immer nötigen Bretter, die längere Zeit trocken abgelagert werden mussten. Futtermittel, Einstreu und Getreide für den Bedarf der Burgbewohner, aber vor allem die großen Mengen von Naturalabgaben, die von den zinspflichtigen Bauern angefahren wurden, forderten große Bergeräume. Daher waren Kastenhäuser und Scheunen auf fast jeder Vorburg zu finden. Schließlich richtete man auch in den Dach-

geschossen der Hauptgebäude große Getreideböden ein.

Dass sich in Burgen nicht selten auch hölzerne Badehäuschen nachweisen lassen, ist angesichts der allgemeinen Badefreudigkeit des Mittelalters kaum anders zu erwarten. Die alte Stadtburg der Pfalzgrafen in Amberg etwa besaß einen hölzernen Anbau als Badestube, für deren Schwitzbad im Jahre 1409 Kieselsteine angeliefert wurden. Diese Steine wurden erhitzt und mit Wasser abgelöscht, was dann den erwünschten Wasserdampf erzeugte.

Blick in die spätmittelalterliche Schlossküche von Neuenstein: Über dem gemauerten Herd erhebt sich ein von Schwibbögen getragener mächtiger Kamin. Küchen von derartiger Größe waren auf Burgen zu finden, die als Hofhaltungen des hohen Adels dienten.

Verteidigung und Belagerung

Große Blide, aus Konrad Kyeser, „Bellifortis", nach 1480. Das Bild zeigt die Blide in gespanntem Zustand: Links ist die Haspel erkennbar, die zum Niederziehen des Blidenarms gebraucht wurde. Das Gegengewicht mit dem rechteckigen Ballastkasten hängt bereits oben; das steinerne Geschoss liegt darunter in der Schlinge, schussbereit auf der hölzernen Rutsche.

Antwerk

Unter Antwerk verstand man das technische Kriegsgerät, das zur Überwindung von Befestigungswerken gebraucht wurde. Dazu zählten Stoßzeuge zum Einrennen von Mauern und Toren, Schieß- und Wurfzeuge, Belagerungsgeräte wie Belagerungstürme, Sturmleitern und künstliche Deckungen. Antwerk war schon in der Antike bekannt, soll aber erst in der Kreuzzugszeit und in Folge des verbesserten Burgenbaus seit dem späten 12. Jahrhundert weiter entwickelt worden sein.

Die Stoßzeuge fielen konstruktiv am einfachsten aus. Der Mauerbrecher, auch Widder genannt, war wohl das am weitesten verbreitete Stoßzeug. Hier war ein waagerechter Balken mit Ketten an der Firstpfette eines Schutzdaches aufgehängt. Dieses Dach schützte nicht nur das trag- oder fahrbare Gerüst, son-

dern auch die hier verborgenen Krieger, die den Balken ins Schwingen bringen mussten. Durch die wiederholten Schläge des mit Eisen beschlagenen Balkenkopfes sollte die Befestigung schließlich aufgebrochen werden.

Wesentlich aufwendiger war der Bau von Wurf- und Schussgeräten. Ein archaischer Typ war der Onager, der schon in der Antike beschrieben wurde und noch im 14. Jahrhundert in Gebrauch war. Das noch recht primitive Gerät bestand aus einem Hebelarm, der in einem Seilknebel steckte und an einem Ende einen Löffel zum Einlegen des Geschosses besaß. Mittels einer Seilwinde wurde der senkrecht stehende Hebel nach unten bewegt, was beim Seilknebel für zunehmende Spannung (Torsionsfederspannung) sorgte. Zu den älteren Geräten zählten auch die Balliste, die wie riesige Armbrüste auf einer Lafette aussahen. Bei den Rutten ruhte das Geschoss waagerecht in einem durchbohrten Mast, hinter dem eine große Feder, wohl eine Bohle aus grünem Holz, gespannt werden konnte. Beim Lösen sollte die Feder nach vorn schnellen und das Geschoss, große Pfeile, Brandsätze usw., abfeuern.

Seit dem Hochmittelalter nachweisbar sind die Bliden, die in verschiedenen Varianten und unter Namen wie Mange und Triboc überliefert werden. Manche Forscher halten die Blide für eine chinesische Erfindung, die über Byzanz nach Europa gekommen sein soll. Die Blidenkunst war offenbar schon im späten 12. Jahrhundert so weit fortgeschritten, dass sie ernsthafte Schäden anrichten konnte. Immerhin drohte ein Konzil im Jahr 1189, den Einsatz derartiger Geräte gegen Christen mit dem Bannspruch zu sanktionieren. Offenbar vergeblich. In Deutschland ist der Einsatz von Bliden im Jahr 1212 bezeugt, als König Otto IV. die Runneburg in Thüringen belagerte.

Die Bliden funktionierten wie Wippen, wobei an einem Ende des längeren Hebelarms eine

Schleuderschlinge, in der ein Wurfgeschoss lag, angehängt wurde. Am anderen, kürzeren Ende befand sich ein entsprechend schweres Gegengewicht. Der Hebelarm wurde mit Winden – bei großen Bliden sogar mit Laufrädern – so lange geneigt, bis das kürzere Ende mit dem Gegengewicht oben hing. Nun war die Blide schussbereit. Es gab Varianten, bei denen das Gegengewicht nicht fest mit dem Hebel verbunden war. In diesem Fall bestand das Gegengewicht aus einem Ballastkasten, der mit mehreren Tonnen Erde, Steine, Geröll etc. gefüllt werden konnte. Die Schleuderschlinge mit dem Geschoss ruhte auf einer hölzernen Rutsche in der Mitte zwischen den Stützen des Geräts. Wurde das gespannte Geschütz gelöst, sauste das lange Teil des Hebelarms mit Wucht nach oben. Dadurch wurde die gefüllte Schleuderschlinge die Rutsche entlang nach hinten gerissen und dann in einer Kreisbewegung nach oben, bis sie das Geschoss freigab.

Es wurden nicht nur Steine verschossen: Als Geschosse dienten beispielsweise auch Brandsatze und Granaten aus ungelöschtem Kalk. Darüber hinaus wurden die Gegner gern mit Ekel erregenden Dingen wie Tierkadavern traktiert; auch Bienenkörbe, sogar Gefangene sollen auf diese Weise über Burg- und Stadtmauern geschleudert worden sein. Die Bliden waren derart wirkungsvoll, dass sie noch zu Zeiten der ersten Feuerwaffen in Gebrauch waren und diese an Zielgenauigkeit und Durchschlagskraft noch lange übertrafen. Versuche mit nachgebauten Bliden erbrachten beeindruckende Schussweiten von mehreren Hundert Metern bei großer Treffsicherheit.

Zum Antwerk gehörten schließlich noch zahlreiche Gerätschaften, die eine künstliche Deckung oder Hilfsmittel zum Überwinden von Hindernissen bieten sollten. Schutzdächer aus Holz und Weidengeflecht wurden als Katzen bezeichnet. Ein eindrucksvolles Bild boten die

hohen fahrbaren Belagerungstürme, die Ebenhochs. Diese Türme wurden aus Balken und Brettern gebaut und mit Eisen oder nassen Häuten vor Brandsätzen geschützt. Konnten diese Konstruktionen tatsächlich bis an die feindliche Mauer herangefahren werden, sollten die im Turm verborgenen Angreifer über Fallbrücken auf die feindlichen Mauerkronen gelangen.

Belagerungsszene aus der Handschrift des „Liber ad honorem Augusti" von Petrus de Ebulo, Ende 12. Jahrhundert. Auch bei der dargestellten Belagerung Neapels durch kaiserliche Truppen ist Antwerk zu erkennen. Burgerbibliothek Bern.

Von Schildmauern, Fallgattern und Barbacanen

Das mittelalterliche Befestigungswesen kannte eine ganze Reihe von Konstruktionen, die ein feindliches Eindringen in Burgen und befestigte Städte verhindern sollten. Mit der fortschreitenden Entwicklung der Fern- und Feuerwaffen versuchte auch der Burgenbau mitzuhalten, sodass die Wehranlagen im Laufe des Spätmittelalters und der frühen Neuzeit nicht nur größere Ausmaße annahmen, sondern auch zunehmend aufwendigere, eigens für den Einsatz spezieller Waffengattungen entworfene Wehrbauten erhielten. Das Erscheinungsbild hochmittelalterlicher Verteidigungsanlagen hat sich daher meist

Mächtiges Rondell zur Sicherung der Flanken, Teil des Befestigungswerkes der unter Herzog Sigmund dem Münzreichen in der zweiten Hälfte des 15. Jahrhunderts ausgebauten Burg Sigmundskron bei Bozen.

nur fragmentarisch oder überformt erhalten. Die hochmittelalterlichen Festen wiesen noch nicht die großzügigen Zwingermauern und mehrfach hintereinander geschalteten Toranlagen auf. Bei den alten Höhenburgen trat als erstes Annäherungshindernis allenfalls der Haag, dichtes, mit Dornen besetztes Gesträuch, auf und prägte das ansteigende Gelände. Bild- und Schriftquellen weisen auf unbewaldete Burghänge. Dies entsprach wiederum der repräsentativen Funktion der Burg: Baumbewuchs hätte die gewünschte imposante Erscheinung gemindert.

Die ersten vorgelagerten Verteidigungsanlagen waren Zäune, Palisaden und zuweilen auch Spanische Reiter. Der Graben war wohl der treueste Begleiter befestigter Plätze, denn er findet sich schon bei vormittelalterlichen Wallanlagen. Im frühen Hochmittelalter dominiert bei den kleinen Turmburgen der Ringgraben. Bei den größeren und jüngeren Burgen orientierte man sich an der Topographie und wählte zumeist den Hals- oder Abschnittsgraben.

Von zentraler Bedeutung für die Sicherung von Burgen und Städten war das Tor. Verbreitet war zunächst, den Grundriss der Ringmauer an der Zugangsseite falzartig auszubilden. Das Tor wurde dann in der Schmalseite des Falzes eingerichtet. Dadurch konnte der Raum vor dem Tor unmittelbar vom Wehrgang aus auch seitlich kontrolliert werden. Diese Lösung kann auf der Abbildung im Kap. „Turmhaus und Donjon" S. 96 beobachtet werden. Unmittelbar über dem Tor und/oder auf Mauerkronen konnte sich ein hölzerner, überkragender Aufbau, ein so genanntes Kampfhaus, auch Hurde genannt, befinden. Mit dieser Vorrichtung war man in der Lage, auch den Raum unmittelbar am Fuß der Mauer zu bestreichen. Die Toröffnung selbst wurde durch schwere Torflügel verschlossen, die mit einem oder mehreren Riegelbalken gesichert wurden. Zum Teil waren zusätzlich noch vertikale Sperrbalken vorhanden. Die Torflügel waren außen mit Eisenblech beschlagen.

Ab dem 14. und 15. Jahrhundert wurden Tore durch flankierende Wehrtürme gesichert oder durch Tortürme oder Torhäuser ersetzt. Diese wie kleine Burgen wirkenden Baukörper blieben manchmal an der Rückseite offen: Angreifer, die das Tor bereits überwunden hatten, konnten hier keine Deckung finden.

Relativ späte Entwicklungen sind Torsicherungen durch Fallgatter und Zugbrücken. Fallgatter liefen meist in senkrechten Nuten der Torlaibungen oder aber in Führungssteinen, die an der Außenwand vorkragten. Zug- oder Schlagbrücken werden – wie die Fallgatter – schon in Schriftquellen des frühen 13. Jahrhunderts genannt, fanden aber erst im 14. Jahrhundert größere Verbreitung. Von der einfachen, mit Ketten gezogenen Klappbrücke bis hin zu aufwendigen Konstruktionen mit Wippbalken und Schwungruten kannte man verschiedene Varianten.

Schildmauern, besonders hohe und feste Mauern, die sich wie Schilde vor den übrigen Burggebäuden erhoben, wurden von den Baumeistern errichtet, wenn die Angriffsseite beispielsweise durch ansteigendes Gelände besonders gefährdet schien. Eine ähnliche Funktion erfüllte der so genannte Hohe Mantel: Hier wurde an der Angriffsseite eine fast turmhohe Ringmauer errichtet, die sich gleichsam als „Mantel" um die Burggebäude zog.

Barbacanen waren vorgelagerte Brückenköpfe, die dem orientalischen Festungsbau entstammten. Dies gilt auch für die Zwingeranlagen, die meist erst nach 1400 angefügt wurden. Der Zwinger besteht aus einem vor die Ringmauer gesetzten Geländestreifen, der durch ein eigenes Befestigungswerk, die Zwingermauer, gesichert wurde. Eine der ältesten Zwingeranlagen ist bei der berühmten Johan-

niterburg Krak-des-Chevaliers (Syrien; Abb. 1 im Kap. „Ritterorden") aus dem frühen 13. Jahrhundert zu sehen. Mit dem verstärkten Einsatz von Feuerwaffen hat man die Zwingermauern häufig durch so genannte Rondelle verstärkt. Diese mit Geschützständen versehenen Rundtürme wurden entsprechend weit hinausgeschoben, damit die Flanken wirkungsvoll bestrichen werden konnten. Auch die heute oft beeindruckende Vielfalt an Schießscharten entstand erst mit dem Aufkommen dieser neuen Waffen.

Doppelte Zugbrückenanlage der Burg Heidenreichstein im Waldviertel. Die Brücken sind einfache Schlagbrücken, die mittels Ketten aufgezogen wurden.

Belagerungskunst

Belagerungen waren langwierig und teuer – und so suchte man, getreu dem Motto „Die beste Belagerung ist keine Belagerung", die feindliche Burg im Handstreich zu nehmen: Ein Stoßtrupp aus ein paar entschlossenen Männer besetzte das Tor oder überstieg an einem unbewachten Abschnitt die Mauer. Gelang dies nicht – und ein Handstreich war die glücklich Ausnahme – begann eine wochen-, wenn nicht monatelange zermürbende Belagerung mit hohen Risiken namentlich für die Angreifer.

ken verbunden war es sicherlich, die Belagerten von der Versorgung mit Nahrungsmitteln, besser noch von der Trinkwasserzufuhr abzuschneiden. Dies war besonders dann leicht, wenn die Burg von einer externen Wasserversorgung über Wasserleitungen abhängig war oder das Wasser von außerhalb der Burg bezogen werden musste. Allerdings legten die Burgherren zumeist großen Wert auf eine eigenständige Wasserversorgung über Tiefbrunnen oder notfalls Zisternen (vgl. Kap. „Wasserversorgung").

Häufiger war daher der Versuch, *„Festungen durch Hunger zu bezwingen."* Hierzu musste die Burg nicht komplett eingeschlossen werden; es genügte, alle Zufahrtstraßen und Wege zu sperren. Auf eine schnelle Übergabe der Burg konnte man sich allerdings kaum verlassen; man tat man gut daran, sich „häuslich" mit Zelten, zuweilen mit Küchen und Backhäusern einzurichten. Auch musste immer wachsam auf Ausfälle oder Entsatzheere geachtet werden, wollte man nicht den Verlust der wertvollen Ausrüstung riskieren. Solche Belagerungen wurden gern im Sommer durchgeführt, weil die Vorjahresernte aufgebraucht, die neue Ernte noch nicht eingelagert war.

Ließ sich der Verteidigungswillen der Burgbesatzung nicht brechen, konnte man namentlich bei kleineren Burgen mit geringerer Besatzung einen Sturmangriff wagen. Zuvor waren allerdings die im Vorfeld der Burg angelegten Geländehindernisse zu beseitigen, waren Dornhecken und eventuelle Holzpalisaden niederzubrennen, Fußangeln wegzuräumen, Gräben und sogenannte Wolfsgruben (mit gespitzten Pfählen) zuzuschütten. Der Angriff auf das Tor oder die Mauern über Leitern geschah nach Möglichkeit unter Deckung durch Bogen- und Armbrustschützen. *„Außer diesen Weisen des offenen Angriffs gibt es noch drei andere Arten, die nicht Jedermann*

Burgen und vor allem Städte suchte man nach Möglichkeit durch Aushungern zur Übergabe zu zwingen. Förmliche Belagerungen mit Kriegsgerät waren teuer, Einnahmeversuche durch Kampf erforderten einen hohen Blutzoll. – Belagerungsszene aus der „Kreuzritterbibel", Frankreich um 1250 (Saul vernichtet Nahasch und die Ammoniter). Pierpont Morgan Library, New York.

„Es gibt drei Arten, Befestigungen und Schlösser einzunehmen: durch Durst, durch Hunger, durch Kampf" (Aegidius Romanus, um 1300). Am einfachsten und mit den geringsten Risi-

bekannt sind: die eine durch unterirdische Gänge, die andere durch schwere Steinschleudermaschinen, die dritte durch die an die Mauern der belagerten Stadt herangeschleiften Angriffsbauten". In der Äußerung des Aegidius Romanus klingt bereits an, dass solche umfangreichen Angriffsmaßnahmen vor allem gegen Städte und größere Burgen eingesetzt wurden. Wenn es das Gelände zuließ, die Burg also nicht auf gewachsenem Fels stand oder von Wasser umgeben war, stellte das Anlegen von Minen bis zum Mauerfuß des Gegners ein relativ probates Mittel dar. Hatte man sich bis zur Mauer vorgearbeitet, konnte man den Raum unterhalb der Mauern freilegen, aussteifen und mit leicht brennbarem Holz füllen. Brannte man dann die Aussteifung weg, musste der darüber stehende Mauerabschnitt einstürzen und den Weg in die Burg freigeben. Die Burgbesatzungen konnten sich durch das Anlegen von Gegenminen schützen, wenn sie nicht von vornherein durch die Anlage eines tiefen, wassergefüllten Burggrabens ein Unterminieren unmöglich gemacht hatten.

Die erwähnten Wurfmaschinen waren teuer und erforderten eine geübte Besatzung (vgl. Kap. „Antwerk"). Nach Aegidius waren die Maschinen Tag und Nacht im Einsatz und verschossen nicht nur Steine, sondern auch bleigefüllte Töpfe, Brandstoffe sowie Aas, Bienenkörbe, manchmal wohl auch die Köpfe getöteter Gegner oder lebende Gefangene.

Der Beschuss sollte Stadt oder Burg reif für den Sturm schießen, für den dann eine Vielzahl weiterer spezialisierter Belagerungsmaschinen zu Verfügung stand. Gelang es, die Maschinen an die Mauern heranzuführen, konnte unter ihrem Schutz der Mauerfuß unterminiert, das Tor oder ein Mauerabschnitt mit einem Rammbock eingedrückt oder von fahrbaren, mauerhohen Belagerungstürmen aus auf den Wehrgang übergesetzt werden. Die Verteidiger unternahmen daher jede An-

strengung, die gefährlichen Maschinen von den Mauern fernzuhalten und nach Möglichkeit zu zerstören.

Bis zum Aufkommen wirkungsvoller Feuerwaffen waren die Chancen zur Einnahme einer gut versorgten und befestigten Burg eher gering und nur unter hohem finanziellen Aufwand zu realisieren. Wenn irgend möglich, suchte man daher die Burgen durch Aushungerung und Zerstörung ihrer wirtschaftlichen Grundlagen zur Übergabe zu bewegen.

Bis zum Aufkommen wirkungsvoller Feuerwaffen waren die Chancen zur Verteidigung einer gut befestigten und versorgten Burg hoch. Die Abbildung zeigt eine frühe Steinbüchse, um 1400. Historisches Museum der Pfalz Speyer.

Wohnverhältnisse

An der Ganerbenburg Burg Eltz haben Generationen und verschiedene Familien gebaut.

Die Burgbewohner

Die Zahl und Zusammensetzung der Personen, die eine Burg bewohnten, konnte je nach der Funktion, die die Burg wahrnahm, sehr unterschiedlich sein. Die wenigsten Bewohner finden wir auf den „privaten" Burgen, die in erster Linie als Wohnsitz des Burgherrn und seiner Familie dienten. Hier treffen wir nur auf ein kleines Gesinde, im Extremfall musste die Burgherrin, allein von einer Magd unterstützt, die häuslichen Arbeiten verrichten, während sich der Burgherr um die Bewirtschaftung der zugehörigen Burggüter kümmerte. Ein Unterschied zur bäuerlichen Lebensführung ist in diesem Fall kaum erkennbar. Trotz aller Berichte über verarmten Adel und „Krautjunker" dürfte dies jedoch die Ausnahme gewesen sein. Den verarmten oder armen Ritter trifft man freilich auch in staufischer Zeit an. Typischerweise waren die Burgen, auch die der Ritter, Mittelpunkt eines kleinen Herrschaftsgebietes mit Besitzungen an mehreren Orten, die zum kleineren Teil selbst bebaut wurden. Großenteils war der Besitz an ein paar Dutzend, selten einige Hundert Untertanen vergeben, die im Gegenzug Abgaben und Dienste zu leisten hatten. Ein Verwalter, zuweilen mit eigenem Schreiber, stand dann dem Burgherrn zur Seite, überwachte die Natural- und Geldleistungen der Bauern und sorgte für ihren pünktlichen und vollständigen Eingang, schlichtete Streitereien zwischen den Untertanen. Auf einigen Burgen war für Verwalter und Schreiber ein eigener Raum eingerichtet, häufig in der Nähe des Tores, je nach den Verhältnissen auch in der Vorburg oder auf dem Wirtschaftshof. Das Dienstpersonal war hier umfangreicher, umfasste neben Mägden und Knechten regelmäßig einen Koch, ein oder zwei Küchenjungen, vielleicht auch einen Heizer für die Öfen, einen Schmied oder einen Sattler. Standen um-

fangreiche Baumaßnahmen an, stellte man Zimmerleute und Maurer ein, die zeitweise wohl ebenfalls im Burgareal unterzubringen waren.

Die militärische Sicherung dieser Burgen beschränkte sich zumindest in Friedenszeiten auf das Notwendigste. Im Jahr 1425 etwa vereinbarten die beiden Eigentümer der Burg Reichelsberg im unterfränkischen Aub, dass jeder von ihnen einen gewappneten Knecht stellen sollte, gemeinsam bezahlten sie einen Türmann, einen Torwart und zwei Wächter.

Ähnlich lagen im späteren Mittelalter und in der Neuzeit die Verhältnisse auf den Amtsburgen der Landesherren. Die Position des Burgherren vertrat hier ein meist adliger Verwaltungsbeamter, dem ein oder zwei Schreiber zur Seite standen. Zur Verrichtung der Amtsgeschäfte wurden zwei oder drei Räume, meist im Palas, hergerichtet. Für die Sicherung der Burg Lichtenegg stellte der Landesherr 1366 einen Torwart, zwei Wächter und fünf Gewappnete mit zwei Pferden, außerdem sorgte ein Koch für das leibliche Wohl der Beamten und ihrer Familien. Das Hofgesinde – Knechte und Mägde – musste der Verwalter dagegen aus eigener Tasche bezahlen.

Eine Sonderstellung nehmen die großen Reichsburgen ein, die im 12. und frühen 13. Jahrhundert an den zentralen Plätzen des Reiches von den Staufern errichtet wurden (z.B. Nürnberg, Kaiserslautern, Hagenau, Oppenheim). Sie sind Zentren der dortigen Reichsgutverwaltung und zugleich militärische Stützpunkte. Dennoch bleibt auch hier die Zahl der Ministerialen, die in der Verwaltung oder als Burgmannen dienen, eher bescheiden – mehr als 20 dürften es auch in den größeren Reichsburgen nicht gewesen sein. Gegen ein Burglehen waren sie ursprünglich verpflichtet, stets anwesend zu sein. Untergebracht waren sie anfangs wohl in der Kern- oder Vorburg. Aufgrund der beengten Platzverhältnisse legten sie aber schon im späten 12. Jahrhundert unterhalb der Burg befestigte Wohntürme an, sodass regelrechte Burgmannensiedlungen entstanden. Die Residenzpflicht wurde allerdings aufgeweicht und erstreckte sich bald nur noch auf die Zeit akuter Kriegsgefahr. Da überdies Burglehen mehrerer Herren angenommen werden konnten, war die ständige Residenzpflicht ohnehin nicht mehr zu leisten.

Ganz anders lagen die Verhältnisse auf den Residenzburgen wohlhabender hochadliger Geschlechter, den Zentren adliger, ritterlicher Kultur: Hierher gaben die adligen Familien ihre Kinder zur Ausbildung, die Männer wetteiferten um die Ehrenämter als Mundschenk, Kämmerer oder Truchsess, dienten als Ritter, Berater oder Verwalter, die Damen als Kammerzofen der Fürstin. Der große Hofstaat erforderte eine Vielzahl an Knechten und Mägden wie an spezialisierten Fachkräften: Köche, Bäcker und Metzger, sodann Schmiede, Sattler, Zimmerleute und Maurer, nicht zuletzt Beinschnitzer, Maler oder Goldschmiede. Sie lassen sich hier und da auch auf den Burgen des Niederadels nachweisen, verfügten dort aber nicht über eigene Werkstätten.

Schloss Runkelstein in Südtirol, Fresko an der Wand des Turniersaals, Detail, um 1400.

... wo ich oft vom Pferd gestiegen,
wo man mich den Hausherrn nennt,
daheim in meinem eigenen Haus,
da haben Mäuse nichts zu lachen,
wenn sie sich ihr Futter stehlen –
man muss es nicht vor mir verstecken,
weil dort nichts vorhanden ist.
Dies passiert mir viel zu oft:
Dass ich, Wolfram von Eschenbach,
in solchem Luxus leben muss!

(Wolfram von Eschenbach, Parzival, 184.27–185.8. Übersetzung Dieter Kühn).

Licht und Wärme

Es ist schon ein besonderes Erlebnis, an einem warmen Junitag aus einem Burgfenster auf das weite, sonnige Land zu seinen Füßen zu blicken. Wer aber besucht an einem kalten, feuchten Novembertag, über morastige, tiefe Wege, eine Burg ? Ihre Bewohner mussten die kalte Jahreszeit hier oben verbringen, stöhnten oft genug über die Unbilden des Winters und sehnten das Frühjahr herbei.

Die Mauern hielten die Kälte nur unvollkommen fern; wurde nicht geheizt, kühlten sie aus und nahmen die Feuchtigkeit der Umgebung auf. Wer es sich leisten konnte, ließ Wandvertäfelungen anbringen oder hing Wandteppiche auf. Kleine Fenster sollten die Kälte draußen halten; mehrfach gekuppelte, große Fenster, die sich nur in den Hallen der großen Burgen finden, wurden noch im 13. oder 14. Jahrhundert, als das Klima zunehmend rauher wurde, hintermauert. An die Stelle der großen Fensteröffnungen traten zunächst kleinere, rechteckige Fenster, zuweilen in Gruppen angeordnet, repräsentative Bauten erhielten großformatige Fenster mit Mittelsäulen oder Kreuzstock, die zumindest im oberen Teil verglast wurden.

Glas war zwar bekannt und konnte archäologisch in den mittelalterlichen Glashütten nachgewiesen werden; aber selbst in den Burgen des Hochadel dürfte lange nur das sogenannte „Waldglas" eingesetzt worden sein, das nur zu milchig-trüben Butzenscheiben verarbeitet werden konnte und kaum Licht durchließ.

Die meisten Ritter konnten sich aber lange Zeit selbst das milchig-trübe „Waldglas" nicht leisten. Stattdessen schlossen sie ihre Fensteröffnungen mit kaum durchsichtigen Häuten oder mit Pergament, meist mit einfachen Holzläden oder mit Fellen. Gegen den Zug half Stroh oder Moos, das man in die Ritzen stopf-

te. Das machte die kalten Räume auch noch finster, hielt das Tageslicht draußen – endlose Monate im Halbdunkel: wenn irgendwo, dann trifft unsere Vorstellung vom „finsteren Mittelalter" hier zu.

Die dunklen Räume ließen sich nur unbefriedigend beleuchten: Die uns bekannten Kerzen aus Stearin oder Paraffin wurden erst im 19. Jahrhundert entdeckt, zuvor musste man Kerzen aus Rindernierenfett oder Hammeltalg benutzen. Kerzen aus Bienenwachs waren teuer und für die meisten Burgherren allenfalls dann erschwinglich, wenn eigene Bienenvölker den Rohstoff erzeugten. Effektiver waren Fackeln, doch rußten gerade sie besonders stark, zogen die teuren Sessel und Wandteppiche in Mitleidenschaft und konnten schon aus diesem Grund nur ausnahmsweise eingesetzt werden.

Billiger waren Kienspanfackeln und Talglampen (Öllampen) – die freilich ebenso stark rußten, den ohnehin spärlichen Sauerstoff verbrannten und zudem einen stark ranzigen Geruch verbreiteten.

Nur wenige Räume einer Burg waren geheizt. Wirkungsvoller als Wandkamine (Abb. rechts: Wandkamin auf der Burg Wildenberg) waren Kachelöfen, weil sie die Wärme speicherten und die Brandgefahr verminderten. – Ofenkachel mit Rittermotiv aus Basel, Mitte 14. Jahrhundert. Historisches Museum Basel.

Gerade im Winter waren die Räume einer Burg finster und ließen sich nur spärlich beleuchten. - Lampe aus dem 15. Jahrhundert, Burgberg der Burg Lemberg. Landesamt für Denkmalpflege Speyer.

Heizung

Auf den Burgen war es aber nicht nur finster, sondern oft auch bitterkalt, in den Felsenburgen zudem noch feucht. Während der Hochadel im Winter auf das beheizbare Erdgeschoss ausweichen konnte, war es in den kleinen Burgen viel ungemütlicher: Der gemauerte Kamin im Saal verbreitete Wärme nur einige wenige Meter weit und nur solange das offene Feuer brannte. Der Platz am Kamin stand dem Burgherrn, seiner Familie und hochrangigen Gästen zu; Glutpfannen mochten entlegenere Raumteile oder Räume ohne Kamin und Ofen notdürftig erwärmt haben. Den geheizten Räumen gab der gemauerte, steinerne Kamin den Namen: Kemenate. Kemenate meint also jeden beheizbaren Raum und nicht nur die – meist ebenfalls geheizten – Frauengemächer.

Einfache Öfen aus Tuffsteinplatten finden sich schon in den bescheidenen Häusern, die selbst beim Hochadel bis ins 11. Jahrhundert nur aus zwei Räumen bestanden und die dennoch gegenüber den Ein-Raum-Behausungen schon einen gewaltigen Fortschritt darstellten. Im – meist in Holz ausgeführten – Küchenteil konnte über einer offenen Feuerstelle gekocht werden, von hier aus wurde der Ofen im benachbarten, aus Stein errichteten Wohnraum beheizt, der somit rauchfrei blieb. Als im späten 11. und im 12. Jahrhundert die Turmhäuser aufkamen, verteilten sich Küche und Wohnräume auf mehrere Etagen. Gern kombinierte man den Kamin in der Halle, auf dem zuweilen auch gekocht wurde, mit dem Kachelofen. Der Kachelofen, seit dem 12. Jahrhundert nachweisbar, war ein Grundofen aus Lehm, der die Wärme viel besser und länger hielt, sie besser verteilte und zugleich die Brandgefahr verringerte. In den Lehm setzte man bald Becherkacheln aus gebranntem Ton, welche die Ofenoberfläche erweiterten und

die Wärme besser speicherten. Später glasierte man die Kacheln und verzierte sie mit den unterschiedlichsten Motiven.

Eine der ältesten Darstellungen eines Kachelofens findet sich in der Züricher Wappenrolle als Helmschmuck (!) des Schweizer Ritters „Stubenwied". Die hohe Wertschätzung, die der Ofen für die Lebensqualität auf einer Burg genoss, spiegelt sich auch im Personalverzeichnis der landesfürstlichen Burg Tirol wider: Dort steht der *fornarius,* der Heizmeister, mit nicht weniger als elf Helfern an der Spitze des Verzeichnisses.

Fenstergruppe der Burg Lichtenstein/Unterfranken.

Innenraumgestaltung
und Mobiliar

Ein Wohnturm der frühen Stauferzeit war nur sehr spärlich möbliert und das Mobiliar blieb bis ans Ende des Mittelalters selbst auf herrschaftlichen Burgen oder Schlösser einfach. Dagegen wurde die Gestaltung von Wand, Fußboden und Decke – der Raumschale – zunehmend reicher, farbiger und abwechslungsreicher.

Ein Wohnturm erschließt sich über eine einfache Außentreppe, die zum Eingang im ersten oder zweiten Geschoss führt. Die Wände der unteren Stockwerke waren entweder verputzt, mit einer dünnen Kalkschlämme versehen oder „steinsichtig". Die Kühle der Mauern dürfte erwünscht gewesen sein, weil hier auf Holzgestellen die Vorräte lagerten: Obst und Brot, dann in Vorratsgefäßen aus gebranntem Ton Kraut und andere Nahrungsmittel, in großen Holzbottichen ein Notvorrat an Wasser. Aufgrund der schlechten Wasserqualität spielte der Wein eine wesentlich größere Rolle, der hier in Fässern lagerte.

Über den Vorratsräumen befand sich die Küche mit einer großen, ebenerdigen oder halbhoch gemauerten Feuerstelle, darüber ein weit ausladender Kamin-, Rauch- oder Schlotmantel. Das Mobiliar war spartanisch – ein einfacher Tisch zum Bereiten der Speisen, ein Regal für Töpfe, Teller oder Lebensmittel. Auf dem Fußboden lag über den Holzbrettern ein feuerfester Estrich aus Lehm oder Mörtelguss, in späteren Jahrhunderten waren die Fußböden auch aus Ziegel oder Natursteinplatten.

Im ersten, zuweilen im zweiten Geschoss des Wohnturms (oder Palas) war die Wohnhalle untergebracht, der repräsentative Mittelpunkt der Burg, der von dem großen Wandkamin dominiert wurde. Hier waren die Wände verputzt oder mit Wandmalereien verziert.

Wandvorhänge waren Schmuck und Kälteschutz zugleich, besonders prächtige Wandbespannungen wurden zu den Festtagen aufgehängt.

Um den Kamin saßen auf Faltstühlen oder Sesseln der Burgherr und seine Familie. Folgt man den zeitgenössischen Schilderungen, dann wurden die Tische nur zu den Mahlzeiten in den Saal getragen und danach gleich wieder entfernt. Man saß auf Hockern oder Bänken (der „Stuhl" wurde erst im 16. Jahrhundert erfunden), auch auf zusammenklappbaren Hockern und Faltstühlen, wohl auch auf Truhen. An den Wänden entlang standen Bänke oder es gab eine umlaufende Bank. Im Wohnturm lagen über der Halle die Schlafkammern des Burgherrn und seiner Familie, unterm Dach war ein großer Raum für die Dienerschaft. Gegen die Kälte mochten Wandverkleidungen aus massiven, wenn auch anfangs derb-einfachen Holzbohlen schützen, vielleicht häufiger noch einfache textile Wandbespannungen. Die Schlafräume wie der Gemeinschaftsraum der Dienerschaft blieben bis in die Neuzeit hinein unbeheizt. In Truhen, vereinzelt auch schon in (Wand-) Schränken bewahrte man die kostbaren Gewänder und Urkunden auf, andere Truhen dienten zur Aufbewahrung des Bettzeugs.

Wenn möglich, leistete sich die Herrschaft Spannbetten, ein Baldachin aus Holz oder Stoff hielt das Ungeziefer ab, die Betten waren kürzer als heute, da man im Sitzen schlief. Knechte schliefen noch im 16. Jahrhundert auf Strohlagern, zum Teil neben den Pferden, Mägde in einfach gezimmerten Gemeinschaftsbetten.

Idealtypischer Schnitt durch einen
Wohnturm des 12. Jahrhunderts,
hier Burg Abenberg/Mittelfranken.
Rekonstruktionszeichnung von
Roger Mayrock, Kempten.

Sanitäre Verhältnisse

Mit der Körperpflege stand es auf vielen Burgen nicht zum besten: Wasser war knapp und kostbar. – Bademagd, aus der „Wenzelsbibel", um 1400. Österreichische Nationalbibliothek, Wien.

Wasserversorgung und Körperpflege hingen auf einer Burg eng zusammen. Wo Wasser mühsam aus den Brunnen geschöpft, sogar der Zisterne entnommen oder über Kilometer herangeschafft werden musste, war der sparsame Umgang oberstes Gebot. Wichtiger als die eigene Körperpflege war dabei die Versorgung der Tiere, vor allem der kostbaren Pferde. Uns wundert daher nicht, wenn Städter und Landmann die Nase über den Burgbewohner rümpften. Noch im 16. Jahrhundert begründet die Zimmersche Chronik die Burgenflucht des Adels mit dem Argument *damit wir nahe zum badt haben*. Da sich das Angebot der städtischen Badehäuser aber keinesfalls auf die Körperpflege beschränkte, sondern auch das gesamte Repertoire eines modernen „Massagesalons" einschloss, weiß man nicht recht, was der burgenfliehende Ritter hier tatsächlich suchte …

Folgt man dagegen den mittelalterlichen Romanen und Epen, nahm die Körperpflege einen hohen Stellenwert ein: Der vom langen Ritt verdreckte Parzival nimmt selbstverständlich ein Bad, gern von Bademägden umsorgt. Meleranz (im gleichnamigen Artusroman des Pleiers, 1160-80) überrascht die keineswegs indignierte Burgherrin im Waschzuber, übrigens vor der Burg, unter einer Linde. Der Epenheld Biterolf lässt „86 oder mehr", einmal gleich 500 Recken gemeinsam baden – in Zubern, die man in den Saal stellte? Im Schwank „Der nackte Bote" wird der Protagonist mit seiner Nachricht zur Badestube geschickt. In der naheliegenden Meinung, der Burgherr bade dort, zieht sich der Bote splitternackt aus und betritt so die Stube, findet hier auch die gesamte ritterliche Familie mit ihren Mägden versammelt – allerdings in voller Kleidung. Nur wegen der kalten Witterung hatte man sich in die beheizbare Badestube zurückgezogen. Kein Schwank ist, dass im Jahr 1045 mehrere Personen, darunter der Bischof von Würzburg, im Badezuber der Burg Persenbeug ums Leben kamen. Die Decke über der Badestube war eingebrochen, der Bischof wohl unglücklich nach unten gestürzt.

In Badestube oder Badehaus standen nicht

nur Zuber zum Waschen bereit, sondern auch Einrichtungen für ein Dampfbad, wozu man heiße Steine mit Wasser übergoss. Badestube oder Badehaus gehörten sicherlich schon früh zur Standardausstattung einer hochadlig-landesfürstlichen Burg und befanden sich in der Regel im Erdgeschoss von Palas oder Wohnturm, schließlich musste reichlich Wasser herangeschafft werden. Auf den Burgen der Ritter lassen sie sich dagegen nur in seltenen Fällen und erst in der frühen Neuzeit nachweisen. Zur Körperpflege lagen bereit: natürlich Seife, wenn auch eher einfacher Qualität; parfümierte, aber teure Seife lernte man auf den Kreuzzügen kennen. Bürsten, auch Zahnbürsten, Reiniger für die Fingernägel wie für die Ohren gehörten wohl zur Standardausstattung und lassen sich in den Quellen wie auf einzelnen Burgen nachweisen. Kleine Handspiegel waren bekannt, gehörten aber, in Elfenbein oder Bronze gefasst, zu den kostbaren *kleynoten*, da sich nur Venedig auf ihre Fertigung verstand. Einzelne vorzugsweise hochadlige Damen trugen Perücken, färbten sich die Haare oder brannten sie zu Locken. Natürlich verstand es auch die mittelalterliche Frau sich zu schminken, mag das Make-up auch klebrig und nicht sonderlich wasserfest gewesen sein.

Ein delikates Thema mit üblen Folgen: Im Flachland schufen die Klöster schon im frühen Mittelalter hygienisch fortschrittliche Toilettenanlagen, indem man Flüsse oder Bäche zur Spülung nutzte. Auf dem engen Areal einer Höhenburg stand diese Lösung nicht zu Verfügung. In einigen Wohntürmen finden sich turmartige Anbauten, die möglicherweise als Abortanlagen genutzt wurden. Unten, im Turmfuß oder auch in einer Senkgrube, sammelten sich die Exkremente. Befand sich der Brunnen oder die Zisterne in der Nähe der Sickergrube, konnte das Trinkwasser mit Bakterien und Viren verseucht werden. Infektionen

Abbildung eines Schöpfeimers in einer Handschrift des „Willehalm" von Wolfram von Eschenbach. Österreichische Nationalbibliothek, Wien.

und Durchfallerkrankungen waren die Folge, die Krankheitskeime gelangten wieder ins Trinkwasser: Der Kreislauf war geschlossen. Ein echter Fortschritt, wenn man in staufischer Zeit das „Geschäft" einfach über die Mauer schaffte: Dazu brachte man an der Außenmauer Abtritte an, als Schachtabtritt in die Mauer integriert, als Erkerabtritt aus der Mauer hervorkragend. Im freien Fall oder durch hölzerne oder steinerne Fallschächte kanalisiert, entleerten sie sich in den Burggraben, zuweilen in Senkgruben. Nach innen waren die Aborte zunächst „sichtoffen"; späterhin, durch Türen verschlossen, wurden sie zum „heimlich Gemach". Hier im Winter, bei eisigen Minustemperaturen? Nun, es gab ja Nachttöpfe, erst aus Holz, später aus Ton.

Aborterker der Burg Loch/ Regensburg.

Wasserversorgung

Solange die befestigten Höfe und Burgen des Adels in den Tälern des Altsiedellandes lagen, war die Wasserversorgung aus einem benachbarten Bach, einem Brunnen oder Sickerschacht ohne größeren Probleme sicherzustellen. Das änderte sich im 11. und 12. Jahrhundert, als im Zuge des Landesausbaus Burgen auf Berggipfeln oder gar auf unzugänglichen Felsplateaus angelegt wurden. Die Chance, im enger werdenden Burgareal – die Burg wuchs in die Höhe – auf Quellen zu stoßen, sank gegen Null und war allenfalls auf Burgen in Spornlage – wie etwa der Burg Neideck in Oberfranken – zu realisieren. Eine Burg ohne eigenständige Wasserversorgung war im Belagerungsfall aber nahezu wertlos.

Eine optimale Wasserversorgung gewährleisteten die Tiefbrunnen, die in Einzelfällen aber bis über 140 m abgetieft werden mussten und exorbitant hohe Kosten verursachten. – Schöpfeimer aus dem Brunnen der Runneburg in Weißensee, um 1250. Museum für Ur- und Frühgeschichte Weimar.

Brunnen

Am nächsten lag es, die Wasserversorgung über einen Tiefbrunnen (Sodbrunnen) im Burggelände sicherzustellen, der auch im Belagerungsfall frisches Wasser lieferte. Entsprechend groß waren die Anstrengungen, Brunnen selbst bei felsigem Untergrund in wasserführende Schichten oder gar bis ins Grundwasser abzuteufen. Das erforderte Brunnentiefen von durchschnittlich 20 bis 40 m, nicht selten von über 70 m, in Einzelfällen wie beim Kyffhäuser in Thüringen, der Burg Homberg oder der Festung Königstein in Sachsen von über 140 m. Je nach Untergrund und Tiefe wurde ein ganzes Jahr, manchmal auch drei oder fünf Jahre am Brunnen gearbeitet, wobei die technischen Schwierigkeiten, vor allem die Sicherstellung der Frischluftzufuhr mit zunehmender Tiefe überproportional anwuchsen. Im Extremfall verschlang der Brunnen ebensoviel Geld wie die gesamte restliche

Burg. Mit dem Bau alleine war es aber noch nicht getan, immer wieder musste der Brunnen gereinigt, mussten die Brunnenschächte und die Fördertechnik ausgebessert werden. Aus Kostengründen wurde der Brunnen zuweilen in der tiefer gelegenen Vorburg angelegt, in diesem Fall aber durch zusätzliche Bauten gesichert.

Tank- und Filterzisternen

War das Anlegen von Tiefbrunnen nicht möglich (wie im Juragebiet, in den Alpen) oder überstiegen die Baukosten die Möglichkeiten

Wo das Anlegen von Tiefbrunnen nicht möglich oder zu teuer war, legte man Zisternen an. – Zisterne auf Burg Altdahn / Pfalz.

des Bauherrn, mussten Ersatzlösungen gefunden werden. Am einfachsten war es, das Regenwasser auf dem Burggelände aufzu-

fangen und in Behältern bereitzuhalten. Über Rohrleitungen, offene oder geschlossene Zuleitungsrinnen kanalisierte man Regen- und Schmelzwasser der Dachflächen.
Als Auffangbehälter dienten große hölzerne Wannen, Tankräume oder Gruben, auf größeren Burgen auch gemauerte Zisternen, die bei den Kreuzritterburgen des Heiligen Landes die Größe ganzer Hallen erreichen konnten. Auf kleineren Burgen begnügte man sich mit ganz oder teilweise in den Fels gehauenen Zisternen, die sich nach oben verjüngten wie bei der oberfränkischen Burg Rotenhan oder der westpfälzischen Altdahn. Die Wasserqualität ließ sich durch die Anlage von Filterzisternen verbessern, in denen das Wasser zunächst eine Schicht aus Kies, Schotter oder Sand durchlief.

Externe Wasserversorgung

Selbst gefiltertes Wasser wird mit der Zeit brackig, in Hitzeperioden konnten die Zisternen außerdem schnell austrocknen. Zisternen waren daher wohl auch mehr Einrichtungen für Not- oder Belagerungszeiten, während man üblicherweise auf frisches Bach- oder Quellwasser zurückgriff – selbst wenn es mühsam über mehrere Kilometer bergauf herangeschafft werden musste. Die Last auf die Bauern abzuwälzen, wird nur in seltenen Fällen geglückt sein. In der Regel schickte man jeden Morgen ein, zwei Knechte oder Mägde ins Tal, die das benötigte Wasser entweder selbst oder auf dem Rücken eines Esels zur Burg schafften – Eselspfade oder Eselsteigen finden sich noch heute in der Umgebung vieler Höhenburgen. Was uns heute unzumutbar erscheint, war bis ins frühe 20. Jahrhundert etwa auf den Jurahöhen der Fränkischen Schweiz normaler Alltag, wo die Bäuerinnen

das Trinkwasser huckepack aus dem 4 km entfernten Flusstal auf die Höhe brachten.
Lag die Burg an einem Bergsporn, war der Burgherr begütert und befand sich eine Quelle am Berg über der Burg, konnte man an die Anlage einer Wasserleitung aus Holz oder Ton denken. Diese Lösung war jedoch im Verteidigungsfall untauglich, denn die Leitung konnte von außen unterbrochen werden. Ob man daher bereits im Mittelalter auf diese Art der Wasserversorgung zurückgegriffen hat, ist nicht gesichert – die wenigen erhaltenen Leitungen stammen aus der frühen Neuzeit, als die Verteidigungsaufgabe der Burg schon stark in den Hintergrund getreten war. Wie sehr man aber an frischem Wasser interessiert war, zeigt sich am Beispiel des Berwartstein: Obwohl die Burg über einen 80 m tiefen Sodbrunnen verfügte, entschloss man sich im 16. Jahrhundert aufgrund der schlechten Wasserqualität zur Anlage einer Wasserleitung, die bis zum Fuß der Burg führte, von wo das Wasser in die Burg getragen werden musste.
Am Beispiel des Berwartstein wird auch deutlich, dass man sich kaum auf nur eine Art der Wasserbeschaffung verlassen hat: Im Belagerungsfall musste sich die Burg möglichst lange autark mit Wasser versorgen können – Brunnen lösten diese Aufgabe perfekt, Zisternen über einen begrenzten Zeitraum.

Brunnenschächte als „Schatzkammern" für Burgenarchäologen: hier eine Kanne des 13. Jahrhunderts aus dem Brunnen der Runneburg. Museum für Ur- und Frühgeschichte Weimar.

Der Alltag

Der Sommer

„Nun ist die Zeit der Ernte", da hat der Krieg Rücksicht zu nehmen. Schon die Franken waren bestrebt, ihre Frühjahrsfeldzüge bis zum Sommer abzuschließen, um sich um ihre Ernten kümmern zu können. Dabei war der Sommer eine gute Zeit zum Kämpfen – die Tage waren lang, Futter für die Pferde war vorhanden, Truppen konnten unter freiem Himmel übernachten. Flüsse mit ihrem Niedrigwasser ließen sich leichter überqueren, die Wege waren zwar staubig, aber passierbar. Für die Fehde, die „kleine Reiterei", war der Sommer sogar die beste Zeit: Der Gegner hatte seine Ernte noch nicht eingefahren und konnte kaum hoffen, einer längeren Belagerung standzuhalten. Die Vernichtung der Ernten auf dem Halm wie der Sonderkulturen (Wein, Obst) musste ihn jetzt besonders hart treffen, weil durch Nachzucht oder Neupflanzung vor dem Winter kein Ersatz mehr zu beschaffen war. In der Regel aber beteiligte man sich weder an Krieg noch an Fehde, sondern blieb zu Hause, überwachte Ernte, Dreschen und Einlagern und genoss die langen warmen Abende auf der Burg.

Der Jahreskreis

Bis in die Neuzeit hinein bestimmte die Landwirtschaft den Jahresablauf des Ritters. – Fällen von Bäumen, Wandteppich von Bayeux, Ende 11. Jahrhundert. Musée de la Tapisserie, Bayeux.

„Jeden Tag kümmert und sorgt man sich um den folgenden, immer ist man in Bewegung, immer in Unruhe. Da müssten die Äcker umgegraben und wieder umgegraben werden, ist in den Weinbergen zu arbeiten. Bäume müsste man setzen, Wiesen bewässern, Schollen brechen, säen, düngen, das Getreide schneiden, dreschen; nun ist die Zeit der Ernte, nun wieder Weinlese. Ist es ein schlechtes Jahr, wie es in unserer unfruchtbaren Gegend nur zu oft der Fall ist, dann herrscht furchtbare Not". Ulrich von Hutten beschreibt so noch Anfang des 16. Jahrhunderts den Alltag auf seiner elterlichen Burg Steckelberg. Selbst zu einer Zeit, als die Geldwirtschaft schon weit vorgedrungen war, wird die starke Abhängigkeit des „ritterlichen" Alltags von den Gesetzen der Natur und der agrarischen Wirtschaft überdeutlich.

Wie der einzelne Ritter, so war auch die mittel-

Der Herbst

Die Ernte war eingefahren, die Vorratshäuser waren aufgefüllt. Die Zuchttiere, die den Sommer über aufgezogen wurden, mussten nach und nach geschlachtet werden, da die Vorräte für sie nicht ausreichten. Zu festgelegten Terminen, gern an Martini, lieferten die Bauern ihre Abgaben ab. Auf den abgeernteten Feldern ließen sich prächtige Jagden veranstalten. Spätsommer und Frühherbst waren traditionell vor allem die Zeit der Kämpfe. Die Tage waren nun weniger heiß, die Straßen nicht mehr so staubig. Problemlos ließen sich größere Truppenkontingente aus eigenen, lieber aus erbeuteten Ernten ernähren. Die großen Ritterschlachten mit vielen Beteiligten fanden bevorzugt von Ende August bis Ende September statt (Crécy, Dürnkrut, Morgarten, Mühldorf).

Der Winter

Ab November endete die gute Reisezeit, der Regen ließ die Wege verschlammen, die Flüsse schwollen an und wurden unpassierbar, auf den Meeren herrschten Stürme – was für den Reisenden galt, galt erst recht für ein Heer. In der Regel ließ man die Kämpfe jetzt ruhen und suchte einen Ausgleich, es sei denn, man wurde durch Aufstände zum Einschreiten genötigt. Manchmal konnte die Kälte Vorteile bringen, denn die gefrorenen Wege waren für schwere Wagen oder Reiter leichter passierbar und zugefrorene Flüsse und Sümpfe bildeten kein Hindernis mehr. Wer im Winter Krieg führte, dem war ein Überraschungsmoment sicher.
In der Regel aber verbrachte der Mann den Winter zu Hause, war endlich bei Frau und Kindern. Eng saß man beieinander, denn nur

wenige Räume der Burg oder des Herrenhofs waren beheizt. Man unterhielt sich; Brett- und Würfelspiele mochten Abwechslung gebracht haben.

Das Frühjahr

Irgendwann waren alle Gespräche geführt und alle Spiele gespielt, voller Sehnsucht wartete man in den feuchten, kalten Burgen auf den Frühling. Noch waren die Wege nur angetaut, morastig oder tief und kaum passierbar, noch fehlte das Grünfutter für die Pferde. Als die Reitertruppen immer wichtiger wurden, hatten die Franken daher schon 755 ihre jährlichen Heeresversammlungen vom März auf den Mai verlegt. Ab Ostern begann dann die „hohe Zeit des Ritters" (Brunner), der sich auf Krieg und Fehde vorbereitete, an Turnieren und oft mehrtägigen Jagden teilnahm. An Pfingsten erreichte das Jahr seinen Höhepunkt mit Hoftagen, Hochzeiten und Festgesellschaften mit Musik, Tanz und Festessen. Eine Frühjahrskampagne, eine Fehde mochte sich anschließen. Danach aber kehrten viele Ritter wieder auf ihre Burgen und Höfe zurück, um sich um ihre Ernten zu kümmern.

Reste landwirtschaftlicher Geräte wurden auf vielen Burgen ergraben. Astbeil von der Burg Hohenfels im Elsass, 15./16. Jahrhundert. Maison de l'archéologie des Vosges du Nord.

Fehde und Krieg richteten sich nach den Erfordernissen der Landwirtschaft. Schon die Franken versuchten, ihre Frühjahrsfeldzüge bis zur Erntezeit abzuschließen. – Kornernte, Fresko im Adlerturm in Trient, Anfang 15. Jahrhundert.

Die tägliche Ernährung

Nirgends traten die großen sozialen Unterschiede in der mittelalterlichen Gesellschaft deutlicher zu Tage als in den Ernährungsgewohnheiten. Im frühen Mittelalter, als hochadlige Familien noch in oder bei den Dörfern saßen, lassen sich Wohnsitze von Adligen und Bauern fast allein anhand der erhaltenen Lebensmittelreste auseinander halten. Essen wurde zum wichtigsten Standesattribut — Hochadel und Bevölkerung unterscheiden sich weniger in Kleidung und Wohnung als im Essen.

Saß ein niederer Ritter an der Tafel eines Herrn, durfte er sich beglückwünschen, auch wenn sich von den Portionen nicht die Tische durchbogen. Folgt man Wolfram von Eschenbach, dann hatten da, *„wo man, mein Herr' zu mir sagt, nämlich zu Hause … selbst die Mäuse keinen Grund zum Feiern."*

Wer von den niederen Rittern im 14. oder 15. Jahrhundert eine eigene Burg besaß, hatte schon einen gewissen sozialen Aufstieg hinter sich. Burgenarchäologen rekonstruierten aus den gefundenen Essensüberresten auf Niederadelsburgen: Natürlich aß man Fleisch, aber fast ausschließlich Schwein und Rind. Schweine und Rinder verzehrten auch die Bauern, allerdings war das Fleisch der Rinder zäh und stammte von ihren alten Zugtieren. Um seinen Nährwert voll zu nutzen, kochten Bauern und Ritter das Fleisch. Wild spielte dagegen nur eine untergeordnete Rolle. Von einem großen qualitativen Unterschied in der Ernährung von Rittern und Bauern wird man also kaum sprechen können. Anders sieht es aus, wenn wir die Mengen heranziehen: Aus

Empfehlung

www.godecookery.com (Linksammlung zu Essen und Trinken in Mittelalter und Renaissance)

Nach Wolfram von Eschenbach hatten im Hause eines ministerialen Ritters selbst die Mäuse keinen Grund zum Feiern. Am Tisch des Lehnsherrn essen zu dürfen, war daher ein gesuchtes Privileg. – Abbildung auf dem Wandteppich von Bayeux, Ende 11. Jahrhundert. Musée de la Tapisserie, Bayeux.

Untersuchungen der spätmittelalterlichen Essgewohnheiten in der Auvergne wissen wir, dass auf den Dörfern 26 kg Fleisch pro Kopf und Jahr verbraucht wurden, bei den Provinzadligen aber rund 100 kg – das Vierfache der Menge eines Bauern.

Wichtigster Bestandteil des Essens während des gesamten Mittelalters war aber nicht das Fleisch, sondern das Getreide, das als Brot, Grützebrei oder Bier auf den Tisch kam, seltener als Fladen, Brezel, (Leb-)Kuchen oder Semmel. In normalen Zeiten werden die Unterschiede zwischen Ritter und Bauer hier nicht allzu groß gewesen sein und sich eher in der Qualität ausgedrückt haben: je reicher, um so heller wurde das Brot – vom Schwarzbrot des Bauern bis hin zum Weißbrot aus Weizen. Getreideprodukte deckten den Nahrungsbedarf eines Adligen überwiegend und fast vollständig den eines Bauern. Missernten und unweigerlich folgende Preissteigerungen mussten die Unterschichten unmittelbar treffen und offenbarten eine uns unbekannte Dimension: In Zeiten der Nahrungsknappheit konnte die Position auf der sozialen Leiter sehr schnell über Tod oder Leben entscheiden.

Gegenüber dem Getreide waren alle anderen Lebensmittel, auch Fleisch, nur Zuspeise, deren Art und Zusammensetzung aber über Lebenserwartung und Lebensqualität ent-

schied: Getreide konnte nur den Grundbedarf an Kalorien decken, nicht aber an Vitaminen. An erster Stelle wird man das Gemüse nennen, das immer vielfältiger zur Verfügung stand und in jeder Burg – im Burggarten, in der Vorburg oder im Wirtschaftshof – angebaut wurde. Obst lieferten noch im frühen Mittelalter vor allem Wildsorten, seit dem 11./12. Jahrhundert Streuobstwiesen. Äpfel und Birnen wurden gern gekocht, Weintrauben zu Wein, Essig oder Branntwein, Obst vielfach auch zu Gelee, Konfitüre oder Sirup verarbeitet. Aus dem Wald kamen Beeren hinzu, dann Hagebutten, Holunder, Bucheckern, Eicheln, Esskastanien, Nüsse. All dies stand im frühen oder hohen Mittelalter auch den Bauern zu, wurde jedoch mit zunehmender Bevölkerungsdichte und Zersiedlung stärker reglementiert.

Eine wesentlich größere Rolle als heute spielte sicherlich der Fisch, die klassische Fastenspeise. Das Mittelalter kannte rund 70 Fastentage, fromme Christen fasteten an jedem Freitag und Samstag, besonders gläubige auch jeden Mittwoch. An diesen Tagen waren Fleisch, Geflügel und Milchprodukte tabu, zudem durfte nur eine statt der üblichen zwei Hauptmahlzeiten eingenommen werden. Besonders beliebt war stark gewürztes Essen. Breiten Bevölkerungsschichten standen zumindest theoretisch die einheimischen Gewürze in einer uns ungewohnten Breite zur Verfügung – teils auch als Ersatz für die „gesalzenen" Salzpreise. Ganz anders verhielt es sich mit den aus dem Mittelmeergebiet, aus Westafrika oder Fernost eingeführten Gewürzen: Eine kleine Büchse Safran kostete soviel wie eine Kuh, 1 Pfund Muskatnuss nicht weniger als sieben Ochsen, für Pfeffer, Ingwer oder Zimt zahlte man „gepfefferte" Preise. Wer Reichtum zeigen wollte – hier fand er ein ideales Feld, sparte nicht und pfefferte auch den Wein.

Frisches Fleisch gab es im Winter selten. Weil die Vorräte zum Durchfüttern der Tiere nicht ausreichten, wurden die Tiere im späten Herbst geschlachtet, das Fleisch gepökelt und in Vorratsgefäßen aufbewahrt. Keramik Pingsdorfer Art, Vorratsgefäß und Tischkeramik. Historisches Museum der Pfalz Speyer.

Tafelgeschirr aus Silber war selbst an herrschaftlichen Tafeln die Ausnahme. Meist aß und trank man auch in adligen Kreisen aus hölzernen Tellern oder Bechern. – Gedrechselter Teller aus dem Brunnen der Runneburg, um 1250. Museum für Ur- und Frühgeschichte Weimar.

Kleidung

Den Ritter kennen wir fast nur in der Rüstung, die er aber selbstverständlich nur zum Kampf anlegte. Was aber trug der Ritter „privat"? Bei der Betrachtung mittelalterlicher Darstellungen, etwa des berühmen Codex Manesse, fällt zunächst auf, dass es auf den ersten Blick keinen Unterschied zwischen Männer- und Frauenkleidung, zwischen Erwachsenen- und Kinderkleidung gab. Überall lange, bis zu den Knöcheln reichende Untergewänder, darüber ein Überrock, auch der bei Mann und Frau bis zum Boden reichend. Erst im 15. Jahrhundert wanderte der Rock des Mannes allmählich nach oben — so weit, dass sich der kleine Unterschied deutlich erkennen ließ.

Noch im 10. Jahrhundert hätten wir uns dagegen leicht getan: Die Frau im langen, weit fallenden Kleid, der Mann mit nur knielangem Kleid, darunter eine Bruch — eine Art Unterhose aus Leinen, Modell mittellang, an ihr wurden die „Hosen", so genannte Beinlinge, festgenestelt, die Füße steckten in Strümpfen. Die Unterschiede zwischen adliger und bäuerlicher Kleidung zeigten sich mehr in der Qualität der Stoffe als in ihrem Schnitt.

Im 11. Jahrhundert kam die Frauenmode in Bewegung: Die Ärmel wurden weiter und länger, Gürtel zeigten vorsichtig Figur, raffinierte und immer enger werdende Schnitte betonten die Oberweite. Im 12. Jahrhundert setzte sich die figurbetonte Entwicklung fort, Taille und Oberkörper wurden mit Schnüren herausmodelliert. „Oberhalb des Gürtels fast nackend und ganz entblößt" (Konrad von Würzburg) — das Bild faszinierte Mit- und Nachwelt. Unterhalb des Gürtels fiel das Kleid in weitem und reichem Faltenwurf; es reichte jetzt bis zum Boden, ja musste zum Gehen gerafft werden. Die Ärmel wuchsen und erreichten ebenfalls den Boden; sie waren nicht nur Zierde, sondern dienten auch als praktisches Hand-

tuch, nicht zuletzt als Unterpfand der Minne. Letzter Schrei des frühen 13. Jahrhunderts aber war der *swanz*, eine Schleppe von zuweilen erstaunlicher Länge, die zu besonderen Anlässen, etwa zum Tanz, getragen wurde; ein Erfolgsmodell, das bald von den Bauersfrauen nachgeahmt wurde. 1240 versetzte der (päpstliche) Legat Latinus die Frauen in Schrecken, als er die Länge der Schleppe begrenzen wollte: *„Das war den Frauen bitterer als der Tod"* (Salimbene von Parma, „Chronica").

Die Männermode glich sich an, die Länge von Unterkleid und Rock wuchs nach 1100 und erreichte schließlich ebenfalls den Boden; die praktischen knielangen Kleider trugen gegen 1300 Knecht und Bauer und der Ritter im Alltag. Von den Damenröcken unterschieden sie sich lediglich durch einen Schlitz an Vorder- und Rückseite, der das Reiten ermöglich sollte. Selbst die weiten Ärmel wurden übernommen, der Oberkörper wurde ebenfalls eingeschnürt. Gern kürzte man das Obergewand an

Emailscheibenfibel, Bronze mit hell- und dunkelblauer Emaileinlage. Nordschweiz, 10./11. Jahrhundert. Kantonsmuseum Baselland, Liestal.

Die Kleidung besaß Statusfunktion. Der Adel liebte bunte, ja grelle Farben und beschränkte die Farbpalette der bäuerlichen Kleidung auf braun, blau oder schwarz. – von Bucheim, Codex Manesse, Anfang 14. Jahrhundert. Universitätsbibliothek Heidelberg.

Beratungsszene. - Miniatur aus einer Handschrift des Rolands- liedes, um 1170. Universitätsbiblio- thek Heidelberg.

der Vorderseite, damit die Zierde männlicher Schönheit, die *„ritterlichen Beine"* sichtbar wurden: *„Hosen aus rotem Scharlach zog man dem Tapferen an. Herrje, wie schön waren sei- ne Beine"* (Gottfried von Straßburg).

Gegen so viel Lebensfreude machte die Kirche mobil, sie ging gegen die nackten Männerbei- ne vor (namentlich, wenn die Herren *„nur zwei modische Stiefel über nackten Beinen trugen"*) wie gegen die unziemlichen Damengewänder, *„die allen Liebhabern alles, was sie an sich feilzubieten haben, offen zeigen"* (Thietmar von Merseburg, „Chronicon", Anf. 11. Jahr- hundert). Es scheint, als habe die Kirche Erfolg gehabt: Im Laufe des 13. Jahrhunderts scheint die Mode Extravaganzen abgebaut und auf übermäßigen Prunk verzichtet zu haben. Allerdings stammen entsprechende Hinweise von Grab- und Kirchenplastiken, die nicht un- bedingt im Einklang mit literarischen Zeug- nissen stehen.

Im 13. Jahrhundert kam es in Spanien und Frankreich, schon damals Zentren abendlän- discher Mode, zu den ersten weltlichen Erlas- sen gegen den Kleiderluxus. Sie regelten den Kleiderluxus am Hof und legten etwa fest, wie viele pelzgefütterte Röcke getragen werden

durften. Nur in Mitteleuropa richteten sich die Kleiderordnungen gegen die Bauern und schrieben ihnen einfache Kleidung vor, selbst- verständlich nur in braun, blau oder schwarz. Der Adel dagegen liebte die bunten, grellen Farben und kombinierte grün mit rot, gelb oder blau. Er erfand schließlich auch die *mi- parti*-Mode, Gewänder, die schon in sich mehrfarbig gemustert oder gestreift waren; gern trug man auch verschiedenfarbige Bein- linge.

Gerade für den Adel besaß die Kleidung Sta- tusfunktion. Wenn im Laufe des hohen und späten Mittelalters die praktischen Schnitte immer mehr durch verspielte, betont unprak- tische, ja groteske Formen ersetzt wurden, so enthielt dies auch eine deutliche Botschaft: Der Adel musste nicht arbeiten. Und da die höfische *vreude* sich in bunter, wertvoller Klei- dung manifestiert, zeigt sich der Verfall der höfischen Gesellschaft am augenfälligsten im Tragen bäurisch-praktischer Kleidung: *„Wohin ich mich auch wende, niemand ist mehr ver- gnügt ... Die stolzen Ritter haben bäurische Kleider an",* stellt Walter von der Vogelweide schon im frühen 13. Jahrhundert in einem seiner Sprüche fest.

Emailverzierter Gürtelbeschlag. Nordschweiz, 10./11. Jahrhundert. Kantonsmuseum Baselland, Liestal.

Festmähler dienten auch dazu, die Bindungen zwischen Lehnsherrn und Lehnsnehmern zu vertiefen. - Fürstliches Festmahl, Miniatur aus einer Handschrift des „Willehalm" von Wolfram von Eschenbach, frühes 13. Jahrhundert. Österreichische Nationalbibliothek, Wien.

Festbankette

Festessen zählte zu den Höhepunkten im Jahresablauf und stellten für viele Ritter die einzige Möglichkeit dar, nach Herzenslust zu schlemmen. Umgekehrt boten die Festessen den Gastgebern eine ausgezeichnete Möglichkeit, ihren Reichtum zur Schau zu stellen und aller Welt ihre Gastfreundschaft zu beweisen — ohne größere Rücksichtnahme auf die tatsächlichen finanziellen Möglichkeiten. Anlässe für Festessen boten sich genug: Die hohen christlichen Feiertage, allen voran Weihnachten, Ostern und Pfingsten, der Geburtstag oder die Durchreise des Lehnsherrn, Hochzeit, Turnier, Taufe oder Tod. Zum Festmahl versammelten sich die Adligen einer Region oder Freunde, Verwandte und Gefolgsleute am Hofe ihres Lehnsherrn. Festmähler knüpften und vertieften so die Bande zwischen Lehnsherr und Vasallen.

Den Rahmen für das Festessen lieferten in der Regel die Halle, der Saal der großen Pfalzen und Burgen. Waren viele Teilnehmer angereist

oder das Wetter günstig, speiste man im Freien oder schlug Zelte auf. Schon seit Tagen oder Wochen hatte der Truchsess das Essen vorbereitet, bei fahrenden Kaufleuten, in den Städten und bei den Bauern der Umgebung die Speisen, vor allem Fleisch, verschiedene Weinsorten und Gewürze besorgt. In der Burgküche hatte der Chefkoch mit einem Stab von Köchen und Küchenjungen — Frauen finden sich in dieser Umgebung kaum — die einzelnen Gänge vorbereitet: Ein Festessen bestand immer aus einer Vielzahl von Gängen mit jeweils verschiedenen Gerichten.

Das Festessen wurde förmlich zelebriert. Waren alle Speisen vorbereitet und die Gäste versammelt, gab der Gastgeber das Signal zum Beginn. Auf ein Zeichen des Truchsesses trugen die Diener die Tischplatten in die große Halle, setzten sie auf Untergestelle (Schragen) und breiteten die weißen, bis zum Boden reichenden Tischdecken aus. In einigen Burgen tafelte der Burgherr mit den hochgestellten Gästen auf einem Podest — soziale Unterschiede wurden so für alle sichtbar unterstrichen. Bei der Platzwahl galt es streng die Rangordnung einzuhalten — der höhere Status drückte sich ganz augenscheinlich in der größeren Nähe zum Gastgeber aus. Dagegen war die ursprüngliche Trennung nach den Geschlechtern seit dem hohen Mittelalter aufgehoben, in bunter Reihung saßen Frau und Mann zusammen. Kindern und Knechten war dagegen der Zutritt verwehrt.

Bevor man Platz nahm, wuschen sich die Gäste die Hände: Für die meisten genügte ein großes Waschbecken, das alle gemeinsam benutzten, hochgestellten Personen hielten die Pagen Schüssel und Handtuch hin.

Vor sich fand jeder Gast eine dicke Scheibe Schwarzbrot, in besonders vornehmen Burgen nach französischer Sitte eine eigene Serviette, Löffel und einen Becher aus Zinn oder Holz, während Glas- und Silberbecher allenfalls auf

dem Tisch des Gastgebers standen. Ein kunst-
voll gearbeitetes Salzfass aus Silber oder Ala-
baster, Gießgefäße und Platten ergänzten die
Ausstattung.

Suppen oder Saucen wurden in Schüsseln ser-
viert, aus denen man gemeinsam aß. Meist
war dem Herrn eine Tischdame zugeordnet,
mit der er aus einem Becher trank und für die
er das Fleisch mit dem Messer (in der Regel
seinem eigenen) in mundgerechte Stücke
schnitt. Gabeln im heutigen Sinne kannte
man nicht, nur in der Küche nutzte man zwei-
zinkige Spieße um das Fleisch aus den Kesseln
zu heben und zu portionieren.

Die Speisen, vor allem die stark gewürzten
Saucen, waren für heutige Verhältnisse ge-
wöhnungsbedürftig. Reichtum zeigte sich im
verschwenderischen Gebrauch der kostbaren
Gewürze, allen voran von Pfeffer und Safran.
In großen Krügen wurden die Getränke her-

Mit zunehmendem Weinkonsum lockerten
sich die Tischsitten. Schon im frühen 12. Jahrhundert bemühten sich „Anstandsbücher"
um die Verbesserung und Verfeinerung des
Benehmens bei Tisch. Liest man die Anstands-
regeln, trifft man auf Menschlich-Bekanntes:
Man sollte nicht mit vollem Mund sprechen,
das Brot nicht in den Wein tunken, Wein nicht
mit vollem Mund trinken, sich nicht gierig die
besten Stücke aus der Schüssel nehmen, die
Knochen nicht mit dem Mund abnagen, die
Fleischstücke nicht angenagt weiterreichen,
den Gürtel nicht zu weit schnallen, beim Essen und Trinken Maß halten (besonders die
Damen).

Und die Tischgespräche? Waren Damen anwesend, galt es sich hier ebenso zu beweisen
wie im Turnier oder in der Schlacht – die Waffen waren geistreiche höfische, auch galante
Konversation, außerdem die Beherrschung
der Tischsitten und – nach dem Essen – der
neuesten Tanzschritte. Die Älteren erzählten
von ihren Kriegserlebnissen, Jüngere interes-
sierten sich mehr für Turnier und Jagd, die
neuesten Waffen und Rüstungen, für gute
Waffenschmiede oder ihren neuen Hengst.

War das Essen vorbei, wurden die Tische wieder aus dem Saal getragen – die Tafel wurde
wortwörtlich „aufgehoben". Es war spät geworden: Kerzen oder Fackeln wurden ange-
zündet, die Spielleute spielten zum Tanz auf.
Wer nicht tanzte, saß auf einer der Bänke, die
nun entlang den Wänden aufgestellt waren,
und genoss das Schauspiel bei einem Becher
Wein.

Becher aus Silber oder Glas wurden
nur zu festlichen Gelegenheiten
aufgetragen und standen selbst hier
nur am Tisch des Burgherrn und
seiner vornehmsten Gäste. –
Nuppenbecher, 14. Jahrhundert.
Landesamt für Denkmalpflege
Speyer.

Aquamanile in Tiergestalt (Ton).
13./14. Jahrhundert. Historisches
Museum der Pfalz Speyer.

eingetragen, meist Wein, seltener Bier oder
Met. Wer es sich leisten konnte, kredenzte
seinen Gästen Südweine. Die sauren einheimischen Weine mussten vielfach erst trinkbar
gemacht werden – mit Honig, mit Gewürzen,
manchmal auch mit Pfeffer.

Unterhaltung: Spiele, Musik, Tanz

Turniere zählten auch in Mitteleuropa seit dem 12. Jahrhundert zu den festen Bestandteilen jeder adligen Feier, nicht anders als Festessen, Musik und Tanz: *„Hoffieren, tantzen stechen und durnieren"* wurde zur einer festen Redewendung. Der Ablauf war immer gleich: Auf das Turnier folgte das Festessen, meist schon mit musikalischer Untermalung. Nach dem Essen wurde getanzt, an den großen Höfen begleitet von einem ganzen Orchester aus Trommeln, Fiedeln, Harfen, Flöten. Auf den kleineren Burgen mussten zuweilen ein, zwei Fiedler genügen, notfalls sang man eines der Tanzlieder selbst. Tanz war vor allem bei der jüngeren Generation sehr beliebt, auch wenn es für unser Verständnis zuweilen recht steif zuging. Ein Vortänzer (oder eine Vortänzerin) ging voraus, gab die gesetzten Schritte an, sang wohl auch die Lieder vor. Die Tänzer hielten sich an den Händen und folgten ihm. Die wohlgesetzten Schritte hatten sie im Tanzunterricht gelernt, der zum festen Bestandteil höfischer Ausbildung gehörte, obwohl der Tanz bei der Kirche auf massive Vorbehalte stieß. Weniger steif, spontaner und vielfach improvisiert ging es beim Rei(g)en zu, einer Art Polonaise, bei der die Tanzschritte gesprungen wurden. Der Reigen stammte jedoch aus dem bäuerlichen Milieu; er galt damit als „tölpelhaft", ja anstößig. Zumindest aus dem „offiziellen" Teil adliger Feiern dürfte er damit verbannt geblieben sein. Paarweises Tanzen kam erst nach 1400 auf.

Auf den großen Festen spielten selbstverständlich Musikanten, Spielleute, auf, die von Hof zu Hof (oder von Dorf zu Dorf) zogen und meist mehrere Instrumente beherrschten. Selten sesshaft, war ihr sozialer Status eher niedrig. Erziehung im Gesang sowie Ausbildung an zumindest einem Instrument gehörten jedoch auch zur adligen Erziehung. Immer wieder sehen wir Männer wie Frauen, oft

Manche der adligen Gesellschaftsspiele kommen uns heute kindisch, zuweilen aber auch delikat-erotisch vor. – Spiele auf dem so genannten „Nürnberger Spielteppich", um 1390. Germanisches Nationalmuseum Nürnberg.

weih oder Walrosszahn gehören seit salischer Zeit zu den häufigsten Funden auf großen und kleinen Burgen. Früh beliebt waren Dame, Mühle und „Wurfzabel" oder Trictrac, ein Spiel, das in Vielem unserem Backgammon ähnelt. Die Spielpläne wurden teils in Fußböden, Tische oder Fensterbänke eingeritzt (Mühle), teils wurde erhebliche Mühe in die Anfertigung von Spielplänen aus Elfenbein, Marmor oder Silber aufgewandt (Wurfzabel, Schach). Das Schachspiel, wohl in Indien erfunden und von den Arabern übernommen, lässt sich seit dem 10. Jahrhundert in Mitteleuropa nachweisen. Das Spiel verbreitet sich so schnell bei Adligen und Ministerialen (aber auch bei freien Bauern), dass seine Beherrschung schon Anfang des 12. Jahrhunderts von Petrus Alfonsi unter den sieben Rittertugenden aufgeführt wird. Seither gehört es zum festen Bestandteil ritterlicher Erziehung und Lebensführung.

Dennoch waren Wurfzabel und Schach nicht unumstritten, da dabei große Summen eingesetzt und ganze Vermögen verspielt wurden. Das rief nicht nur die Kirche auf den Plan (was wenig verwundert), sondern auch die Könige, die den Geistlichen (!) und ihren Dienstmannen bei Strafe der Absetzung mehrfach (wenn auch ohne sichtbaren Erfolg) das Spiel untersagten. Eine Sittenlehre rät den jungen Männern schließlich ebenso wirkungslos: „Schach sollst Du meiden". Schach bleibt das edle Spiel des Adels. Seine Spielzüge spiegeln geradezu die mittelalterliche Gesellschaft: Der Bauer wird zum Schutz der wertvolleren Spielfiguren geopfert und der berittene Krieger der Araber wird als Ritter (heute: Springer) zu einer der wichtigsten Spielfiguren.

Mit Wurfzabel, Schach oder - wie hier - Tric-Trac verbrachte man gern die langen Winterabende auf den einsamen Höhenburgen. - In ein Tannenbrett eingeritzter Spielplan mit 9 Spielsteinen. Archäologisches Landesmuseum Baden-Württemberg, Konstanz

Fragment einer Fensterbank mit eingeritztem Mühlespiel. Burg Schlössel/Klingenmünster, 11./12. Jahrhundert. Historisches Museum der Pfalz Speyer.

gemeinsam, beim Spielen von Harfe, Flöte, Fiedel oder Geige. Gern werden sie auf den großen Festen vorgespielt oder vorgesungen haben, doch auch zu Hause gehörten die Beschäftigung mit Instrumenten und der Gesang zu den bevorzugten Freizeittätigkeiten. War der Abend fortgeschritten oder fand man sich im kleineren Kreis zusammen, wird man sich jenen teils kindlichen, teils delikat-erotischen Gesellschaftsspielen zugewandt haben, wie sie uns der sogenannte „Nürnberger Spielteppich" überliefert. Bei der „warmen Hand" drückt ein Spieler sein Gesicht in den Schoß einer Mitspielerin und muss nun raten, wer ihm die Hand reicht oder ihn berührt. Bei einem anderen Spiel kniet der Spieler auf allen vieren, ein Partner, bevorzugt die Dame, reitet im Damensitz auf ihm und versucht nun, von einem Partner gestützt, mit ihrem Bein einen Gegner umzustoßen. Weitere Spiele waren „Blinde Kuh", Maskeraden und „Hasch mich", Reiterspiele mit wechselnder Besetzung oder eine Art Fragespiel, bei dem einem gewählten „König" alle Fragen beantwortet werden mussten – so unangenehm (oder delikat) sie auch waren.

Vor allem an den langen, tristen Winterabenden vertrieb man sich auf den einsamen Höhenburgen wie bei Hofe die Zeit mit Würfel- und Brettspielen. Spielsteine und Spielfiguren aus Elfenbein, Bergkristall, Hirschge-

Jagd

Neben Turnier und Hoffest war die Jagd wichtigstes Vergnügen des Adels, das zu allen Jahreszeiten ausgeübt wurde. Dabei war die Jagd gerade im frühen und hohen Mittelalter ein gefährliches Abenteuer, was ihren Reiz für die Ritter aber nur noch erhöhte: Bei der Jagd

Jagden zählten zu den wichtigsten Vergnügen des Adels und erfüllten eine Vielzahl von Aufgaben. - Darstellung einer Hirschjagd an einer Wand des Turniersaals in Schloss Runkelstein/Südtirol, spätes 14. Jahrhundert.

konnte man seinen Mut beweisen, sich auszeichnen, der hohen Dame gefallen. Jagd war stets auch Kampf oder Übung für den Kampf, nicht anders als das Turnier. Kenntnisse in der Jagd wurden jedem Knappen vermittelt und waren fester Bestandteil seiner Ausbildung zum Ritter.

Abenteuer, ritterliche Erziehung, Übung für den Kampf: darin erschöpften sich die Funktionen der Jagd aber bei weitem nicht. Das Erlegen gefährlicher Tiere wie Bär oder Wolf diente auch dem Schutz des Waldes, seiner Bewohner und nicht zuletzt dem der bäuerlichen Siedlungen, wobei es freilich „im Eifer

des Gefechts" vorkommen konnte, dass dabei gerade die Felder, Obst- oder Weingärten der Bauern in Mitleidenschaft gezogen wurden. Stets willkommen war das Fleisch der Tiere, das den adligen Speisezettel nach oben abrundete, besonders im Winter, wenn meist nur gepökeltes oder gesalzenes Fleisch auf den Tisch kam (im Herbst schlachtete man das Vieh, um es den Winter über nicht durchfüttern zu müssen). Im Frühjahr zog es dann alle nach draußen und das Jagdfest wurde zum willkommenen Anlass, im Freien zu tafeln, Zelte aufzuschlagen und ganze Tage im Wald zu verbringen.

Bei so vielen Vorteilen achtete man auf sein Jagdrecht, das eigentlich nur dem Landesherrn – dem König und dem Hochadel – zustand, und strafte den Wildfrevler, auch den adligen, streng. Unseren Rittern, die überwiegend den untersten Adelsrängen angehörten, stand ein förmliches Jagdrecht nicht einmal im Umkreis ihrer Burg zu. Das erklärt den Reichtum von Knochenfunden auf hochadligen Burgen wie der Froburg, wo sich allein 61 Bären nachweisen lassen – aber auch die Befundarmut auf Burgen des Niederadels, wo das Jagdwild nur eine untergeordnete Rolle bei der Ernährung spielte und jeder Hirschknochen als Beleg für adligen Wildfrevel gelten muss. Freilich hätte man es gerne anders gehabt: Hochrangige Familien der staufischen Dienstmannschaft wie die Scharfeneck-Scharfenberg – sie stellten schon einmal den Bischof von Speyer – ließen sich Urkunden fälschen, die ihnen das Jagdrecht im Umkreis von 4000 Schritt um ihre Burg zusicherten. Die fränkischen Guttenberg übten die Jagd in ihren Wäldern kraft Gewohnheitsrecht gegen den entschiedenen Widerstand des Bamberger Bischofs aus – der dann für jeden geschossenen Hirsch Kühe oder Schafe pfänden oder einen Guttenberger Untertanen festsetzen ließ.

Die Jagdwaffen unterschieden sich anfangs wohl kaum von den im Kampf verwendeten Waffen, schon wegen der enormen Kosten. Pfeil und Bogen wurden vor allem gegen kleineres, fliehendes Wild eingesetzt (Hase, Rehe, Vögel). Im späten Mittelalter wurden Pfeil und Bogen von der Armbrust verdrängt, die auch gegen Hirsche verwendet werden konnte.

Schon im hohen Mittelalter waren die klassischen Jagdhunde – Bracken zum Aufspüren des Wildes, Windhunde zum Hetzen – bekannt. Auf ihre Erziehung wurde größte Sorgfalt verwendet. Während der Jagd wurden die Hunde von den Jägerburschen versorgt, die schon damals grün gekleidet waren. Bei einem großen Jagdfest konnten Dutzende, ja Hunderte von Hunden zum Einsatz kommen. Gerade die kleineren Bracken wurden vielfach in Klöstern oder Stiften, späterhin auch von den bäuerlichen Untertanen aufgezogen und das Jahr über verpflegt – ein Teil der Jagdfron. Sehr früh schon müssen sich Jagdbräuche ent-

wickelt haben, die in nur wenig abgewandelter Form die Jahrhunderte überdauert haben. Signale mit dem Jagdhorn sind schon aus den Tagen epischer Helden überliefert und erfolgten, wenn man zur Jagd aufbrach, einen Hirsch gestellt oder ihn erlegt hatte, zum Beenden der Jagd oder zur Belohnung der Hunde (immer schon mit Lunge und Eingeweiden). Nach festen Regeln wurden Hirsche und Rehe zerlegt, „zerwirkt", im 12. nicht anders als im 17. (oder 20.) Jahrhundert.

Königin der Jagd war zweifelsohne die Beize, die Jagd mit Greifvögeln. Eines der schönsten Bücher des Mittelalters ist das Falkenbuch Kaiser Friedrichs II. (1212-1250) „Über die Kunst mit Vögeln zu jagen", das kenntnisreich und reich illustriert über Jagd, Haltung und Abrichtung der Greifvögel informiert. Die Abrichtung der Falken benötigte viel Erfahrung und jahrelange, geduldige Erziehung. Entsprechend drastisch waren die Strafen für das Stehlen oder Töten eines Falken: in England oder Irland wurde dafür die Todesstrafe verhängt.

Mit Pfeil und Bogen, im späteren Mittelalter mit der Armbrust, jagte man vor allem kleineres, fliehendes Wild wie Hasen, Rehe oder Vögel. - Jagdköcher aus derbem Rindsleder, 16. Jahrhundert. Schweizerisches Landesmuseum, Zürich.

„Die Jagd ist das höchste und edelste Vergnügen, welches jene Zeit kennt; alle andren Lustbarkeiten stehen gegen dasselbe zurück. Es war allerdings die ritterliche Gesellschaft damals nicht durch andre Amusements verwöhnt, indem das Leben auf der Burg doch immerhin recht einförmig verging. Da brachte die Jagd eine angenehme Abwechslung in das Einerlei des täglichen Treibens."

(Alwin Schultz, Höfisches Leben, 1889, Bd. I S. 485)

Wildschweinjagd, Miniatur aus dem Codex Manesse (Herr Heinrich von Weissensee), Anfang 14. Jahrhundert. Universitätsbibliothek Heidelberg.

Reisen

Das Mittelalter gilt uns als statisches Zeitalter: Der Mensch sitzt sozial wie lokal ein Leben lang an „seinem" ihm von Gott gegebenen Platz. Diese Einschätzung dürfte für Bauern auch zutreffen, da es kaum einen Grund gab, den Heimatort zu verlassen, allenfalls in Richtung auf den benachbarten Markt, aber selbst die Kaufleute kamen ins Dorf. Geheiratet wurde im engen Kreis, im Dorf oder innerhalb der Stadt, allenfalls im Umkreis weniger Gemeinden.

Ganz anders lagen die Verhältnisse beim Adel. Als einfache Faustregel lässt sich formulieren: Je mächtiger ein Adliger war, je mehr Land und Grundbesitz er hatte, umso mobiler musste er sein. Dies betraf zunächst den König, der sein Reich bis in die Neuzeit hinein nicht von einem festen Punkt, einer Hauptstadt aus, regierte, sondern beständig zwischen den wichtigsten Plätzen seines Reiches unterwegs war, auf Burgen wie der Trifels, in Königspfalzen wie Kaiserslautern, im späteren Mittelalter auch bei reichen Kaufleuten in den Reichsstädten wie Nürnberg. Den König begleiteten Hof und Kanzlei, meist mehrere Hundert Personen, zuweilen auch einige Tausend. Wo der König für längere Zeit Quartier nahm, dorthin reiste der Adel der Region; zu den großen Hof- und Reichstagen kam der Adel aus dem ganzen Reich. Am Anfang einer Herrschaft stand stets ein Umritt durch das Land, um an den wichtigsten Plätzen die Huldigung der Untertanen entgegenzunehmen. Der deutsche König zog bis ins 13. Jahrhundert regelmäßig über die Alpen, um sich in Rom zum Kaiser krönen zu lassen, in aller Regel begleitet von einem starken Heer aus Adligen und Dienstmannen, die zur Romfahrt verpflichtet waren.

Nicht anders, nur im kleineren Rahmen, regierten Bischöfe, Herzöge, teilweise selbst Grafen und Herren ihre Länder. Die für den Herrscher beschwerliche ständige Reisetätigkeit war strukturbedingt und lässt sich bei der vorherrschenden Naturalwirtschaft leicht erklären: Der vielköpfige Hof ernährte sich von den Erträgen der Ländereien, waren diese aufgebraucht, zog man zur nächsten Pfalz, Stadt oder Burg.

Der Transport von Nahrungsmittel oder allgemein von Wirtschaftsgütern über weite Strecken stieß auf mindestens drei Probleme: den schlechten Zustand der Straßen, geringe Transportkapazität und hohe Transportkosten, nicht zuletzt durch die Vielzahl an Binnenzöllen.

Was den Straßenzustand betrifft, so waren nur die großen Heerstraßen (Königstraßen), vielfach identisch mit den Handelsstraßen, befestigt und wurden leidlich in Stand gehalten. Die meisten Straßen waren nur Naturwege ohne jeden Unterbau, einfachen Feldwegen vergleichbar. Entsprechend schlecht waren die Reisebedingungen – Morast im Frühjahr, Staub im Sommer, Schlamm im Herbst, Schnee und Eis im Winter. Die Straßen waren schmal; selbst die besten Straßen, die Königstraßen, sollten nach der ersten „Straßenverkehrsordnung" aus dem 13. Jahrhundert gerade so breit sein, dass ein Wagen dem anderen ausweichen konnte – sieben Fuß oder 2,38 m hielt man für wünschenswert. Bei einer Spurweite der Wagen von 1,10 – 1,20 m erforderte dies schon genaue Vorfahrtsregelungen. *„Der leere Wagen soll dem beladenen ausweichen und der geringer beladene dem schwerer belasteten"* (Sachsenspiegel).

Der Adel reiste in aller Regel zu Pferd; das Gepäck, beim Ritter die schwere Rüstung, wurde auf eigene Packpferde verteilt. Kaufleute und natürlich die reisenden Höfe von König, Adel und Kirche nutzten zum Transport der Güter ungefederte, starre Lastwagen mit einer oder zwei Achsen. Gefederte Reisewagen kannte man schon seit dem frühen Mittelalter als

Ab dem 12. Jahrhundert intensivierte sich die Reisetätigkeit infolge der Kreuzzüge und des wirtschaftlichen Aufschwungs enorm. – Reiseflasche von der Burg Hohenfels/Elsass, 15./16. Jahrhundert. Maison de l'archéologie des Vosges du Nord.

„hängende Wagen" oder mit Plane als „Kobelwagen". Sie boten durchaus einen gewissen Reisekomfort, da der eigentliche Wagenkasten vorn und hinten mit Metallklammern, Seilen, Lederbändern oder Ketten aufgehängt war, sodass die Erschütterungen durch Bodenunebenheiten aufgefangen wurden. Im hohen und späteren Mittelalter baute man vierrädrige Prunkwagen, die 10 und mehr Personen transportieren konnten und vor allem von Damen gebraucht wurden, während der ritterliche Herr das standesgemäße Reiten bis ins hohe Alter vorzog.

Massengüter (z.B. Wein) wurden, wenn irgend möglich, auf dem Fluss transportiert. Wer häufiger unterwegs war oder weite Strecken zurückzulegen hatte, nutzte ebenfalls den Wasserweg, der nicht nur wesentlich bequemer, sondern flussabwärts auch zwei- bis dreimal schneller zurückzulegen war: Während mit Gepäck zu Land gerade 30-45 km pro Tag zu bewältigen waren (in diesen Abständen wurden an den wichtigsten Wegen Pferdewechselstationen, teils mit Gaststätte und/ oder Herberge eingerichtet), konnten flussabwärts zwischen 100 und 150 km pro Tag zurückgelegt werden. Es scheint, als habe man sich auf das Reisen auf dem Fluss eingestellt: Vielfach konnten Pferde mitgeführt werden, selbst eine Verpflegung an Bord scheint möglich gewesen zu sein. Schon im 10. Jahrhundert reiste der Trierer Bischof offensichtlich bevorzugt zu Schiff und verfügte über regelrechte „Küchenschiffe".

Das Reisen auf dem Wasser war auch weitaus ungefährlicher als Landreisen, wo hinter jeder Wegbiegung mit einem räuberischen Hinterhalt gerechnet werden musste. Man tat daher gut daran, sich um Geleit zu kümmern.

Ab dem 12. Jahrhundert intensivierte sich die Reisetätigkeit enorm, zunächst infolge des allgemeinen Wirtschaftsaufschwungs und des allmählichen Vordringens der Geldwirtschaft.

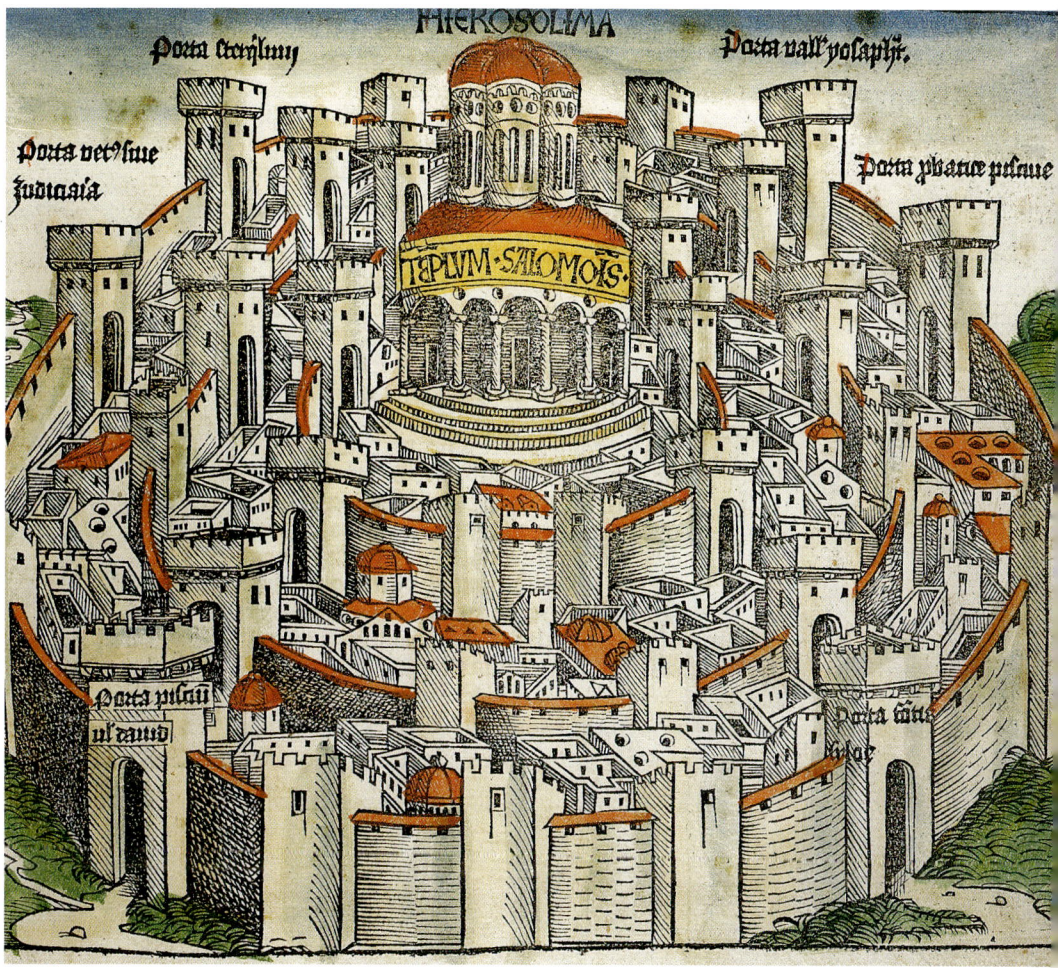

Die Kreuzzüge und die zunehmende Handelstätigkeit setzen Massen in Bewegung, für deren Transport und Verpflegung ein zuvor nicht gekannter Wagentross und Schiffsraum benötigt wurde. Kreuzzüge und Wallfahrten waren nicht nur enorm unbequem und langwierig (auch bei gutem Wind konnte eine Reise ins Heilige Land zwei Monate dauern), sondern auch so gefährlich, dass vor Antritt einer Reise für den Fall des Todes vorgesorgt wurde. Im übrigen haben Ritter, aber auch Handwerker, Kleriker und Gelehrte in großer Zahl Ausbildungs- oder Studienreisen unternommen, Wallfahrten führten bis nach Spanien und Ägypten.

Jeder Ritter sollte einmal in seinem Leben einen Kreuzzug oder eine Pilgerfahrt unternehmen. - Darstellung Jerusalems in der „Schedelschen Weltchronik", Nürnberg 1493. Deutsches Historisches Museum Berlin.

Exemplarische Lebensläufe

Markward von Annweiler

Schaut her: Dies ist Markward
Dem Neptun zu allem günstigen Wind
geschenkt hat
Dem Mars gegeben hat,
ihm gleich zu sein

so beschreibt der italienische Chronist Petrus de Ebulo Markward, den Herzog von Ravenna und Markgrafen von Ancona. Tatsächlich mag der Herzog auf seine Zeitgenossen wie ein leibhaftiger Kriegsgott gewirkt haben, hatte er doch in glanzvollen Feldzügen Süditalien für Kaiser Heinrich VI. erobert, jahrelang Innozenz III., „dem politisch mächtigsten Papst des Mittelalters" (Karl Bosl), in Mittel- und Süditalien getrotzt und in mehreren groß angelegten Seeunternehmen, vom Meeresgott Neptun augenscheinlich begünstigt, das Königreich Sizilien erobert und gesichert.

Die bildhaften Worte des Petrus de Ebulo lassen ahnen, wie atemberaubend schon den Zeitgenossen die Karriere dieses Mannes erschienen ist. Der Herzog war niemand anderes als der ehemals unfreie Dienstmann Markward von Annweiler, der erst um 1195 von Kaiser Heinrich VI. aufgrund seiner Verdienste in die Freiheit entlassen worden war. „*Zu jener Zeit (um 1195) hat der Kaiser Markward von Annweiler, seinem Truchsess und Ministerialen die Freiheit geschenkt und ihm das Herzogtum Ravenna und die Markgrafschaft Ankona übertragen*" (Propst Burchard, um 1230).

Noch erstaunlicher ist, dass Markward von Annweiler buchstäblich aus dem Nichts kommt – wir wissen nichts über seine Jugend und kennen auch seine Eltern nicht – ein Emporkömmling selbst für ministeriale Verhältnisse. Wir können nur vermuten, dass sein Vater oder Großvater der Straßburger Ministerialität entstammte, da Annweiler erst um 1116 im Tausch an das Reich kam.

Als Markward von Annweiler im Jahre 1184 zum ersten Mal in den Quellen auftaucht, dient er bereits als Truchsess am Hof König

Markward von Annweiler. Miniatur aus dem „Liber ad honorem Augusti" von Petrus de Ebulo, Ende 12. Jahrhundert. Burgerbibliothek Bern.

Heinrichs VI., der schon 1169, gerade vier Jahre alt, zum deutschen König gewählt und gekrönt worden war. Von Heinrichs Vater, Kaiser Friedrich Barbarossa, war Markward zum Erzieher seines Sohnes bestimmt worden, woraus sich ergibt, dass Markward schon lange vor seiner Einsetzung als Truchsess eine wichtige Rolle am Hof Friedrichs gespielt haben muss. Im übrigen wird Kaiser Friedrich kaum einen unreifen Jüngling zum Erzieher bestellt haben, sodass wir davon ausgehen können, dass Markward zu diesem Zeitpunkt (etwa 1175) mindestens 25-30 Jahre alt war, also vor 1150 geboren ist.

Erziehung und Ausbildung durch Markward haben zu einem tiefen Vertrauensverhältnis und einer engen persönlichen Beziehung zwischen dem Reichsministerialen und dem späteren Kaiser geführt. Markward stieg zum führender Berater des Herrschers, ja zum „leitenden Staatsmann und zur Seele aller Unternehmungen Heinrichs VI." auf und man mag sich die Frage stellen, ob es in der ganzen deutschen Kaiserzeit jemals wieder einen Mann von „so gewaltiger Macht" wie den Reichsministerialen, den Ritter Markward, gegeben hat (Johannes Haller).

Unter Heinrich VI. erreichte das Reich den Zenit seiner Macht. Voraussetzung dafür war die Vereinigung Deutschlands mit Italien und dem Königreich Sizilien – und den Weg dorthin öffnete der sogenannte Normannenfeldzug unter dem Befehl Markwards von Annweiler. In der Südpfalz, um Annweiler und den Trifels, wurden die Truppen zusammengezogen. Markwards diplomatischem Geschick, das er in Missionen etwa am byzantinischen Kaiserhof schon unter Beweis gestellt hatte, gelang es, die verfeindeten Seestädte Pisa und Genua zu versöhnen und an der Spitze der vereinigten Flotte die sizilianische Hauptstadt Palermo zu besetzen.

Als Dank hat ihn Heinrich zum Herzog und Markgrafen ernannt und ihm Gebiete in Mittelitalien zugewiesen, die ein wichtiges Scharnier zwischen dem deutschen Nordreich und dem damals um so vieles reicheren sizilianischen Südreich bildeten.

So sehr sich Markward unter Heinrich VI. auch bewährte – noch 1197 schlug er einen Aufstand in Sizilien nieder –, seine eigentliche Bewährungsprobe kam erst nach dem frühen Tod des Kaisers im Herbst 1197. Markward stand am Totenbett Heinrichs, der seinen Erzieher zum Vollstrecker seines politischen Testaments erwählte: Mit dem Papst verhandeln, ihm entgegenkommen, ihn als Lehnsherrn Siziliens anerkennen, um damit seinem dreijähriger Sohn Friedrich (dem späteren Kaiser Friedrich II.) den Thron zu erhalten. Die Feindschaft der Kaiserinwitwe hat zum offenen Konflikt mit Markward geführt, der im Einklang mit den Staufern in Deutschland die Regentschaft über Sizilien beanspruchte. Nach ihrem Tod 1198 nahm der Papst als Oberlehnsherr Siziliens die Vormundschaft über den jungen Friedrich wahr. Damit verlagerte und verschärfte sich der Konflikt, Markward wurde zum direkten Gegenspieler des Papstes, der mit aller Vehemenz gegen eine erneute Verbindung Siziliens mit dem Nordreich, und damit gegen eine Umklammerung seines mittelitalienischen Kirchenstaates, kämpfte. Trotz zweier verheerender Niederlagen gelang es Markward 1201, Palermo zu besetzen und den jungen Staufer in seine Hand zu bekommen. Der Tod Markwards im September 1202 – er starb an der Ruhr – brachte ihn um die Früchte seines Erfolgs. *„Hildebrand, Hagen und Wate zugleich haben in ihm lebendige Gestalt genommen"* (Karl Bosl).

Siegel Konrads von Scharfenberg, „Bannerträger des staufischen Reichsgedankens". Historisches Museum der Pfalz Speyer.

Konrad von Scharfenberg

„Ein tatkräftiger Mann … von vortrefflicher Gesinnung, ausgezeichnet vor den Fürsten des Reichs durch Liebreiz der Person und Schönheit des Körpers" so beschrieben die Gesta episcoporum Metensium 1212 den frisch gewählten Bischof von Metz, Konrad von Scharfenberg. Konrad hatte damit die vorerst höchste Sprosse einer geradezu märchenhaften Karriere erklommen: Neben Bischof von Metz war und blieb er Bischof von Speyer, vor allem aber Kanzler des Reichs und damit einflussreichster Ratgeber des gerade 15-jährigen Königs Friedrich II. Moderne Historiker verglichen ihn mit einem „Premierminister an der Spitze des königlichen Kabinetts" und würdigten ihn als „Bannerträger des staufischen Reichsgedankens"(Karl Bosl), als den „führenden Politiker, der die traditionelle Stauferpolitik von Heinrich VI. bis Friedrich II. in seiner Person verkörperte" (Marc Bloch).

Konrad wurde um 1165 als Sohn des Reichsministerialen Berthold von Scharfenberg geboren, der zum Umkreis der Trifelser Burgmannen zählte, damals der bedeutendsten Burg des Reiches. Während Konrads Bruder Heinrich eine Ausbildung zum Ritter erhielt, sollte er wie viele andere nachgeborene Söhne zum Geistlichen ausgebildet werden. Er besuchte daher die Speyerer Domschule, damals die „eigentliche Diplomatenschule des Reiches", und erwarb eine umfassende Bildung, die ihn weit über seine Standesgenossen hinaushob.

Von 1186 bis 1196 lässt er sich urkundlich als Propst von St. German nachweisen, 1187 trat er in die Kanzlei des Reiches ein, deren Leitung er 1198 als Protonotar übernahm; im Jahre 1200 wurde er zum Bischof von Speyer erwählt. Als Protonotar war Konrad Mitglied des Geheimen Rats König Philipps und zählte damit zu den Hauptakteuren der staufischen Politik. Wir befinden uns in den Jahren des Doppelkönigtums, die geprägt waren von erbitterten Auseinandersetzungen zwischen Philipp von Schwaben und dem Gegenkönig, dem Welfen Otto IV., sowie von diplomatischen Bemühungen beider Seiten um päpstliche Anerkennung. Schon aufgrund seiner Stellung dürfte Konrad in den Verhandlungen mit dem Papst eine führende Rolle gespielt haben, doch zog er sich in Folge seiner kompromisslosen Politik den Zorn der päpstlichen Seite zu, die ihm u.a. die Misshandlung päpstlicher Sendboten vorwarf. Dennoch gelang es der staufischen Partei bis 1208, die Anerkennung des Papstes zu gewinnen. Schon war ein Termin für die Kaiserkrönung vereinbart, als König Philipp einem Attentat zum Opfer fiel. Philipp hatte sich in der Bamberger Hofhaltung mit seinen engsten Ratgebern, dem Truchsess von Waldburg und Konrad von Scharfenberg, zurückgezogen, als Otto von Wittelsbach den Raum betrat und den ahnungslosen König sowie den Truchsess niederstreckte, während Konrad mit knapper Not entkommen konnte. Als Vormund der Witwe und der Kinder Philipps ließ Konrad den König im Bamberger Dom bestatten.

In den nächsten Monaten hat Konrad von Scharfenberg die Politik der staufischen Seite entscheidend geprägt und das Reich durch die Vermittlung einer Heirat zwischen König Otto IV. und der ältesten Tochter Philipps vor einem längeren Krieg bewahrt. Schon zwei Monate nach dem Attentat meldete Otto an den Papst, dass ihn der Bischof von Speyer und außerdem viele Bischöfe, Äbte, Barone und Ministeriale Süddeutschlands anerkannt hätten. Für Konrad zahlte sich sein Engagement auch persönlich aus – Otto ernannte ihn zum Kanzler und für Otto vereinbarte Konrad 1209 mit dem Papst die Kaiserkrönung.

Kaiser Otto hat die Erwartungen des Papstes bitter enttäuscht, sodass der ihn schon weni-

Konrad von Scharfenberg zugeschriebenes Grab im Dom zu Speyer. Aufnahme von der Graböffnung im Jahre 1900. Historisches Museum der Pfalz Speyer.

ge Jahre später fallen ließ und den Staufer Friedrich II. förderte. Konrad, der den Übertritt zum Welfen Otto im Herzen wohl nie ganz vollzogen hatte, schloss sich sofort Friedrich an, der ihn als Kanzler und Bischof bestätigte und als Ratgeber behielt. 1212 vereinbarte er mit dem französischen König ein gegen Otto gerichtetes Abkommen. Im gleichen Jahr verpflichtete sich der Kanzler zu einem Kreuzzug und wiederholte dieses Versprechen 1220, als er als Reichslegat in Italien weilte, um die Kaiserkrönung Friedrichs vorzubereiten. Während Friedrich in Italien blieb, kehrte Konrad an den Rhein zurück, wo er für den minderjährigen Königssohn Heinrich Erziehung und Regentschaft übernahm.

Trotz der hohen Inanspruchnahme durch den Reichsdienst hat Konrad sich auch um die Angelegenheiten seiner Diözesen bemüht. Durch Rückführung der Gebeine König Philipps von Bamberg nach Speyer suchte er die Rolle des Doms als Grablege der deutschen Könige zu reaktivieren. Den hochgotischen Umbau der Metzer Kathedrale ab 1223 hat er noch initiiert und anfangs auch geleitet, doch starb Konrad bereits nach wenigen Monaten, am 24. März 1224, und wurde im Speyerer Dom bestattet.

Konrad von Scharfenberg war kein „Ritter", aber er machte als Sohn eines reichsministerialen Ritters die wohl ungewöhnlichste Karriere seines Standes. Sein Lebensstil war so verschwenderisch, dass er alle Anforderungen an ritterliche Freigiebigkeit übererfüllt hat.

Burgruine Scharfenberg, erhaltenes Mauerstück und Bergfried.

Wolfram von Eschenbach

Wolframs „Parzival" und „Willehalm" gehören zu den bekanntesten Werken der deutschen Literatur des Mittelalters. Der in den Jahren zwischen 1200 und 1210 entstandene „Parzival" ist in mehr als 80 Handschriften des 13. bis 15. Jahrhunderts überliefert. Dieser Roman ist zu einem Teil dem Sagenkreis der Artusritter zugewandt; zugleich aber lässt er das weltlich-höfische Rittertum weit hinter sich. Mit dem bloßen Rühmen der *aventiure* gibt sich Wolfram nicht mehr zufrieden; er überhöht in der Figur des Gralshüters den idealen höfischen Ritter und thematisiert die zu seiner Zeit alles bewegende Frage nach der Versöhnung von Gott und Welt.

Zentral ist daher Parzivals Ringen mit Gott und die Suche nach Gottesgnade. Zunächst aber sucht die Mutter den Jungen vor dem Bösen in der Welt zu bewahren. Parzival wächst als „reiner Tor" in einer Waldeinöde auf, um ja nicht mit dem Rittertum konfrontiert zu werden. Vergeblich; Parzival stößt eines Tages auf Ritter, folgt ihnen nach und nimmt sofort Schuld auf sich: Seine Mutter stirbt angesichts des Verlustes an gebrochenem Herzen und der Junge erschlägt auf seiner Suche nach den Rittern den Recken Ither. Parzival wird sodann von König Artus als Ritter der Tafelrunde aufgenommen und ist als solcher beim Kampf und Turnier ungemein erfolgreich. Gleichwohl versagt Parzival im entscheidenden Moment, als er auf der Gralsburg durch eine unterlassene Frage die Gelegenheit verpasst, den Gralskönig Anfortas von seinem schrecklichen Leiden zu erlösen. Daraufhin wird der junge Ritter verflucht und aus der Tafelrunde verstoßen; er stürzt in einen Abgrund von Glaubenszweifel und Glaubensverlust. Parzival führt von nun an ein von Verzweiflung geplagtes Leben, das geprägt ist vom rastlosen Herumziehen.

Wolfram führt die Handlung in mehreren Strängen fort und baut dafür Gawan, den perfekten Aventiure-Ritter als weitere Hauptfigur auf. Im Gegensatz zu Parzival handelt der junge Ritter Gawan stets richtig, kann selbst verworrenste Situationen klären, Ordnung wiederherstellen und Frieden stiften. Gawan kämpft auch für die Minne, besiegt den Zauberer Klingsor, der die Liebe zwischen Mann und Frau auf seinem Schloss Merveille verboten hat. Schließlich findet Gawans Reisen ein glückliches, recht irdisches Ende, als er nach langen Strapazen die Liebe der Orgeluse gewinnt.

Doch auch Parzival kommt zum Ziel, er darf sühnen. Er trifft auf den Eremiten Trevrizent, der ihn wieder zum Glauben an Gott verhilft und ihn auf sein Amt als künftiger Gralskönig vorbereitet. Doch bevor Parzival wieder von der Tafelrunde aufgenommen und zum Gralskönig berufen wird, ficht er einen erbitterten Zweikampf. Noch rechtzeitig erkennt Parzival dabei im Widersacher seinen farbigen Halbbruder Feirefiz und fällt ihm um den Hals: ein schönes Bild von der Versöhnung zwischen Abend- und Morgenland.

Wolfram wird nicht durch Urkunden seiner Zeit bezeugt. Biographische Hinweise finden sich ausschließlich in seinen Versen oder werden von dichtenden Zeitgenossen geliefert. Daher wird die historische Person nur nebulös sichtbar. Wahrscheinlich gehörte Wolfram wie die meisten Literaten seiner Zeit dem einfachen Ministerialenstand an und lebte in eher bescheidenen Verhältnissen.

Umstritten ist bis heute, ob Wolfram tatsächlich Analphabet war. Er selbst berichtet im „Parzival", dass er keinen Buchstaben kenne. Zu Recht ist darauf hingewiesen worden, dass sich Wolfram mit dieser Bemerkung entweder von der klerikalen Bildungssprache seiner Zeit absetzen wollte oder auf ironische Art auf etwaige Kritik reagiert haben könnte.

Der Name der Gralsburg im „Parzival" – *Munt-
salvaesche* – leitet sich unmittelbar vom französischen *mont sauvage* ab, was ebenso auf
die stolze Wildenberg anspielt. Wolfram wird
diese Burg gekannt haben: Immerhin waren
ihre Bewohner, das in hohem Stauferdienst
stehende Edelfreien-Geschlecht der Alfinger-
Durne, Verwandte der Grafen von Wertheim.
Wolfram bezeichnet sich selbst als Bayer. Der
Übergang in fränkische Dienst- und Lehns-
herrschaft in jungen Jahren erscheint nicht
unwahrscheinlich: Immerhin heiratete der
Graf von Wertheim eine Tochter des Burggrafen von Regensburg. Außerdem war Wolframs
Dienstherr auch Lehnsträger des Eichstätter
Bischofs. Im mittelbayerischen Raum kennt
sich Wolfram aus: Er erwähnt in seinen Versen
eine Reihe von mittelbayerischen Burgen,
auch Beratzhausen bei Regensburg, wo angeblich beste Panzerhauben hergestellt werden.

Mehrfach rühmt Wolfram den Landgrafen
Hermann von Thüringen, der freundschaftli-
che Beziehungen zum Wertheimer unterhält,
und lässt erkennen, dass er sich einige Zeit ab
1203 in Thüringen aufgehalten hat. Einige
Forscher meinen, Wolfram habe dort einen
nicht unerheblichen Teil des „Parzival" ver-
fasst.

Wolfram von Eschenbach wird gegen 1220
verstorben sein. Ulrich von Türheim bedauert
einige Jahrzehnte später, dass Gott den dichtenden Ritter nicht länger leben ließ. Dies
lässt einen frühen Tod vermuten: Wolfram
wird daher wohl erst gegen 1180 geboren
worden sein.

Wolframs Eschenbach wird heute einhellig
mit dem mittelfränkischen Wolframs-Eschen-
bach identifiziert. Dazu tragen vor allem zwei
Quellen aus dem 15. Jahrhundert und frühen
17. Jahrhundert bei, die vom damals noch erhaltenen Grab des Dichters im Eschenbacher
Liebfrauenmünster berichten.

Wolfram selbst stützt diese Hypothese: er
teilt einmal mit, dass der Graf von Wertheim
„min herre sei". Dies lässt darauf schließen,
dass Wolfram als Lehens- und Dienstmann
des Grafen Poppe von Wertheim in Eschenbach saß. Dieser Dynast nahm im mittelfränkischen Eschenbach Herrschaftsrechte wahr,
die er teilweise noch zu Lebzeiten des Dichters
dem Deutschen Orden schenkte. Zumindest
das ist urkundlich bezeugt.

Wolfram rühmt zudem die Burg Wildenberg
im Odenwald, vor allem ihre kunstvollen Kamine, die damals offenbar Maßstäbe setzten.

Otto von Botenlauben

Wie kaum ein anderer hatte Otto von Botenlauben unter den inneren Widersprüchen der ritterlicher Leitbilder gelitten, namentlich zwischen der Verpflichtung zum Kreuzzug und der Liebe zu seiner „lieben Herrin":

Wäre der Lohn Christi nicht so verheißungsvoll,
dann verließe ich die liebe Herrin nicht,
die ich in meinem Herzen oft grüße:
Sie kann sehr wohl mein Himmelreich sein,
wo auch immer die Gute sich am Rhein aufhält.
Herrgott, erweise mir deine Hilfe,
dass ich mir und ihr dennoch deine Gnade erwerbe!

(Übers. Peter Weinreich)

Otto von Botenlauben zählt nicht unbedingt zur ersten Garnitur der Minnesänger. Während aber die „Berufsdichter" das Ideal des Ritters nur beschworen, lebte Otto von Botenlauben wie kaum ein anderer Adliger dieses Ideal: Er war Minnesänger, Kreuzfahrer und Klostergründer und erfüllte damit die an den vollkommenen Ritter gestellten Ansprüche einer verfeinerten Kultur, eines christlichen Streiters und eines „frommen Mannes". Otto von Botenlauben entstammt der hochadligen Familie der Grafen von Henneberg, stand also weit über den einfachen Rittern ministerialer Herkunft. Seine Familie stellte seit 1160 die Burggrafen von Würzburg und war mit zahlreichen Hochadelsfamilien versippt, darunter dem Meranier Ekbert, Bischof von Bamberg und Erbauer des Doms.

Otto von Botenlauben. Codex Manesse, Anfang 14. Jahrhundert. Universitätsbibliothek Heidelberg.

Über Kindheit und Jugend Ottos wissen wir sehr wenig, auch seine Geburt um 1177 kann lediglich aus Beurkundungen späterer Zeit rückgeschlossen werden. Aufgrund seiner adligen Stellung und der Beziehungen seiner Familie nach Würzburg und Bamberg darf eine Erziehung im hochadligen Milieu unterstellt werden. Nach dem Tod seines Vaters 1191 erhielt Otto Burg Botenlauben zugewiesen, nach der er sich fortan nennen sollte. Ab 1197 erschien er am sizilianischen Hof Kaiser Heinrichs, an dessen Kreuzzug nach Palästina er mit hoher Wahrscheinlichkeit noch im gleichen Jahr teilnahm. Während sich das staufische Heer nach dem überraschenden Tod des jungen Kaisers auflöste, ist Otto in Palästina geblieben (oder kurz danach erneut dorthin aufgebrochen).

„Ein Graf aus Deutschland heiratete gegen den Willen König Aimerichs Beatrix, die Tochter des Grafen Joscelin" (Lignages d'Outremer, ca. 1270).

Der hier erwähnte Graf ist Graf Otto von Botenlauben, König Aimerich der König von Jerusalem und Cypern aus dem französischen Adelshaus der Lusignan, Graf Joscelin der (Titular-)Graf von Edessa, einer der Großen des Königreichs Jerusalem. Beatrix war einem Angehörigen des Hauses Lusignan versprochen, womit der Widerstand des Königs hinreichend erklärt wird. Überraschender an dieser Nachricht ist, dass der Graf sich mit der jugendlichen Beatrix hat verbinden können, die von königlichem Geblüt und mit den Königshäusern von Sizilien und Jerusalem verwandt war. In einem mittelalterlichen Reimbuch lesen wir dazu: *„Wie Er (Otto) so ritterlich gekämpfft und damit eines königes tochter erworben"* (Cyriacus Spangenberg) – und wir werden die Erklärung der Quelle staunend akzeptieren müssen: Wohl nur Liebe kann diese Verbindung gegen den Willen des Königs, gegen jede Konvention und gegen jedes politische Kalkül erklären. Mit der Heirat erhielt der Graf Zugang zu den führenden, französisch dominierten Adelsfamilien des Königreichs Jerusalem und kam damit in engsten Kontakt mit der französischen Literatur. Die Erbtochter brachte Otto zudem eine der reichsten Herrschaften (Seigneurie) im Umkreis von Akkon. Bis 1220 blieb Otto mit seiner Frau in Palästina, unterbrochen lediglich von einigen Fahrten zu den fränkischen Besitzungen der Familie.

„Von Kizzingen ein turnei het unhohe alda gewesen" schreibt Wolfram von Eschenbach in seinem „Willehalm". Bei Kizzingen oder Chizzingen handelt es sich um Bad Kissingen unterhalb der Burg Botenlauben. So spricht vieles dafür, dass Otto zu Wolfram von Eschenbach engen Kontakt hatte, der nach eigener Mitteilung von einem *milite von Hennenberc* zum Ritter geschlagen wurde, wohl von Ottos Bruder Poppo.

1220 verkaufen Otto und Beatrix alle Besitzungen um Akkon und ziehen sich gemeinsam nach Franken zurück, wo sie Burg Botenlauben ausbauen und dabei ihre reichen Erfahrungen mit moderner Befestigungskunst aus den Kreuzfahrerstaaten einbringen. Ihre Ehe scheint glücklich verlaufen zu sein; ihr Sohn Otto II. kann durch eine glückliche Heirat den Besitz der Familie weiter mehren. Da geschieht 1228 etwas Schockierendes: Ihr Sohn löst seine Ehe auf, verkauft alle seine Besitzungen und schließt sich dem Deutschorden an, seine Frau wird Nonne bei den Dominikanerinnen, ihr Enkel späterhin Domkanoniker in Würzburg. Ein Schritt, der in seiner Radikalität von Otto und Beatrix wenig später wiederholt wird. 1234 verkaufen sie ihre Herrschaft Botenlauben an das Bistum Würzburg und verwenden die Einkünfte zur Gründung des Klosters Frauenroth.

Er furet ein gaistlichs leben bis an sein ende (Lorenz Fries). Otto von Bodenlauben starb im Herbst 1244 nur wenige Monate vor seiner

Frau, beide fanden in der Klosterkirche Frauenroth ihre letzte Ruhe: Ihr Grabmal gilt als „Stein gewordene Ritterlichkeit" (Weidisch).

Das Grabmals Ottos von Botenlauben und seiner Frau Beatrix in der Klosterkirche Frauenroth.

Oswald von Wolkenstein

„Der letzte Minnesänger" – mit dieser Bezeichnung werden wir dem Ritter, Politiker, Dichter, Komponisten und Instrumentalisten in keiner Weise gerecht. Oswald sprengt mit seinem Lebenswerk das Genre des Minnesangs bei weitem. Gleichwohl irritiert uns heute das Widersprüchliche im Leben und Wirken des Südtiroler Ritters: Oswald war durch und durch ein erzkonservativer Standespolitiker, der gegen gesellschaftliche Veränderungen wetterte und kämpfte. Dabei wandte der Ritter zuweilen auch in den Augen seiner Zeitgenossen höchst fragwürdige Methoden, selbst brutale Gewalt an. Ausgerechnet dieser Mann zeigt aber in seinen Texten eine bisher ungekannte Themenvielfalt und war mit seinen oft genialen Sprachschöpfungen seiner Zeit weit voraus. Oswalds Werk trägt erstmals in der deutschen Literaturgeschichte ausgeprägt autobiographische Züge. Oswald wurde um 1377 vermutlich auf der Burg Schöneck im Pustertal geboren, wo der Vater als Pfleger saß. Die Wurzeln der Wolkensteiner liegen in der Ministerialität der Brixener Bischöfe. Erst Oswalds Vater Friedrich von Wolkenstein zur Trostburg konnte den Besitz und den politischen Einfluss der Familie erheblich ausweiten.

„Es fugt sich, do ich was von zehen jaren alt, ich wolt besehen, wie die werlt wer gestalt."
Oswalds Erwachsenwerden war nicht gerade leicht: In idealtypischer Weise wurde er als 10-jähriger einem fahrenden Ritter mitgegeben. Ein dürftiges, entbehrungsreiches Wanderleben führte den Knappen in beinahe alle Regionen Europas. Der Junge nahm an den Kreuzzügen im Baltikum teil, wo der Deutsche Orden regelmäßig die europäische Ritterschaft zu grausamen Verfolgungen der noch nicht christianisierten Bevölkerung einlud. Seine ritterlichen Fahrten führten Oswald auch nach Dänemark, Schweden, England, Schottland, nach Westeuropa und nach Kleinasien. Oswald lernte nicht nur das ritterliche Handwerk, der stets von Geldsorgen geplagte junge Mann übte sich auch als Fernhändler. Dabei kam er beinahe bei einem Schiffbruch im Schwarzen Meer ums Leben. Diese Reiseerfahrungen hielten den Südtiroler Ritter nicht von weiteren Fahrten ab: 1409/10 unternahm er eine Pilgerfahrt ins Heilige Land.

Oswald wurde vermutlich schon einige Zeit vor 1400 zum Ritter geschlagen. Er stand trotzdem vor einer unsicheren wirtschaftlichen Zukunft: Als Zweitgeborener hatte er weder Aussicht auf einen standesgemäßen Sitz noch auf entsprechende Einkünfte. Wiederholt musste sich der junge Ritter Geld leihen. Erst nach harten Auseinandersetzungen mit seinem älteren Bruder konnte Oswald ein bescheidenes väterliches Erbe antreten. Oswald blieb lange unverheiratet: *„auch fürcht ich ser elicher weibe bellen".* Erst spät,

Porträt Oswalds von Wolkenstein mit allen Ritterorden als repräsentatives Vorsatzblatt der Liederhandschrift B von 1432, vermutlich von Antonio Pisanello gemalt. Universitätsbibliothek Innsbruck.

Im Auftrag des Königs ging Oswald auch wieder auf Reisen: Als Gesandter sollte er auf den Britischen Inseln und auf der Iberischen Halbinsel für die Ziele des deutschen Königs werben. Die Erlebnisse auf diesen Reisen, diesmal nicht als Habenichts, sondern als königlicher Diplomat, dem schon einmal eine Fürstin einen Ring in den Bart steckt, stellten den Höhepunkt in seinem Leben dar.

Die zweite Lebenshälfte des Ritters war gleichwohl geprägt von finanziellen Sorgen, harten Fehden und der Teilnahme an den Hussitenkriegen. Das aktive Eintreten Oswalds für die Ziele der Tiroler Ritterschaft führte zur Konfrontation mit dem Landesherrn. Die Aneignung der Burg Hauenstein und einen Betrug an seiner früheren Geliebten Anna Hausmann bezahlte Oswald mit Kidnapping und Folterung. Die Teilnahme an einer offenen Rebellion gegen Herzog Friedrich IV. brachte den Wolkensteiner in landesherrschaftliche Kerker.

Dank seiner robusten Natur und seiner ungeheuren Willenskräfte überstand Oswald auch diese Widrigkeiten und konnte nach seiner Urfehdeerklärung an den Herzog an seiner politischen Rehabilitation arbeiten. Dies gelang: 1431 befand er sich wieder im aktiven Gesandtschaftsdienst des zum Kaiser gekrönten Königs Sigmund. Am 2. August 1445 starb Oswald von Wolkenstein, noch immer politisch engagiert, bei einer Tagung der Landschaft in Meran.

Oswald selbst hat zu Lebzeiten die Herstellung zweier Liederhandschriften in Auftrag gegeben. Die Erhaltung seines Lebenswerkes lag ihm sehr am Herzen: Er hat dafür nicht nur einen erheblichen Teil seines Vermögens investiert, sondern auch die *scriptores* persönlich überwacht. Die bis heute erhaltenen Manuskripte überliefern mit etwa 130 Texten vermutlich den größten Teil seines literarischen Schaffens.

Oswald von Wolkenstein als gerüsteter Kreuzfahrer auf dem Epitaph am Dom zu Brixen, das er selbst 1408/09 vor seiner Pilgerfahrt ins Heilige Land anfertigen ließ.

bereits 40-jährig, heiratet Oswald Margarethe von Schwangau, Tochter eines in Ritterbünden aktiven schwäbischen Ritters. Mit dem bei ihm gewohnten Maß an Skrupellosigkeit richtete sich Oswald häuslich in der Burg Hauenstein unterhalb des Schlerns ein, obwohl er nur den dritten Teil an der Feste besaß.

Mit Beginn des 15. Jahrhunderts engagierte sich der Dichter zunehmend politisch. Er beteiligte sich an der Gründung eines Ritterbundes und versuchte vergeblich eine Karriere am bischöflichen Hof in Brixen. Eine entscheidende Wende in Oswalds Leben brachte das 1414 von König Sigmund initiierte Konzil zu Konstanz. Hier kam er dem Monarchen näher, der Oswald zu einem seiner Räte berief. Das von Konzilsteilnehmern aus ganz Europa bevölkerte Konstanz beflügelte auch Oswalds künstlerisches Schaffen. Hier fand er internationales Flair und das ihm liebe adelige Publikum. Der Südtiroler Ritter beeindruckte mit seinem Können auch den König und so manchen Reichsfürsten, wie die spätere Förderung durch den Kurfürsten Ludwig III. von der Pfalz beweist.

Siegeszug der nicht rittermäßigen Kampfesweise. Philipp Mönch, „Kriegsbuch", 1496. Universitätsbibliothek Heidelberg.

Das Aufkommen der Feuerwaffen

Der Langbogen, die Armbrust, die Stangenwaffen waren schon im hohen Mittelalter bekannt und wurden ab dem späten 13. Jahrhundert waffentechnisch und taktisch weiterentwickelt. Eine gänzlich neue Waffentechnologie erschien in den ersten Jahrzehnten des 13. Jahrhunderts, zunächst am Rande der abendländischen Welt, in Spanien und in den maurischen Gebieten, vermittelt durch die Araber: Schießpulver unter der Bezeichnung „chinesischer Schnee". Das Pulver diente damals zur Herstellung von Brandsätzen mit nur geringer Sprengwirkung sowie als Treibmittel für frühe Formen von Raketen.

Um die Mitte des 13. Jahrhunderts trat auch das christliche Europa mit dem Schießpulver in Kontakt. Nach Albertus Magnus (1200-1280) sollen die Tartaren schon 1241 in der Schlacht von Liegnitz Feuerwaffen eingesetzt haben wie wenig später die Kastilier bei der Belagerung von Sevilla. Ein erstes Pulverrezept ist aus dem Jahr 1267 überliefert, die erste Abbildung einer Feuerwaffe befindet sich in einer Handschrift der Abtei Oxford aus dem Jahre 1326: sie zeigt einen sogenannten vasenförmigen „Feuertopf", der Brandpfeile verschoss und dessen Entsprechung in Schweden gefunden wurde. Im gleichen Jahr 1326 setzen deutsche Ritter vor Cividale, wenn auch mit wenig Erfolg, erstmals eine Kanone ein, danach häufen sich die Nachrichten.

In den wenigen Jahrzehnten seit etwa 1250 war es einer Vielzahl europäischer Erfinder wahrscheinlich unabhängig voneinander gelungen, den Einsatzbereich des Schießpulvers entscheidend auszuweiten und seine Explosionskraft zum Verschießen von Kugeln einzusetzen.

Die frühen Kanonen verschossen Steinkugeln (daher ihre Bezeichnung „Steinbüchse") und wurden zunächst aus Schmiedeeisen, kurz nach 1350 aus der wesentlich besseren Bronze hergestellt. Sie bestanden funktional aus zwei Teilen, der kleineren Pulverkammer und dem sogenannten Flug zur Aufnahme der Steinkugeln mit Durchmessern von 12 bis 80 cm und einem Gewicht von bis zu 450 Pfund. In dieser Ausführung konkurrierten sie mit den Bliden (vgl. Kap. „Antwerk"), konnten allerdings feindliche Mauern auch frontal und aus größerer Entfernung (ca. 200-250 m) beschießen.

Gegen ausreichend dimensionierte Verteidigungsanlagen in solider Mauerwerkstechnik konnten dagegen die Steinbüchsen vorerst nur wenig ausrichten: Die böhmische Burg Karlstein überstand 1422 einen fünfmonatigen Beschuss mit über 11 000 Geschossen durch die Hussiten, den Mauern der Stadt Orleans konnten 1428 auch 100 Pfund schwere Kugeln nichts anhaben. Noch 1504 musste Kaiser Maximilian bei der Belagerung der Burg Kufstein seine beiden mächtigsten Geschütze mit den sprechenden Namen „Purlepaus" und „Weckauf von Österreich" einsetzen, um die erst Anfang des 15. Jahrhunderts verstärkte Festung sturmreif zu schießen, nachdem die Verteidiger die heraufgeschossenen Kugeln zuvor zum Gespött der Belagerer von den Mauern „gefegt" hatten. Gerade die frühen Geschütze erzielten ihre größere Wirkung oft durch die Demoralisierung des Gegners durch Geschützdonner, Mündungsfeuer und Pulverdampf. Sie litten noch an erheblichen Nachteilen, nämlich: geringe Schussfrequenz (2-3 Schuss pro Tag), schwieriger Transport, hohe Kosten, komplizierte und gefährliche Bedienung sowie Anfälligkeit des Pulvers gegen Feuchtigkeit. Bis weit ins 15. Jahrhundert hinein wurden sie daher nur zusätzlich zu den konventionellen Wurfgeschützen eingesetzt. Das 15. Jahrhundert brachte eine erhebliche Differenzierung der Feuerwaffen, die zuneh-

mend mit Eisenkugeln geladen wurden und selbst frühe Formen von Bomben verschießen konnten. Kleinere Exemplare wurden nun auch zur Verteidigung der Burgen und in der offenen Feldschlacht eingesetzt.

Handfeuerwaffen kamen schon nach der Mitte des 14. Jahrhunderts auf und waren zunächst nichts anderes als auf Stangen montierte Miniaturbüchsen. Im 15. Jahrhundert folgten die Hakenbüchsen, die besonders gern auf Burgen zur stationären Verteidigung eingesetzt wurden. Aber selbst nach Erfindung von Rad- und Luntenschloss blieben die Handfeuerwaffen bis ins 16. Jahrhundert hinein wegen ihrer komplizierten Bedienung, ihrer geringen Reichweite und Treffsicherheit ohne größere militärische Bedeutung. Dagegen haben die Kanonen schon im 15. Jahrhundert den militärischen Wert der meisten Burgen relativiert und aufgrund ihrer außerordentlich hohen Kosten zugleich die Bedeutung des Rittertums insgesamt zugunsten kapitalkräftiger Landesherren und Städte zurückgedrängt.

Die Handfeuerwaffen spielten bis ins 16. Jahrhundert hinein wegen ihrer umständlichen Bedienung und geringen Treffsicherheit eine militärisch eher untergeordnete Rolle. - Abfeuern einer Stangenbüchse, Miniatur aus Konrad Kyeser, „Bellifortis", nach 1480. Universitätsbibliothek Göttingen.

Neue Kriegsführung

Die Gewalthaufen der Schweizer mit ihren langen Stangenwaffen trugen entscheidend zum Niedergang der berittenen, gepanzerten Ritter bei. - Schlacht bei Laupen 1485/86, aus Diebold Schillings „Amtlicher Chronik". Burgerbibliothek Bern.

Die Heere gepanzerter Reiter erzielten durch den massierten, geballten Angriff mit der eingelegten Lanze eine vernichtende Wirkung, indem sie die feindlichen Linien eindrückten und damit die gegnerische Truppenaufstellung auflösten. Einem so massierten Angriff waren nur ebenfalls gepanzerte Reitertruppen gewachsen. Die bewährte Taktik des geballten Lanzenangriffs beherrschte daher bis

weit ins 15. Jahrhundert hinein das militärische Denken und sorgte dafür, dass die gepanzerten Reiter der Rückhalt der feudalen Armeen blieben.

Erst das Aufkommen neuer Waffen ermöglichte es, den Ritterheeren auch mit neuen Kriegstaktiken entgegenzutreten. Zu ihnen zählten bereits im späten 13. Jahrhundert die Langbogen, die von den Walisern mit Erfolg gegen die englischen Ritter eingesetzt wurden (vgl. Kap. „Unritterliche Waffen"). Die walisischen Bogenschützen waren aber noch Einzelkämpfer, die vorwiegend aus dem Hinterhalt heraus operierten. Zur taktisch einsetzbaren Waffe wurden sie daher erst, als die Engländer ganze Abteilungen von Bogenschützen aufstellten und den koordinierten Salvenschuss üben ließen. Gut getrimmte Abteilungen erzielten bei hoher Treffsicherheit eine Schussfrequenz von bis zu 12 Pfeilen pro Minute, unter dem jeder Reiterangriff zusammenbrechen musste, zumal die zielsicheren Schützen nur die Pferde zu treffen brauchten. Dies erklärt die verheerenden Niederlagen von Ritterheeren etwa in den berühmten Schlachten von Crécy (1346), Poitiers (1356) und Azincourt (1415). Dementsprechend begehrt waren englische Langbogenschützen, die als Söldner in den Heeren des Deutschen Ordens oder Kaiser Maximilians dienten. Erst als sich gegen Ende des 16. Jahrhunderts zielsichere Feuerwaffen durchsetzten, wurden die letzten Langbogenabteilungen aufgelöst. Die Langbogenschützen blieben allerdings Hilfstruppen der berittenen schweren Verbände, die nach wie vor die Hauptlast des Kampfes trugen.

Mit den Stangenwaffen wurde es den zu Fuß kämpfenden Verbänden möglich, den Rittern als gleichwertige Kampfeinheiten entgegenzutreten und aus ihrer dienenden Rolle als Hilfstruppen herauszukommen. Die Stangenwaffen erlaubten es, die Reiter auf Distanz zu

halten und den Höhenunterschied zwischen
berittenem Kämpfer und Fußsoldat auszu-
gleichen. Die Führung dieser Waffen im Kampf
erforderte von den Kämpfern jedoch ein
hohes Maß an Kraft und Geschicklichkeit. Der
Fußsoldat mit Stangenwaffe war als Einzelkämpfer dem Angriff gepanzerter Ritter weitgehend schutzlos ausgeliefert; dagegen war
einem geordneten, tief gestaffelten Kampfverband auch von einem Ritterheer nicht beizukommen, wenn seine vorderen Reihen den
angaloppierenden Rittern ihre Langspieße
entgegenhielten, da die Pferde vor einem derart gefährlichen Hindernis scheuten. Mit den
Stangenwaffen – dem Langspieß und besonders der Helmbarte – ließen sich zudem
der Unterleib und die ungeschützten Beine
der Pferde verletzten, wodurch die schwer
gepanzerten und zu Fuß kaum beweglichen
Ritter, die sich schon kaum aus den tiefen Sätteln befreien konnten, den entschlossen und
ohne Pardon kämpfenden Fußsoldaten zum
Opfer fielen.

Die Schweizer haben die Möglichkeiten der
Stangenwaffen konsequent genutzt und mit
ihren Gewalt- oder Gevierthaufen neue taktische Einheiten geschaffen, die offensiv operierten und da, wo sie zum Einsatz kamen, die
Schlachtfelder des 15. und 16. Jahrhunderts
beherrschen sollten. Zur Schlacht wurden nach
Möglichkeit mehrere Gewalthaufen mit 1 000
bis 15 000 Mann gebildet, die möglichst eng
aufgestellt waren, um den zum Eindrücken
der feindlichen Linien notwendigen Druck zu
entwickeln. Die Operation mit mehreren Gewalthaufen ermöglichte taktische Manöver
wie zum Beispiel das Umfassen des Feindes.
Ihre Bewährungsprobe erlebten die Schweizer
Gewalthaufen in den Kriegen mit den Bur-
gundern, die im 15. Jahrhundert über die best-
gerüstete Armee der Welt, darunter die mod-
ernste Artillerie, verfügten. Kaiser Maximilian
zog aus den vernichtenden Niederlagen seiner

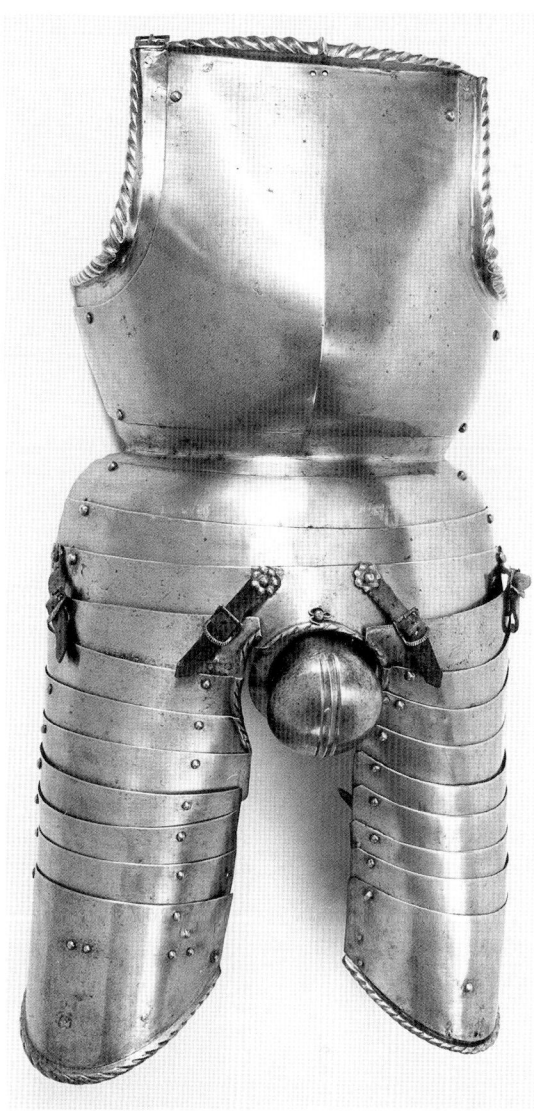

Vorgänger gegen die Schweizer Truppen die
Lehre und erhob das Fußvolk durch die Förderung der Landsknechte zur wichtigsten Waf-
fengattung des Heeres. Die Reiterei wurde zunehmend in die Rolle von Hilfstruppen
gedrängt. Seine Versuche, auch den Ritteradel
zu einem Engagement bei den Fußtruppen zu
bewegen (etwa durch Gründung des „Ordens
der frumen Landsknechte") scheiterten allerdings. Dies führte die Ritter endgültig ins
militärische Abseits.

Landsknechtsführer-Harnisch,
um 1530. Münchner Stadtmuseum
Zeughaus.

„Krögelstein hat Sorgen" – der kolorierte Holzschnitt aus dem frühen 16. Jahrhundert zeigt die Einnahme und Zerstörung der oberfränkischen Burg Krögelstein 1523 durch den Schwäbischen Städtebund. Der Inhaber der Burg hatte dem berüchtigten Raubritter Hans Thomas von Absberg Unterschlupf gewährt.

Landflucht und Raubrittertum

Das Spätmittelalter ist gezeichnet von einer politischen, gesellschaftlichen und militärischen Krise des Rittertums. Von einem regelrechten Niedergang kann trotzdem nicht gesprochen werden, eher von einem durch ungünstige Rahmenbedingungen begleiteten Ausleseprozess unter den Geschlechtern.

Mit dem Aufkommen der Söldnerheere und dem Einfluss neuer Kampftechniken hatte der Ritter seine ursprünglich militärische Funktion verloren. Gleichwohl hat ein Teil der Ritterschaft führende Positionen im neuen Kriegswesen erfolgreich eingenommen. Weitgehend ausgefallen waren die großen hochmittelalterlichen Hofhaltungen, wo sich die Ritter und ihr Nachwuchs in großer Zahl auf Kosten eines Dienstherrn aufgehalten hatten. Die Territorialfürsten des Spätmittelalters hatten ihre Höfe deutlich straffer organisiert.

Natürlich gestaltete sich auch die tiefe Krise der Landwirtschaft im 14. Jahrhundert für die Ritterschaft zu einem ernsthaften Problem. Immerhin ruhte die wirtschaftliche Basis der Ritter mittlerweile auf der Ausübung der Grundherrschaft und zu einem geringeren Teil auf der Eigenwirtschaft. Mit einer sinkenden Rendite der Landwirtschaft sanken jedoch nach 1300 auch die Einkommen des Adels. Ursache war zunächst der Siedlungsdruck, der sich nach einem rasanten Bevölkerungswachstum im 13. Jahrhundert bemerkbar gemacht hatte: auch relativ schlechte Böden wurden jetzt bewirtschaftet und die Realteilung griff um sich. Dramatische Züge nahm die Agrarkrise jedoch an, als ab 1347 mehrere Pestwellen über Europa hereinbrachen und einen erheblichen Teil der Bevölkerung dahinrafften, wobei der Schwarze Tod in den Städten schlimmer wütete als auf dem Land. Die Folge war ein Überangebot landwirtschaftlicher Produkte und ein eklatanter Mangel auf dem städtischen Arbeitsmarkt. Die Preise für gewerbliche Produkte stiegen, was für den Adel angesichts seines repräsentativen Lebensstils von besonderer Bedeutung war, während die grundherrlichen Renten mit den Agrarpreisen tief fielen. Der Versuch, die grundherrlichen Abgaben der Bauern zu erhöhen, verstärkte die Landflucht: „Stadtluft macht frei" hieß die Devise, und die Städte suchten dringend Arbeitskräfte.

Nicht wenige Rittergeschlechter kamen in große Nöte, weil sie sich einerseits zur Finanzierung ihres Lebensstils erheblich verschuldet hatten, andererseits mit immer weniger Grundholden immer weniger Abgaben einnahmen. In dieser Situation, gepaart mit dem zunehmenden Verlust an politischem Einfluss, reagierte der Ritteradel nervös und trotzig. Es kam zur Gründung der Ritterbünde, die sich nicht zuletzt als Rechtshilfegenossenschaften verstanden und sowohl Schiedsgerichte stellten als auch das Fehderecht als althergebrachte legitime Rechtsinstitution vehement verteidiglen. Der Gegensatz zum erfolgreicheren Bürgertum verschärfte sich und war gekennzeichnet von Neidgefühlen und verletztem Stolz, zumal die wirtschaftliche Schwäche der Landsassen oft schamlos ausgenutzt wurde. In dieser Atmosphäre entstand das Phänomen, das im 19. Jahrhundert als Raubrittertum in die Geschichtsbücher einging und zu einem erheblichen Teil das moderne Bild des Ritters mitprägte.

Bei genauerer Betrachtung standen hinter den Gewalttaten jedoch sowohl beutegierige Wegelagerei als auch Fälle berechtigter Notwehr. Da jedoch ein Großteil der Berichte aus städtischen Archiven schöpft, wurde stets ein einseitiges, düsteres Bild der Ritterschaft gezeichnet, das von der Romantik natürlich dankbar aufgegriffen wurde. Was aber aus der Sicht der Städte purer Straßenraub war, stand bei den adligen Kontrahenten im Einklang mit dem Fehderecht. Nach angesagter Fehde konnte sich ein Fehdeteilnehmer durchaus im Recht sehen, wenn er sich der Güter seines Gegners bemächtigte. Und was städtische Quellen oft verschweigen: Nicht wenige Fehden wurden nach Anmaßungen auf Seiten der Städte angesagt, wobei sich die Ritter bei der Verteidigung von Rechten und Privilegien stets empfindlich zeigten und unmittelbar und hart auf vermeintliche Verletzungen reagierten. Hinter vielen Übergriffen standen daher nicht Armut oder Verkommenheit, sondern Rechtssuche und politischer Kampf.

Gelegentlich wurden Gewalttaten und Raubzüge durch Strohmänner erledigt, weil man sich aus politischen Gründen nicht offen an Fehden beteiligen wollte. Die Geheimhaltung gelang nicht immer: Im ausgehenden 14. Jahrhundert beschuldigten die fränkischen Reichsstädte mehrfach die Grafen von Hohenlohe, Plackern in ihrem Territorium Unterschlupf zu gewähren. In dieser Zeit konnte die Reichsstadt Nürnberg auch mehreren politisch einflussreichen Adligen zwar keine persönliche Teilnahme an Beutezügen vorwerfen, wohl aber die Mitwirkung ihrer namentlich bekannten Knechte. Auf Grund der lückenhaften bis parteilichen Überlieferung kann jedoch auch in diesen Fälle nicht eindeutig beurteilt werden, ob es sich tatsächlich um Missbrauch des Fehderechts gehandelt hat, wie dies von den Städten behauptet wurde.

Aufstieg des Bürgertums

Der Aufstieg des Bürgertums war schon zur Blütezeit des Rittertums abzusehen: In Deutschland stieg die Zahl der Städte von etwa 250 im 12. Jahrhundert auf über 2000 ein Jahrhundert später. Schließlich lebten im 13. Jahrhundert schon an die 20 Prozent der Bevölkerung in Städten. Im 14. Jahrhundert ließ dann die Gründungtätigkeit nach, die bestehenden Kommunen erlebten jedoch einen weiteren Bevölkerungszuwachs, nachdem die Landflucht immer noch anhielt. Die Verluste der Pestzüge waren zwar dramatisch, führten aber zu einem starken Arbeitskräftemangel, der sowohl durch Zuzüge vom Land als auch durch technische Innovationen gemildert wurde. In dieser Hinsicht war das 14. Jahrhundert ausschlaggebend für die künftige ökonomische Entwicklung: Die von Bürgern getragene Montanindustrie löste durch die erzwungene Entwicklung von Wasserkrafttriebwerken und Pumpwerken einen technischen und ökonomischen Fortschritt aus, der in Deutschland bis zur Katastrophe des 30-jährigen Krieges anhalten sollte.

Mit dem Aufstieg der Städte erlangte deren Oberschicht großen politischen Einfluss. Sie bestand zum Teil aus den Nachfahren der in Verwaltung, Rechtswesen und Wirtschaft tätigen Ministerialen der Stadtherren. Diese Gruppe betätigte sich auf Grund ihrer Kompe-

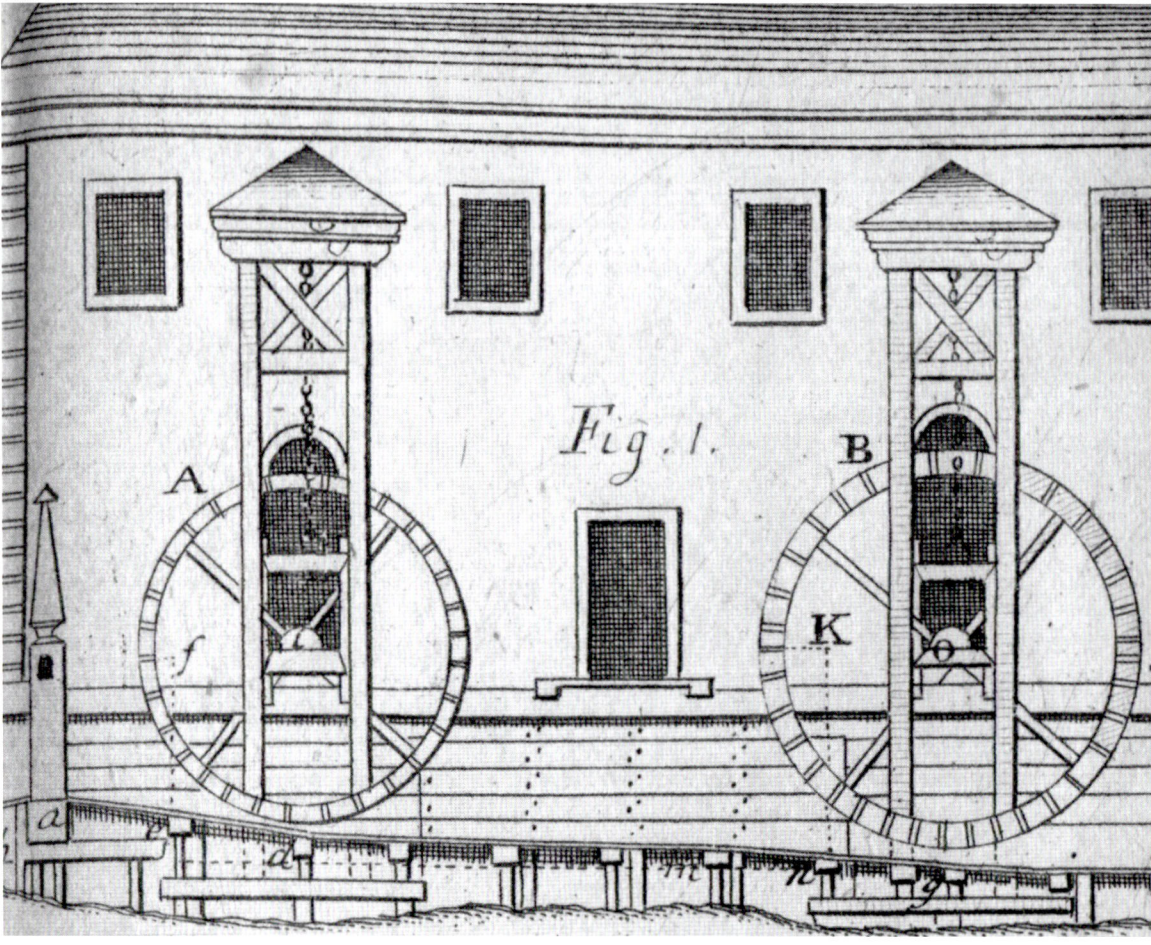

Mühlräder als Symbole der technischen Revolution im Spätmittelalter. Im 14. und 15. Jahrhundert wurde der Einsatz der Wasserkraft mit städtischem Kapital perfektioniert. Das Montanwesen als Protoindustrie des Mittelalters war überwiegend in der Hand des Patriziats oberdeutscher Städte.

tenzen schon bald recht erfolgreich kaufmännisch. Zu ihnen stießen soziale Aufsteiger, die durch den Fernhandel wohlhabend geworden waren. Auch landsässige Ritter wie die Baumgartner, Lochner und die fränkischen Wolkensteiner gaben angesichts des städtischen Wohlstands ihre Lehen und Burgen auf, wurden Bürger und betätigten sich als Handelsleute. Diese wirtschaftlich erfolgreiche Gruppe bildete die städtische Führungsschicht, das Patriziat. In ihrem Selbstbewusstsein stand sie dem Adel auf dem Land nicht nach, und ihre wie Burgen in den Himmel ragenden Wohntürme prägten das Bild der mittelalterlichen Städte. Der Versuch des Handwerks, sich zu Zünften zu vereinigen und am Stadtregiment teilzuhaben, war nicht in jeder Stadt erfolgreich.

Das Kapital begann sich mehr und mehr in den Städten zu konzentrieren und daher verwundert es nicht, dass der politische Einfluss des Bürgertums zu Lasten des Niederadels immer größer wurde. Das Nürnberger Geschlecht der Schürstab, das von sich behauptete, ritterbürtiger Abstammung zu sein, handelte um 1370 mit Metallen, flandrischen Tuchen, Gewürzen, Wein und anderen Produkten bis nach Maastrich, Ofen, Thorn, Genua und Venedig. Einige Jahre später logierten die Könige Ruprecht und Sigmund im Haus des Erhart Schürstab, der nicht nur als königlicher Berater fungierte, sondern mit verdeckten Fonds die deutsche Reichspolitik finanzieren half.

Die Rolle des Adels geriet auch standespolitisch ins Hintertreffen, als vor allem Kaiser Karl IV. begann, Bürger per Diplom zu adeln. Reiche Kaufherren und Montanunternehmer gelangten zunehmend zur Adelswürde, erwarben aus verschuldeter Hand Rittergüter und Herrschaften. Die Burgen Runkelstein bei Bozen und Tratzberg bei Innsbruck sind eindrucksvolle Beispiele, wie reiche Unternehmer

Skyline einer mittelalterlichen Stadt: San Gimignano in der Toskana mit seinen bis heute erhaltenen Wohntürmen des Patriziats, die im Mittelalter auch das Bild deutscher Städte prägten.

versuchten, den Adel mit noch größeren und prachtvolleren Burgen zu übertrumpfen und ihren Reichtum zur Schau zu stellen.

Zu allem Überfluss begannen die Landesfürsten dann auch noch im 15. Jahrhundert, juristisch gebildete Bürgersöhne in ihr Regiment aufzunehmen. Bald bevölkerten nichtadlige Regierungsräte und Sekretäre die fürstlichen Kanzleien, ja selbst als Pfleger auf den Burgen erscheinen im 16. Jahrhundert die ersten Beamten bürgerlicher Herkunft.

Steigerte im Hochmittelalter der Adel seinen Ruhm und sein Seelenheil mit Hilfe frommer Stiftungen, so trat ihm im Spätmittelalter der reiche Bürger an die Seite: Einer der reichsten Deutschen seiner Zeit, der Unternehmer Konrad Groß, vom Kaiser zum Reichsmünzmeister ernannt, stiftete im 14. Jahrhundert in Nürnberg das Heilig-Geist-Spital, die Gebrüder Mendel das Nürnberger Karthäuserkloster und das berühmte Zwölfbrüderhaus zur Versorgung alter Handwerker. Für den Bau der „himmelhohen" gotischen Stadtdome gab die Bürgerschaft bereitwillig einen ansehnlichen Teil ihres Vermögens, damit diese architektonischen Wunder zur Ehre Gottes und ihrer Stadt gereichten.

Neue Aufgaben

Mit dem Niedergang der höfisch-ritterlichen Kultur schwand auch die europäische Dimension des Rittertums, nationale Besonderheiten gewannen an Bedeutung. Im Deutschen Reich setzte nach dem Interregnum ein Prozess der Territorialisierung ein, der letztlich auch für die Zukunft der Ritterschaft von großer Bedeutung war. Dort, wo wie in Bayern auffallend viele der alten Dynastengeschlechter erloschen, kam es zu einer erheblichen Machtkonzentration der Landesfürsten. Die sich zum niederen und mittleren Adel verschmelzenden Edelfreien- und Ministerialengeschlechter hatten hier nur selten die Chance, ihre Machtposition zu behaupten. Das Gros musste das Regiment und die hohe Gerichtsbarkeit des Landesherrn anerkennen. Dem landständischen Adel blieb nur die Grundherrschaft mit ihren niederen Gerichtsrechten unter der Aufsicht fürstlicher Beamter. Dieser Prozess traf mit der Schmälerung der wirtschaftlichen Basis zusammen, nachdem die Grundrenten im Laufe der Agrarkrise des 14. Jahrhunderts immer weiter fielen. Daher wurde der Dienst am landesfürstlichen Hof und in der Administration nicht nur aus politischen Gründen wichtig, sondern auch aus wirtschaftlichen. Höfische Ausbildung und Reiseerfahrungen befähigten viele Ritter zum Hof- und Gesandtendienst. Im Auftrag eines Fürsten zu reisen und zu verhandeln hob den Ruhm und eröffnete einträgliche Positionen. Allerdings musste man auch mit Verlusten rechnen: Fürsten litten zuweilen unter leeren Kassen, wie Oswald von Wolkenstein, dessen Dienste für Kaiser Sigmund unbezahlt blieben, leidvoll erfahren musste.

In anderen Regionen, wie im Schwäbischen und Fränkischen, war die Ausgangsposition für den Ritteradel günstiger: Hier konnten einige Ministerialengeschlechter sogar ihre Machtbasis stärken, vor allem durch Heiraten, die weiteren Besitz und Herrschaftsrechte einbrachten. Auf diese Weise boten sich diesen Geschlechtern Voraussetzungen, reichsunmittelbare Herrschaften dauerhaft behaupten zu können.

Ganz gleich, ob in landesfürstlichen, adelsherrschaftlichen oder auch kirchenfürstlichen Diensten: Die Territorialisierung bot der Ritterschaft ein Unterkommen in den neu entstehenden Administrationen. Zwar konnte man noch immer mit Burghuten belehnt werden, bedeutender war jedoch die Vergabe von Pfleger-, Landrichter- und Amtmannsposten.

Burg Cadolzburg in Mittelfranken: erst Residenz der Nürnberger Burggrafen, nach Verlegung der Hofhaltung nach Ansbach im 14. Jahrhundert Dienstsitz von Oberamtmännern und Kastnern aus Geschlechtern des fränkischen Ritteradels.

Als Beamte standen die Ritterbürtigen nun Behörden vor, nahmen für den Landesherrn Gerichtsrechte, Polizeibefugnisse und Verwaltungsaufgaben wahr. Als Kastner und Mautner finden wir sie auch in leitenden Positionen im fürstlichen Fiskalwesen, das Steuern, Zölle und Grundzinsen einnahm und den Unterhalt fürstlicher Domänen sicherstellte. So wandelten sich spätmittelalterliche Ritter zu den Ahnherren der Vorstände von Amtsgerichten und Finanzämtern.

Dank ihres konservativen Beharrungsvermögens änderten die Ritter die Ausbildung ihrer Söhne zunächst nicht. Noch im 15. Jahrhundert wurden die Knaben einem Ritter mitgegeben, mussten sie mit Waffen üben und lernten schon in jungen Jahren den Krieg kennen. Die kriegerische Ausbildung, gepaart mit einem gewissen Maß an Flexibilität, befähigte nicht wenige Ritter zu Kommandopositionen. Daher erschienen spätmittelalterliche Ritter nicht gerade selten als Söldnerführer im Dienst von Städten und Fürsten.

Neben den Tätigkeiten in administrativen und militärischen Diensten blieben Grundbesitz und Herrschaftsrechte nicht nur wirtschaftliche Basis, sondern auch ein weites Aufgabenfeld. Im Einflussbereich der mächtigen Landesfürstentümer sicherte die Vogtei über eine Hofmark oder ein Landsassengut ein Einkommen. In der Regel betrieb der Guts- oder Hofmarksherr mit Hilfe eines Ökonomen einen Eigenbetrieb auf seinem Sitz. Dabei konnten Ritter durchaus ökonomisches Geschick beweisen: Angesichts des im Spätmittelalter erheblich gestiegenen Fleischkonsums gestaltete sich der Aufkauf von Mastochsen als einträgliches Geschäft, ebenso der Weinanbau oder der Verkauf des nach dem Preisverfall billig zu erwerbenden Getreides in den wenigen Mangelgebieten wie in Flandern.

Nicht alle Ritter hielten an der Landsässigkeit fest. Schon früh erkannte manches Ge-

schlecht die Möglichkeiten städtischen Lebens. Nicht wenige aus der städtischen Oberschicht entstammten der Ministerialität. Der Stammvater der Ebner von Eschenbach, Seifried Ebner, der als *miles* siegelte, war in der zweiten Hälfte des 13. Jahrhunderts mit einer Burghut des Nürnberger Burggrafen belehnt worden und betrieb gleichzeitig in Nürnberg ein groß angelegtes Fernhandelsunternehmen. Andere Familien gaben noch im 14. Jahrhundert, obwohl bereits der Begriff des Turnieradels die Ritterbürtigen zur Abgrenzung vom Bürgertum aufrief, ihr kärgliches Lehen auf und zogen in die Stadt.

Wappenstein in der oberpfälzischen Burg Loifling zum Gedächtnis an Ulrich Poysl von Loifling. Der Nachfahre schwedischer Ritter, die als Ministeriale ins Land kamen, machte im 15. Jahrhundert als Kastner des Herzogs Ludwigs des Reichen von Bayern-Landshut, dann als Obristforstmeister des Pfalzgrafen Otto II. von Pfalz-Mosbach Karriere. Das Geschlecht brachte im Laufe der Jahrhunderte viele Begabungen hervor: Schriftsteller, Dichter und einen bekannten Komponisten.

A

Abel, Wilhelm, Deutsche Agrargeschichte, Stuttgart 1978.

Ammerich, Hans, Das Bistum Speyer und seine Geschichte, Heft 2, Von der Stauferzeit (1125) bis zum Beginn des 16. Jahrhunderts, Speyer 1999.

Antonow, Alexander, Planung und Bau von Burgen im süddeutschen Raum, Frankfurt 1983.

B

Barker, Juliet/ Keen, Maurice, The Medieval English Kings and the Tournament, in: Josef Fleckenstein (Hg.), Das ritterliche Turnier im Mittelalter, Göttingen 1985, S. 212-228.

Barral I Altet, Xavier, Romanik. Städte, Klöster und Kathedralen, Köln 1998.

Berchem, E. Frh. von, Siegel, Berlin, 2. Aufl. 1923.

Biehn, Heinz, Feste und Feiern im alten Europa, München 1962.

Biller, Thomas, Die Adelsburg in Deutschland. Entstehung – Gestalt – Bedeutung, 2. Aufl. München 1998.

Biller, Thomas, Großmann, Georg Ulrich, Burg und Schloss. Der Adelssitz im deutschsprachigen Raum, Regensburg 2002.

Binding, Günther, Der mittelalterliche Baubetrieb nördlich der Alpen in zeitgenössischen Darstellungen, Darmstadt 1978.

Bloch, Marc, Antritt und Siegeszug der Wassermühle, in: Claudia Honegger (Hg.), Schrift und Materie der Geschichte. Vorschläge zur systematischen Aneignung historischer Prozesse, Frankfurt a. M. 1977, S. 171-197.

Boockmann, Hartmut, Der Deutsche Orden. Zwölf Kapitel aus seiner Geschichte, München, 4. Aufl. 1994.

Borst Arno, Lebensformen im Mittelalter, Frankfurt a. M.-Berlin 1973.

Borst Arno, Das Rittertum im Mittelalter, Darmstadt 1976.

Bosl Karl, Die Reichsministerialität der Salier und Staufer. Ein Beitrag zur Geschichte des hochmittelalterlichen deutschen Volkes, Staates und Reiches (= Schriften der Monumenta Gerrmaniae historica 10), 2 Bde., Stuttgart 1950.

Bosl, Karl, Das ius ministerialium. Dienstrecht und Lehnsrecht im deutschen Mittelalter, in: Studien zum mittelalterlichen Lehenswesen, Lindau-Konstanz 1960.

Bott, Gerhard/ Arnold, Udo, 800 Jahre Deutscher Orden, München 1990 (= Ausstellungskatalog des Germanischen Nationalmuseums Nürnberg 1990).

Brunner, Karl / Daim, Falko, Ritter, Knappen, Edelfrauen. Ideologie und Realität des Rittertums im Mittelalter, Wien 1981.

Brunner, Horst, Wolfram von Eschenbach, in: Fränkische Lebensbilder Bd. 11, Neustadt/Aisch 1984.

Bumke, Joachim, Der adelige Ritter, in: Arno Borst (Hg.), Das Rittertum im Mittelalter, Darmstadt 1976.

Bumke, Joachim, Ministerialität und Ritterdichtung. Umrisse der Forschung, München 1976.

Bumke, Joachim, Studien zum Ritterbegriff im 12. und 13. Jahrhundert, Heidelberg, 2. Aufl. 1977.

Bumke, Joachim, Höfische Kultur. Literatur und Gesellschaft im Mittelalter, München, 7. Aufl. 1994.

Burckhardt, Titus, Die maurische Kultur in Spanien, München 1980.

Burgen in Mitteleuropa, hg. von der Deutschen Burgenvereinigung e. V., 2 Bände, Stuttgart 1999.

C

Clephan, R.C., The Tournament, London 1918.

D

Ditmar-Trauth, Gösta, Rüstung, Gewandung. Sachkultur des deutschen Hochmittelalters, Wald-Michelbach 1999.

Duby, Georges, Guillaume le Maréchal oder der beste aller Ritter, Frankfurt a. M. 1986.

Duby, Georges, Die Ritter, München, 2. Aufl. 2002.

E

Endres, Rudolf, Adelige Lebensformen in Franken zur Zeit des Bauernkriegs, Würzburg 1974.

Ennen, Edith, Die europäische Stadt des Mittelalters, Göttingen 1972.

Erbstösser, Martin, Die Kreuzzüge. Eine Kulturgeschichte, Bergisch-Gladbach 1998.

Essenwein, August, Die Helme aus der Zeit vom 12. bis zum Beginne des 16. Jahrhunderts im Germanischen Museum, in: Mitteilungen des Germanischen Nationalmuseums Nürnberg Jg.1892, S.25-86.

F

Fasoli, Gina, Grundzüge einer Geschichte des Rittertums, in: Arno Borst (Hg.), Das Rittertum im Mittelalter, Darmstadt 1976.

Fenske, Lutz, Adel und Rittertum im Spiegel früher heraldischer Formen und deren Entwicklung, in: Josef Fleckenstein (Hg.), Das ritterliche Turnier im Mittelalter, Göttingen 1985, S. 75-162.

Filip, Václav Vok, Einführung in die Heraldik, Stuttgart 2000.

Fleckenstein, Josef, Friedrich Barbarossa und das Rittertum, in: Arno Borst (Hg.), Das Rittertum im Mittelalter, Darmstadt 1976.

Fleckenstein, Josef, Das Rittertum der Stauferzeit, in: Die Zeit der Staufer. Geschichte – Kunst – Kultur (= Katalog der Ausstellung im Württembergischen Landesmuseum 1977), Bd. 3, Stuttgart 1977, S. 103-109.

Fleckenstein, Josef (Hg.), Die geistlichen Ritterorden Europas (=Vorträge und Forschungen des Konstanzer Arbeitskreises für mittelalterliche Geschichte Bd.26), Sigmaringen 1980.

Fleckenstein, Josef (Hg.), Das ritterliche Turnier im Mittelalter. Beiträge zu einer vergleichenden Formen- und Verhaltensgeschichte des Rittertums (= Veröffentlichungen des Max-Planck-Instituts für Geschichte Bd. 80), Göttingen 1985.

Fleckenstein, Josef/ Zotz, Thomas, Rittertum und ritterliche Welt, Berlin 2002.

Fouquet, Gerhard, Das Speyerer Domkapitel im späten Mittelalter (ca. 1350-1540). Adlige Freundschaft, fürstliche Patronage und päpstliche Klientel (=Quellen und Abhandlungen zur mittelrheinischen Kirchengeschichte 57), 2 Bde., Mainz 1987.

Friederich, Karl, Die Steinbearbeitung in ihrer Entwicklung vom 11. bis 18. Jahrhundert, Augsburg 1932.

G

Gabrieli, Francesco, Die Kreuzzüge aus arabischer Sicht, Zürich-München 1973.

Galbreath, D.L./ Jèquier, Lèon, Lehrbuch der Heraldik, München 1978.

Gamber, Ortwin (Hg.), Glossarium armorum. Arma defensiva, Graz 1972.

Gamber, Ortwin, Waffe und Rüstung Eurasiens. Frühzeit und Antike, Braunschweig 1978.

Gamber, Ortwin, Ritterspiele und Turnierrüstung im Spätmittelalter, in: Josef Fleckenstein (Hg.), Das ritterliche Turnier im Mittelalter, Göttingen 1985, S.513-531.

Generaldirektion der staatlichen Archive Bayerns (Hg.), Wappen in Bayern, Neustadt/Aisch 1981.

Gesellschaft und Ernährung um 1000. Eine Archäologie des Essens, hg. v. Dorothee Rippmann und Brigitte Neumeister-Taroni, Vevey 2000.

Grathoff, Stefan/ Herdegen, Wolfgang, Burg Ritter Spielmann, CD-Rom, Berzhahn-Pottum 2000.

H

Hägermann, Dieter (Hg.), Das Mittelalter. Die Welt der Bauern, Bürger, Ritter und Mönche, München 2001.

Hechberger, Werner, Adel, Ministerialität und Rittertum im Mittelalter (=Enzyklopädie deutscher Geschichte Bd. 72), München 2004.

Hiereth, Sebastian, Herzog Georgs Hochzeit zu Landshut im Jahre 1475, Landshut 1965.

Hildebrandt, Adolf M. u.a., Handbuch der Heraldik. Wappenfibel, Neustadt/Aisch 1998.

Hinz, Hermann, Motte und Donjon. Zur Frühgeschichte der mittelalterlichen Adelsburg, in: Zeitschrift für Archäologie des Mittelalters, Beiheft 1, Bonn 1981.

Hofrichter, Hartmut, Putz und Farbigkeit an mittelalterlichen Bauten (=Veröffentlichungen der Deutschen Burgenvereinigung e.V., Reihe B: Schriften), Stuttgart 1993.

Horst, Eberhard, Friedrich der Staufer, Düsseldorf 1977.

Hucker Bernd-Ulrich, Otto Graf von Henneberg-Botenlauben und die imperiale Politik in Europa und Outremer (1196-1244), in: Otto von Botenlauben, hg. von Peter Weidisch, Würzburg 1994, 89-116.

Hucker Bernd-Ulrich, Regesten des Grafen Otto von Botenlauben 1197-1244, in: Otto von Botenlauben, hg. von Peter Weidisch, Würzburg 1994, 471-498.

Hucker, Bernd-Ulrich, Der Königsmord von 1208 – Privatrache oder Staatsstreich, in: Die Andechs-Meranier in Franken. Europäisches Fürstentum im Hochmittelalter, Mainz 1998, S. 111-128.

Hunke, Sigrid, Allahs Sonne über dem Abendland. Unser arabisches Erbe, Frankfurt 1965.

I/J

Issenmann, Eberhard, Die deutsche Stadt im Spätmittelalter, Stuttgart 1988.

Jackson, William Henry, Das Turnier in der deutschen Dichtung des Mittelalters, in: Josef Fleckenstein (Hg.), Das ritterliche Turnier im Mittelalter, Göttingen 1985, S. 257-295.

K

Keen, Maurice, Chivalry, herolds and history, in: R.H.C. Davies u.a., The writing of history in the middle ages, Oxford 1981.

Keen, Maurice, Das Rittertum, New Heaven und London 1984, Düsseldorf 2002.

Kohlhausen, Heinrich, Ritterliche Kultur aus mittelalterlichem Hausrat gedeutet, Burg 1962.

Kotzur, Hans-Jürgen (Hg.), Kein Krieg ist heilig. Die Kreuzzüge. (= Ausstellungskatalog des bischöflichen Dom- und Diözesanmuseums Mainz), Mainz 2004.

Krüger, Sabine, Das kirchliche Turnierverbot im Mittelalter, in: Josef Fleckenstein (Hg.), Das ritterliche Turnier im Mittelalter, Göttingen 1985, S. 401 424.

Kruse, Holger u.a., Ritterorden und Adelsgesellschaften im spätmittelalterlichen Deutschland. Ein systematisches Verzeichnis (= Kieler Werkstücke, Reihe D, Bd. 1) Frankfurt a.M. 1991.

Kühn, Dieter, Ich Wolkenstein, Frankfurt a. M. 1977.

Kühn, Dieter, Der Parzival des Wolfram von Eschenbach, Frankfurt a.M. 1986.

Kühn, Dieter, Tristan und Isolde des Gottfried von Straßburg, Frankfurt a.M. 1991.

Kühnel, Harry (Hg.), Alltag im Spätmittelalter, Graz-Wien-Köln, 3. Aufl. 1986.

Kühnel, Harry (Hg.), Bildwörterbuch der Kleidung und Rüstung, o.O. 1992.

Küsternig, Andreas, Erzählende Quellen des Mittelalters. Die Problematik mittelalterlicher

Historiographie am Beispiel der Schlacht bei Dürnkrut und Judenspeigen 1278, Wien-Köln 1982.

Kurras, Lotte, Ritter und Turniere. Ein höfisches Fest in Buchillustrationen des Mittelalters und der frühen Neuzeit, Stuttgart-Zürich 1992.

L

Landesdenkmalamt Baden-Württemberg, Stadt Zürich (Hg.), Stadtluft, Hirsebrei und Bettelmönch. Die Stadt um 1300, Stuttgart 1992.

Lehnart, Ulrich, Die Schlacht von Worringen: Kriegfüh-rung im Mittelalter. Der Limburger Erbfolgekrieg unter besonderer Berücksichtigung der Schlacht von Worringen, Frankfurt a. M. 1993.

Lehnart, Ulrich, Kleidung und Waffen der Früh- und Hochgotik 1150-1320, Wald-Michelbach 1998.

Leonhard, Walter, Das große Buch der Wappenkunst, München 1978.

Lieberich, Heinz, Landherren und Landleute. Zur politischen Führungsschicht Bayerns im Spätmittelalter, München 1964.

M

Maalouf, Amin, Der Heilige Krieg der Barbaren. Die Kreuzzüge aus der Sicht der Araber, München 1996.

Martin, Paul, Waffen und Rüstungen von Karl dem Großen bis zu Ludwig XIV., Frankfurt a. M. 1967.

Maurer, Hans-Martin, Burgen, in: Die Zeit der Staufer. Geschichte – Kunst - Kultur (= Katalog der Ausstellung im Württembergischen Landesmuseums 1977), Bd. 3, Stuttgart 1977, S. 119-128.

Mayer, Hans Eberhard, Geschichte der Kreuzzüge, Stuttgart, 8. Aufl. 1995.

Meckseper, Cord, Kleine Kunstgeschichte der Stadt im Mittelalter, Darmstadt 1982.

Meyer, Werner, Die Burg als repräsentatives Statussymbol. Ein Beitrag zum Verständnis des mittelalterlichen Burgenbaus, in: Zeitschrift für Schweizerische Archäologie und Kunstgeschichte 33 (1976).

Meyer, Werner, Turniergesellschaften. Bemerkungen zur sozialgeschichtlichen Bedeutung der Turniere im Spätmittelalter, in: Josef Fleckenstein (Hg.), Das ritterliche Turnier im Mittelalter, Göttingen 1985, S. 500-512.

Meyer, Werner/ Lessing, Erich, Deutsche Ritter. Deutsche Burgen, München 1998.

Milger, Peter, Die Kreuzzüge. Krieg im Namen Gottes, München, 3. Aufl. 1988.

Mölk, Ulrich, Philologische Aspekte des Turniers, in: Josef Fleckenstein (Hg.), Das ritterliche Turnier im Mittelalter, Göttingen 1985, S. 163-174.

Müller, Heinrich/ Kunter, Fritz, Europäische Helme, Berlin 1984.

Müller, Peter, Die Herren von Fleckenstein im späten Mittelalter. Untersuchungen zur Geschichte eines Adelsgeschlechts im pfälzisch-elsässischen Grenzgebiet, Stuttgart 1990.

Müller, Ulrich, Kreuzzugsdichtung, Tübingen, 2. Aufl. 1979.

Müllner, Johannes, Die Annalen der Reichsstadt Nürnberg von 1623. Teil II. von 1351-1469 (=Quellen zur Geschichte und Kultur der Stadt Nürnberg Bd. 8), Nürnberg 1984.

Mussinan, J. von, Geschichte des Löwlerbundes, o.O. 1817.

N

Neubecker, Ottfried (Hg.), Heraldik: Wappen – Ihr Ursprung, Sinn und Wert, Augsburg 1990.

Neumayer, Martina, Vom Kriegshandwerk zum ritterlichen Theater. Das Turnier im mittelalterlichen Frankreich, Eichstätt 1995.

Nickel, Helmut, Der mittelalterliche Reiterschild des Abendlandes, Berlin 1958.

Nickel, Helmut, Ullstein Waffenbuch. Eine kulturhistorische Waffenkunde mit Markenverzeichnis, Berlin-Frankfurt a.M.-Wien 1974.

Nicolle, David, Arms and armour of the crusading era 1050-1350, New York 1988.

Niedner, Felix, Das deutsche Turnier im 12. und 13. Jahrhundert, o.O. 1881.

O

Ohler, Norbert, Reisen im Mittelalter, Zürich-München 1986.

P

Piper, Otto, Burgenkunde, München 1912.

Pleticha, Heinrich, Ritter, Bürger, Bauersmann: Das Leben im Mittelalter, Würzburg 1985.

Prietzel, Malte, Krieg im Mittelalter, Darmstadt 2006.

Prietzel, Malte, Kriegführung im Mittelalter. Handlungen, Erinnerungen und Bedeutungen, Paderborn 2006.

Prutz, Hans, Kulturgeschichte der Kreuzzüge, Berlin 1883.

R

Rabeler, Sven, Niederadlige Lebensformen im späten Mittelalter (=Veröffentlichungen der Gesellschaft für fränkische Geschichte Reihe IX, Bd. 53), Würzburg 2006.

Reitzenstein, Alexander Frhr. von, Rittertum und Ritterschaft, München 1972.

Reuter, Hans Georg, Die Lehre vom Ritterstand. Zum Ritterbegriff in Historiographie und Dichtung vom 11. bis zum 13. Jahrhundert, Köln-Wien 1975.

Riley-Smith, Jonathan, Die Kreuzzüge. Kriege im Namen Gottes, Freiburg 1999.

Rödel, Volker, Reichslehenswesen, Ministerialität, Burgmannschaft und Niederadel. Studien zur

Rechts- und Sozialgeschichte des Adels in den Mittel- und Oberrheinlanden während des 13. und 14. Jahrhunderts, Marburg 1979.

Rösener, Werner, Zur Problematik des spätmittelalterlichen Raubrittertums, in: Festschrift Berent Schwineköper, hg. v. Helmut Maurer und Hans Patze, Sigmaringen 1982, S. 469-488.

Rösener, Werner, Ritterliche Wirtschaftsverhältnisse und Turnier im sozialen Wandel des Hochmittelalters, in: Josef Fleckenstein (Hg.), Das ritterliche Turnier im Mittelalter, Göttingen 1985, S. 296-338.

Runciman, Steven, Geschichte der Kreuzzüge, 3 Bde, München 1957-60.

Rupprecht, Klaus, Ritterschaftliche Herrschaftswahrung in Franken (= Veröffentlichungen der Gesellschaft für fränkische Geschichte, Reihe IX, Bad. 42), Neustadt a.d. Aisch 1994.

S

Schirmacher, Ernst, Stadtvorstellungen. Die Gestalt der mittelalterlichen Städte, Zürich-München 1988.

Schmidtchen, Volker, Kriegswesen im späten Mittelalter. Technik, Taktik, Theorie, Weinheim 1990.

Schneider, Alfons, Heraldisches ABC, Braunschweig 1979.

Schneider, Rolf, Herr über Mund und Hand: Der Adel, in: Dieter Hägermann (Hg.), Das Mittelalter. Die Welt der Bauern, Bürger, Ritter und Mönche, München 2001, S. 274-337.

Schreiber, Albert, Neue Bausteine zu einer Lebensgeschichte Wolframs von Eschenbach, Hildesheim 1975.

Schubert, Ernst, Alltag im Mittelalter. Natürliches Lebensumfeld und menschliches Miteinander, Darmstadt 2002.

Schultz, Alwin, Das höfische Leben zur Zeit der Minnesänger, 2 Bde., Osnabrück 1965 (= Reprint der 2. Ausgabe von 1889).

Schwob, Anton, Oswald von Wolkenstein, Bozen 1977.

Seitz, Heribert, Blankwaffen, 2 Bände, Braunschweig 1965.

Sprandel, Rolf, Der Adel des 13. Jahrhunderts im Spiegel des „Renner" von Hugo von Trimberg, in: Otto von Botenlauben, hg. von Peter Weidisch, Würzburg 1994, S. 297-308.

Stromer, Wolfgang von, Gewerbereviere und Protoindustrien in Spätmittelalter und Frühneuzeit, in: Hans Pohl (Hg.), Gewerbe- und Industrielandschaften vom Spätmittelalter bis ins 20. Jahrhundert (= Beiheft 78 der Vierteljahreszeitschrift für Sozial- und Wirtschaftsgeschichte), Wiesbaden 1986.

T

Tarnowski, Wolfgang, Ritter (= was ist was Band 88), Nürnberg 1990.

Tauber, Jürg, Alltag und Fest auf der Burg im Spiegel der archäologischen Sachquellen, in: Josef Fleckenstein (Hg.), Das ritterliche Turnier im Mittelalter, Göttingen 1985, S. 588-623.

Thomas, Bruno, Deutsche Plattnerkunst, München 1944.

Thomas, Bruno u.a., Die schönsten Waffen und Rüstungen aus europäischen und amerikanischen Sammlungen, Heidelberg 1963.

Trenschel, Hans-Peter, Schutz- und Blankwaffen 13.– 17. Jahrhundert, Würzburg 1992.

V

Vahl, Wolfhard, Fränkische Reitersiegel. 2. Teilband, Neustadt 1997.

Van Winter, Johanna, Rittertum. Ideal und Wirklichkeit, München 1969.

Verein für Heraldik, Genealogie und verwandte Wissenschaften (Hg.), Handbuch der Heraldik. Wappenfibel, Neustadt/Aisch, 19. Aufl. 1998.

Vesey, Norman, Waffen und Rüstungen, Essen 1988.

Vogt-Lüerssen, Maike, Der Alltag im Mittelalter, Mainz-Kostheim 2001.

Voit, Gustav, Die Schlüsselberger. Geschichte eines fränkischen Adelsgeschlechtes, Nürnberg 1988.

W

Watanabe-O`Kelly, Helen, Triumphall shows Tournaments at German-speaking courts in their European context 1560-1730, Berlin 1992.

Weidisch, Peter (Hrsg.), Otto von Botenlauben. Minnesänger – Kreuzfahrer – Klostergründer (= Bad Kissinger Archivschriften Bd. 1), Würzburg 1994.

Wurster, Herbert W./ Loibl, Richard (Hg.), Ritterburg und Fürstenschloss, Bd. 1: Geschichte, Regensburg 1998.

Z

Zahnd, Urs Martin, Die autobiographischen Aufzeichnungen Ludwig von Diesbachs. Studien zur spätmittelalterlichen Selbstdarstellung im oberdeutschen und schweizerischen Raume, Bern 1986.

Zeune, Joachim, Burgen. Symbole der Macht. Ein neues Bild der mittelalterlichen Burg, Regensburg 1996.

Zotz, Thomas, Adel, Bürgertum und Turniere in deutschen Städten vom 13. bis 15. Jahrhundert, in: Josef Fleckenstein (Hg.), Das ritterliche Turnier im Mittelalter, Göttingen 1985, S.450-499.

Bildnachweis

akg-images Berlin 13 (Ms. Harley 3244, fol. 27v/28r), 23, 25 (Ms. Cotton Nero D IX, fol. 32 b), 41 (Ms. français 2186), 48 oben (Ms. français 2186), 60, 82, 83 oben (Ms. Royal 19 B XV, fol. 37), 83 unten (Ms. français 22495, fol. 105), 85, 87 (Ms. Royal 2 A XXII, fol. 220), 90, 122. – akg-images Berlin / British Library, London 14 (Ms. Royal 16, G. VI, fol. 404v), 73 (Ms. Harley 4379, fol. 23v). – akg-images Berlin / Erich Lessing 31, 120. – Archäologisches Landesmuseum Baden-Württemberg, Außenstelle Konstanz 129 links (Foto: Manuela Schreiner). – Archiv des Landesamtes für Denkmalpflege Rheinland-Pfalz, Mainz 30. – Bayerische Staatsbibliothek, München 39 (clm. 4660, fol. 72v). – Bayerisches Armeemuseum, Ingolstadt 19 unten, 59. – Bibliothèque nationale de France, Paris 10 (FR 2643, fol. 165v). – Bibliothèque nationale et universitaire de Strasbourg 63 (fol. 34). – Jutta Brüdern, Magdeburg 44 oben. – Burgerbibliothek Bern 105 (Cod. 120 II, fol. 109r), 134 (Cod. 120 II, fol. 142r), 146 (Mss. hist. helv. I 1, S. 124). – Manfred Czerwinski, Institut für Pfälzische Geschichte und Volkskunde, Kaiserslautern 88, 91 rechts, 92 rechts, 118 rechts. – Deutsches Historisches Museum, Berlin, Bildarchiv 11 (Foto: Arne Psille), 44 unten (Foto: Arne Psille), 46 oben, 47 links, 49, 51 oben, 51 rechts, 54 links (Foto: Arne Psille), 54 Mitte, 133 (fol. 17). – Faksimile-Ausgabe des Cgm 51 der Bayerischen Staatsbibliothek, München, im Verlag Müller und Schindler, Stuttgart 1979 20 (fol. 15v), 43 (fol. 90v), 56 oben (fol. 90v), 61 links (fol. 46r). – Faksimile Verlag Luzern 1999 57 (fol. 11r), 108 (fol. 23v). – Joachim Feist, Pliezhausen 29. – Germanisches Nationalmuseum, Nürnberg 46 unten, 58 oben, 61 rechts, 70, 74, 128. – Robert Giersch, Offenhausen 47 rechts, 79, 89 (2), 92 links, 93, 94, 95, 97, 106, 107, 143, 151, 152, 153. – Gräfliche Sammlungen im Schloss Erbach 52. – R. Hehl, Tiefenbronn 100 unten. – Historisches Museum Basel 68 unten, 102 unten, 112 links oben. – Historisches Museum der Pfalz Speyer 7 rechts, 36 (Foto: Hans-Georg Merkel), 53 oben (Foto: Hans-Georg Merkel), 109 (Foto: Hans-Georg Merkel), 123 oben, 127 unten (Foto: Kurt Diehl), 129 unten,

136, 137 oben. – Hohenlohe Zentralarchiv Neuenstein 65. – IMAREAL 8 (Cod. 226, fol. 129v), 28 (Cod. 1235, fol. 2v), 121 unten. – Kantonsmuseum Baselland, Liestal 7 links, 50 links, 53 links, 58 unten, 102 Mitte, 124 links, 125 unten. – Kestner-Museum, Hannover 44 links (Foto: M. Lindner). – Landesamt für Denkmalpflege, Archäologische Denkmalpflege, Amt Speyer 112 links unten (Foto: Hans-Georg Merkel), 127 oben (Foto: Hans-Georg Merkel). – Maison de l'Archéologie des Vosges du Nord, Niederbronn-Les-Bains 121 oben, 132. – Roger Mayrock, Kempten 96, 115. – Münchner Stadtmuseum, Zeughaus 147. – Museum für Kunst und Gewerbe Hamburg 42 oben (Foto: Marion Höflinger). – Niedersächsische Staats- und Universitätsbibliothek Göttingen 104 (2° Cod. ms. philos. 63 Cim., fol. 30r), 145 (2° Cod. ms. philos. 63 Cim., fol. 104r). – Österreichische Nationalbibliothek Wien, Bildarchiv 19 (Cod. 3033, fol. 101v), 22 (Cod. vind. 2670, fol. 161r), 32 (Cod. vind. 2670, fol. 175r), 33 (Cod. vind. 2670, fol. 175 vb), 62 (Cod. vind. 2670, fol. 226v), 69 unten (Cod. vind. 2670, fol. 83v), 71 (2), 72 (Cod. vind 2670, fol. 50v), 116 (Cod. 2352, fol. 34r), 117 oben (Cod. vind. 2670, fol. 96), 126 (Cod. vind. 2670, fol. 109r). – Karl-Friedrich Rittershofer / Römisch-Germanische Kommission, Frankfurt a.M. 99. – Römisch-Germanisches Zentralmuseum, Mainz 48 unten (Foto: Volker Iserhardt). – Römisches Museum der Städtischen Kunstsammlungen Augsburg 50 rechts. – Runneburg in Weißensee, Foto: Ralf Nicolai 118 links, 119, 123 unten. – Klaus Rupprecht, Bamberg 18. – Andreas Schlunk, Hallstadt 103, 137 unten. – Schweizerisches Landesmuseum Zürich 42 unten (Foto: Schweizerisches Landesmuseum Zürich COL-2059), 54 rechts (Foto: Schweizerisches Landesmuseum Zürich COL-15726), 55 oben (Foto: Schweizerisches Landesmuseum Zürich COL-15727), 55 unten (Foto: Schweizerisches Landesmuseum Zürich COL-15725), 77 (Foto: Schweizerisches Landesmuseum Zürich COL-2348), 102 oben (Foto: Schweizerisches Landesmuseum Zürich COL-14327), 131 oben (Foto: Schweizerisches Landesmuseum Zürich COL-15724). – Stiftsbibliothek St. Gallen 6

(Psalterium aureum Sancti Galli). – Staatsarchiv Würzburg 76. – Staatsbibliothek Bamberg 148. – Stadt Bozen 111, 130. – Stadtarchiv Amberg 98. – Stadtarchiv Bad Kissingen 141. – Stadtarchiv Nürnberg 75, 78. – Stadtbibliothek Nürnberg 45 (Amb 217 2°). – Südtiroler Burgeninstitut, Bozen 100 oben, 101. – Tiroler Landesmuseum Ferdinandeum, Innsbruck 16 (Ms. 1607, fol. 83r). – Universitätsbibliothek Heidelberg 9 (cpg. 164, fol. 1v), 12, 15, 27 (cpg. 164, fol. 2r), 34, 37, 38, 40, 67, 68 oben, 69 oben, 83 oben links, 84, 124 unten, 125 oben (cpg. 112, fol. 6r), 131 unten, 139, 140, 144 (cpg. 126, fol. 2r). – Universitätsbibliothek Innsbruck 142 (o. Sign. fol. Iv). – Joachim Zeune, Eisenberg/Zell 64, 86, 91 links, 110, 112 rechts, 113, 117 unten. – Walter Ziegler, Göppingen 24.

Bei Abbildungen von Exponaten der Ausstellung „Die Ritter" im Historischen Museum der Pfalz Speyer sind die leihgebenden Museen und Institutionen direkt unter dem jeweiligen Bild vermerkt. Die Inhaber der Abbildungsrechte sind hier aufgeführt. Leider war es dabei nicht in allen Fällen möglich, diese eindeutig zu ermitteln. Berechtigte Ansprüche werden selbstverständlich im Rahmen der üblichen Vereinbarungen abgegolten.

Begleitbuch zur Ausstellung „Die Ritter"
im Historischen Museum der Pfalz Speyer
30. März 2003 – 16. Oktober 2003

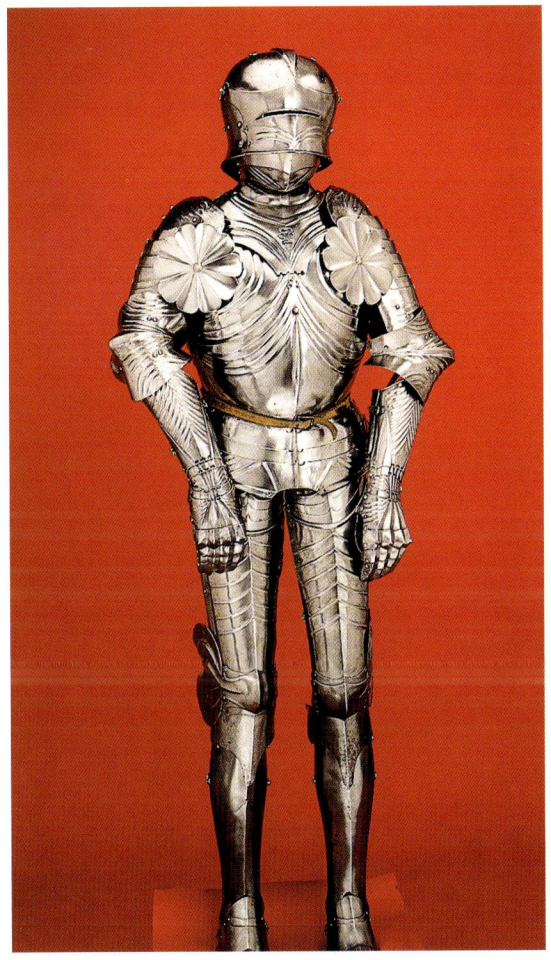

Bibliografische Information Der Deutschen Bibliothek
Die Deutsche Bibliothek verzeichnet diese
Publikation in der Deutschen Nationalbibliografie;
detaillierte bibliografische Daten sind im Internet
über *http://dnb.ddb.de* abrufbar.

Wiedergabe des Umschlagmotivs
mit freundlicher Genehmigung des Deutschen
Historischen Museums Berlin
(Foto: A. Psille, Berlin)

Sonderedition 2009
© Konrad Theiss Verlag GmbH, Stuttgart 2003
Alle Rechte vorbehalten
Konzeption der Ausstellung:
Historisches Museum der Pfalz Speyer
Beratende Mitarbeit am Begleitbuch: Sabine Kaufmann,
Historisches Museum der Pfalz Speyer
Lektorat: Volker Held, Ludwigsburg
Bildrecherche: Sabine König, Heidelberg
Gestaltung und Satz :
juhu media, Susanne Dölz, Bad Vilbel
Druck und Bindung:
Himmer AG, Augsburg

ISBN der Buchhandelsausgabe
978-3-8062-2252-4